KB139305

|고려말 조선초|

# 왕명문서 연구

王命文書 研究

|고려말 조선초|

# 왕명문서 연구

박성호 지음

고문서를 전공하는 대학원 과정에 진학하면서도 사실 고문서 공부가 어떤 것인지 잘 알지 못했다. 한문으로 된 옛 자료를 읽어 내면서 우리 역사를 공부할 수 있으리라는 막연한 생각으로 시작한 공부였다. 고문서를 전공하기 위해서는 역시 고문서를 능숙하게 읽어낼 수 있어야 했다. 초보적인 한문 실력을 가지고 띄어쓰기 하나 되어 있지 않은 문서를 더듬더듬 읽기 시작했다. 한문 실력도 문제였지만, 누군가 자신만의 서체로 적어놓은 구불구불한 글자를 읽어내는 것부터 난관이었다. 결국 대학원 과정의 상당 부분은 필사된 글자를 읽어 내고, 부족한 한문 소양을 기르는데 집중할 수밖에 없었다.

그러나 학위 과정은 단순히 문서를 읽어내는 것만으로 마무리되는 것이 아니라, 충분히 연구되지 않은 주제에 대하여 설득력 있는 글을 써낼 수 있어야 했다. 학위 논문 주제에 대한 고민만으로도 꽤 오랜 시간 고민을 하였다. 처음에는 조선시대 관문서의 서식을 일목요연하게 정리하는 것도 의미가 있겠다는 생각으로 자료를 모으고 글을 쓰기 시작하였다. 그런데 단순히 법전 등에 제시된 문서 서식들을 정리하는 것만으로는 논문이 되기 어렵겠다는 사실을 이내 깨닫게 되었다.

여러 해 이어진 논제에 대한 고민은 결국 고문서에 대한 근본적인 접근으로부터 해결의 실마리를 찾게 되었다. 대학원 과정을 수료하고 나서야 지금까지 확인된 고문서 자료들을 하나하나 사진을 확인해가며 오래된 순서대로 목록을 채워보기 시작하였다. 그제서야 고려시대에 작성된 원본 고문서가 손으로 헤아릴 정도로 적다는 것을 실감할 수 있었고, 조선초의 자료도 수백 여 점에 불과하다는 것을 알게 되었다. 이러한 기초적인 목록 작업을 통해 눈에 들어온 연구 대상이 바로 조선초의 '왕지王旨'였다.

왕지는 고려말에 출현하여 세종대를 지나면서 교지教旨로 바뀌어 우리 역사에서는 고려말과 조선초에만 사용되었던 왕명문서였다. 문서에 왕지라고 적혀 있더라도 관료를 임명하는 고신告身, 문·무과 급제자에게 주는 홍패紅牌, 노비나 토지를 내릴 때 주는 사패賜牌 등 용도에 따라 구분되었다. 비록 지금까지 남아있는 실물 문서의 양은 많지 않았지만, 이를 토대로 학계에서 논의되지 못한 당시의 제도사적 탐구와 조선초기 문서의 변천 양상을 살펴볼 수 있겠다는 확신이 들었다.

이를 계기로 2010년에 「현재 전하고 있는 왕지의 진위 고찰」이라는 소논문을 발표하였고, 이후 연구 대상의 종류와 시기를 확대하여 조선초기에 작성된 교서, 고신, 홍패, 백패, 사패를 본격적으로 공부하였다. 그 결과물로 「조선초기 왕명문서 연구-경국대전 체제 성립까지를 중심으로」라는 박사학위논문을 제출하였다.

박사학위논문을 제출한 이후 여러 해가 지나면서 논문 작성 당시에는 미처 확인하지 못한 새로운 자료들을 더 찾아냈고, 논문에서 잘못 기술한 부분들도 발견하였다. 따라서 학위논문에서 다루지 못했던 고려말의 자료를 추가하여 홍패·백패, 녹패, 공신녹권, 봉교문서의 서명 등에 대한 소논문을 몇 편 발표하였다. 이 책은 바로 필자의 박사학위논문과 이후에 발표한 소논문을 토대로 재구성한 '고려말 조선초 왕명문서'에 대한 최신 연구 결과물이다.

어느덧 고문서 공부에 입문한지도 만 12년이 지났다. 고문서를 새로운 학문 대상으로 연구할 수 있었던 것은 어려운 환경 속에서도 부단히 새로운 고문서를 찾아내고 연구해 온 수많은 선학들의 노고가 있었기에 가능한 일이었다. 부족한 필자를 공부의 길로 이끌어 준 학부 때 은사 김윤규 교수, 대학원 은사 박병호, 전경목, 옥영정 교수께 깊은 감사의 인사를 드린다. 또한 오랫동안 필자를 지켜보며 응원해 준 가족들과 선후배 동료들에게도 감사의 뜻을 전한다.


2017년 3월 맹산 아래 서재에서 저자 씀.

1. 이 책은 저자의 박사학위논문과 소논문을 일부 수정 및 재구성한 것으로서 원저술의 출처는 다음과 같다.
   - 「朝鮮初期 王命文書 研究-經國大典體制 成立까지를 中心으로」, 한국학중앙연구원 한국학대학원 박사학위논문, 2012.
   - 「여말선초 紅牌·白牌 양식의 변화와 의의」, 『고문서연구』40, 2012.
   - 「麗末鮮初 祿牌의 제도와 양식」, 『고문서연구』43, 2013.
   - 「조선초기 공신교서와 녹권의 발급제도 변경 시기에 대한 재론」, 『고문서연구』45, 2014.
   - 「조선초 奉敎文書의 着名 시행」, 『고문서연구』46, 2015.
2. ≪고려사≫, ≪조선왕조실록≫, ≪승정원일기≫ 및 각종 문집에 수록된 원문은 기본적으로 국사편찬위원회, 한국고전번역원에서 제공하는 온라인 자료를 이용하였다. 번역문을 인용하다가 일부 오역이 있는 부분은 필자가 수정한 사실을 주석에 밝히고 사용하였다.
3. 고문서의 원문을 입력하면서 기본적으로 쉼표(,)와 마침표(.)로 표점을 하였다. 글자가 훼손되어 판독할 수 없는 경우는 ■, 글자를 추정할 수 있는 경우는 <> 표시를 하였다.

# 제1장

## 고려말 조선초 왕명문서 연구 서설

# 1. 연구 배경

한국에서 고문서가 사료로서 수집되고 연구된 것은 일제강점기부터이다. 이미 일본에서는 유럽에서 정립된 고문서학을 바탕으로 일본의 고문서에 대한 사료적 의미 부여와 학술적 연구가 진행되고 있었다. 따라서 식민지 조선에 대한 역사적 접근에 있어서도 1차 사료로서 의의가 큰 고문서 수집과 그에 대한 연구 활동이 진행되었다. 이러한 사실은 당시에 발간된 『조선사찰사료朝鮮寺刹史料』, 『조선사료집진朝鮮史料集眞』등의 자료집과 일본인 연구자들의 논문 등을 통해서 확인할 수 있다.[1]

한국 학자들에 의한 한국 고문서의 연구는 1950년대 후반부터 본격적으로 시작되었다.[2] 박병호, 이수건, 남풍현, 최재석, 허흥식 등이 법제사, 경제사, 사회사 등의 연구 영역에서 고문서를 실증 자료로서 활용하였고,[3] 최승희는 다양한 유형의 고문서를 체계적으로 분류하여 문서 종류별로 정의와 예시를 일목요연하게 제시하였다.[4] 1990년대부터는 한국정신문화연구원의 고문서 조사 사업이 본격화되었고, 한국고문서학회의 창립[5]과 더불어 고문서 자료집 발간과 고

---

1) 전경목, 「고문서학 연구방법론과 활성화 방안」, 『정신문화연구』99호, 2005, 214~215쪽. 이 논문에서는 일제강점기를 한국고문서 연구사에 있어 제1시기, 즉 도입기로 보았다.

2) 박병호, 「고문서연구의 현황과 과제」, 『영남학』10호, 2006, 15~22쪽. 이 논문에서는 크게 '고문서학 연구'와 '고문서를 이용한 연구'를 구분하였다. 1950년대 후반부터 시작된 한국의 고문서 연구는 대부분 역사 연구를 위한 사료로서의 고문서 연구, 즉 고문서를 이용한 연구로 보았고, 고문서의 재질·투식·진위·분류 등 고문서 자체에 대한 학문적 접근인 고문서학은 시작 단계임을 지적하였다.

3) 박병호, 『韓國法制史特殊研究』, 한국연구도서관, 1960; 이수건, 「朝鮮初期 戶口 研究」, 영남대 『논문집』5, 1971; 남풍현, 「十三世紀 奴婢文書의 史讀」, 단국대 『논문집』8, 1974; 최재석, 「고려후기 가족의 유형과 구성-국보131호 고려후기 호적문서 분석에 의한 접근」, 『한국학보』2, 1976; 허흥식, 「國寶戶籍으로 본 高麗末의 社會構造」, 『韓國史研究』16, 1977 등 참조.

4) 최승희, 『韓國古文書研究』, 한국정신문화연구원, 1981; 增補版 『韓國古文書研究』, 지식산업사, 1989.

5) 한국고문서학회는 1991년에 창립되었고, 박병호 교수를 초대회장으로 하여 한국사, 법제사, 경제사, 국어사, 서지학, 민속학 등 다양한 전공의 연구자들이 참여하였다. (한국고문서학회 홈페이지 참조)

문서를 사료로서 활용한 논문들이 집중적으로 발표되기 시작하였다.

여기서는 이제까지 수행된 한국 고문서에 대한 연구 성과 가운데 고문서 자체를 주 연구 대상으로 삼아서 문서의 연원, 양식, 제도, 재료 등을 중심으로 수행된 고문서학적 연구의 흐름을 개략적으로 살펴보고자 한다.[6]

현재까지 알려진 한국 고문서에 대한 개괄적인 분류와 개념 정의는 앞서 소개한 최승희의 선구적인 연구 성과가 있고, 2000년대 이후부터는 석·박사 학위논문을 통해 특정 종류의 문서에 대한 집중적인 연구 성과들이 발표되기 시작하였다. 완문完文, 입안立案, 첩帖, 감결甘結, 호구단자戶口單子, 유서諭書, 관關, 계목啓目, 전문箋文, 자문尺文, 시권試券, 명문明文, 교서教書, 녹패祿牌, 책문册文, 전령傳令, 결송입안決訟立案, 수본手本 등에 관한 연구가 그것이다.[7] 이러한 문서 한 종에 대한 집중적인 연구는 기존에 알려진 개괄적인 문서 정의와 한정된 문서 사례에 대한 이해를 넘어서게 해주었다. 그러나 해당 문서를 벗어나 유관 문서까지 포괄하는 통합적인 연구 또는 문서사의 전체적인 흐름을 함께 살펴보지 못한 약점이 있다.

---

6) 박병호, 앞의 논문(2006), 15~19쪽.

7) 김혁, 「조선시대 完文에 관한 硏究」, 한국학대학원 박사학위논문, 2004; 최연숙, 「朝鮮時代 立案에 관한 硏究」, 한국학대학원 박사학위논문, 2004; 장을연, 「朝鮮時代 王世子 册封文書 硏究」-竹册의 作成節次를 中心으로-, 한국학대학원 석사학위논문, 2008; 송철호, 「조선시대 帖 연구」, 한국학대학원 석사학위논문, 2008; 윤인수, 「朝鮮時代 甘結 硏究」, 한국학대학원 석사학위논문, 2008; 문현주, 「조선시대 戶口單子의 작성에 관한 硏究」, 한국학대학원 석사학위논문, 2009; 노인환, 「조선시대 諭書 연구」, 한국학대학원 석사학위논문, 2009; 문보미, 「조선시대 關에 대한 연구」, 한국학대학원 석사학위논문, 2010; 명경일, 「조선시대 啓目 연구」, 한국학대학원 석사학위논문, 2010; 한희진, 「조선후기 箋文 연구」, 한국학대학원 석사학위논문, 2012; 김한아름, 「朝鮮後期 尺文 硏究」, 한국학대학원 석사학위논문, 2013; 김동석, 「朝鮮時代 試券 硏究」, 한국학대학원 박사학위논문, 2013; 김성갑, 「朝鮮時代 明文에 관한 文書學的 硏究」, 한국학대학원 박사학위논문, 2013; 노인환, 「朝鮮時代 教書 硏究」, 한국학대학원 박사학위논문, 2014; 임영현, 「조선시대 祿牌 연구」, 한국학대학원 석사학위논문, 2014; 장을연, 「朝鮮時代 册文 硏究」, 한국학대학원 박사학위논문, 2016; 박경수, 「조선시대 傳令 문서 연구」, 한국학대학원 석사학위논문, 2016; 권이선, 「조선시대 決訟立案 연구」, 한국학대학원 석사학위논문, 2017; 이은진, 「朝鮮後期 宮房 手本 硏究」, 한국학대학원 석사학위논문, 2017.

이와 달리 특정 문서군文書群에 대한 연구도 진행되었다. 대중국외교문서對中國外交文書, 간찰簡札, 대한제국기 문서大韓帝國期文書, 사찰문서寺刹文書, 왕세자 문서王世子文書, 문중문서門中文書, 종계문서宗稧文書, 마을 문서, 지방관아 문서, 포폄문서褒貶文書, 공무여행 문서 등에 관한 연구가 대표적이다.[8] 이 연구들은 문서의 성격, 시기, 생산 주체에 따라 하나의 문서군으로 다룰 수 있는 것들을 연구 대상으로 하였기 때문에 동종 문서만을 연구 주제로 다룬 연구에서는 수행하기 어려웠던 유관 문서들과의 유기적인 관계 및 시대사적 의의 등에 대한 접근을 시도할 수 있었다.

이 외에도 고문서의 서명署名, 문서지文書紙, 서체書體, 위조僞造, 비문자非文字 정보 등에 대한 연구도 진행되었다.[9] 고문서학이 성립하기 위해서는 문서 양식 및 내용 연구가 심도 있게 수행되어야 함은 물론이고, 동시에 문서의 서사재료, 서체, 인장, 진위감정 등의 분야에 대한 연구도 활발히 진행되어야만 한다. 이런 점에서 문서지, 서체, 위조 등에 대한 연구 성과는 한국 고문서학 연구 분야에서 선구적인 연구 성과로 평가할 수 있고, 향후 보다 밀도 있

8) 이선홍,「朝鮮時代 對中國 外交文書 研究」, 한국학대학원 박사학위논문, 2005; 김효경,「朝鮮時代 簡札 書式 研究」, 한국학대학원 박사학위논문, 2005; 김건우,「韓國 近代 公文書의 形成과 變化에 관한 研究」, 한국학대학원 박사학위논문, 2006; 전영근,「朝鮮時代 寺刹文書 研究」, 한국학대학원 박사학위논문, 2011; 조창은,「고문서를 통해서 본 윤선도의 경제활동」, 한국학대학원 석사학위논문, 2011; 조정곤,「고문서를 통해 본 海南 老松亭 金海金氏 문중 연구」, 한국학대학원 석사학위논문, 2013; 이상현,「佔畢齋 金宗直 宗家古文書 研究」, 한국학대학원 석사학위논문, 2013; 조미은,「朝鮮時代 王世子文書 研究」, 한국학대학원 박사학위논문, 2014; 김명화,「南原 朔寧崔氏 宗稧 문서 연구」, 한국학대학원 석사학위논문, 2015; 전민영,「巨濟 舊助羅里 古文書를 통한 마을의 運營 研究」, 한국학대학원 석사학위논문, 2016; 정현진,「대한제국기 地方官衙의 문서행정실태와 내용」, 한국학대학원 석사학위논문, 2016; 조광현,「朝鮮後期 褒貶文書 研究」, 한국학대학원 석사학위논문, 2016; 송철호,「조선시대 공무여행문서 연구」, 한국학대학원 박사학위논문, 2016.

9) 박준호,「韓國 古文書의 署名 形式에 관한 研究」, 한국학대학원 박사학위논문, 2004; 손계영,「朝鮮時代 文書紙 研究」, 한국학대학원 박사학위논문, 2004; 심영환,「朝鮮時代 古文書의 草書體 研究」, 한국학대학원 박사학위논문, 2006; 김은미,「朝鮮時代 文書 僞造에 관한 研究」, 한국학대학원 박사학위논문, 2008; 박형우,「朝鮮後期 玉泉寺의 御覽紙 製紙 研究」, 한국학대학원 석사학위논문, 2012; 염효원,「조선시대 고문서 非文字情報의 분석 및 전자정보화 방법 연구」, 한국학대학원 석사학위논문, 2016.

는 후속연구가 진행되어야 할 것이다.

이상에서 간략히 살펴본 고문서학적 연구 성과들은 대부분 해당 분야별로 최초의 연구에 해당한다. 본고에서 다룰 왕명문서王命文書도 아직까지 개념 정의를 비롯하여 전체적인 현황 파악이 제대로 이루어지지 않은 상황이다. 왕명문서에 대해서는 조선초기 관교官敎, 임명교지敎旨, 교서敎書, 유서諭書에 관한 연구 정도가 수행되었다.10)

필자는 국가 제도에 의거하여 문서 양식이 규정되고, 제도 변화에 따라 양식의 변화가 분명히 관찰되는 왕명문서王命文書와 관문서官文書에 대하여 지속적으로 관심을 두고 연구를 진행해 왔다. 이는 왕명문서와 관문서의 양식 변화에 대한 연구를 통해 문서에 반영된 역사적 흐름을 조명할 수 있을 뿐만 아니라, 시대사적 변화의 일면을 살펴볼 수 있기 때문이다. 특히 고려말과 조선초의 문서는 『경국대전』의 법체제가 정립되기까지의 제도와 문서 양식의 변화를 살펴볼 수 있는 매우 중요한 자료로서 이에 대한 연구 성과는 결과적으로 한국 고문서학 연구 영역에서 문서 제도가 정착되어 가는 과정을 규명할 수 있는 중요한 단서를 제공할 수 있다. 또한 상대적으로 사료가 빈약한 고려말과 조선초기 역사 연구에도 기여가 될 것이다.

본 연구는 고려말과 조선초에 작성된 왕명문서를 연구 대상으로 삼고 있다. 현재까지 실물로 전래된 왕명문서를 최대한 파악하여 그 현황을 일목요연하게 목록으로 제시하고, 기초적인 원문 고증, 문서 양식 검토, 보인寶印 사용 양상을 비롯한 문서 제도 및 양식 변화 등에 대한 사항들을 면밀히 검토할 것이다.

---

10) 川西裕也,「朝鮮初期における官敎文書樣式の變遷-頭辭と印章を中心として」,『朝鮮學報』205, 2007; 유지영,「조선시대 임명관련 교지의 문서 형식」,『古文書研究』30, 2007; 노인환,「조선시대 諭書 연구」, 한국학대학원 박사학위논문, 2009; 노인환,「朝鮮時代 敎書 研究」, 한국학대학원 박사학위 논문, 2014.

## 2. 왕명문서의 개념

전통시대의 한국과 일본은 지리적으로는 동아시아에, 문화적으로는 중국에서 촉발된 한자문화권에 속하였다. 중국 대륙에서 패권을 장악한 국가의 흥망성쇠에 따라 직·간접적인 영향을 지속적으로 받아왔다. 문서제도도 이미 당대唐代에 시행된 문서제도가 인접 국가에까지 영향을 미쳤다.[11] 신라와 고려도 당唐과 송宋을 거치면서 중국의 문서 제도를 실정에 맞게 수용한 것으로 보이고, 고려말과 조선초에는 원元과 명明을 거치면서 또 그 영향을 받아 문서 양식의 변화가 나타났다.[12]

이렇듯이 전통시대 한국의 문서제도는 중국의 문서제도를 바탕으로 변용 및 발전하였다. 따라서 전통시대의 제도를 기반으로 존재하였던 문서는 기본적으로 당시의 문서에 대한 개념을 이해하는 것으로부터 시작되어야 한다.

중국 고대의 문서제도는 우선 당대唐代에 편찬된 문헌에서 그 개념을 엿볼 수 있다. 『당육전唐六典』, 『당률소의唐律疏議』, 『구당서舊唐書』등에서는 기본적으로 황제문서와 관문서가 구분되어 있었다. 당대의 황제문서는 '왕언王言'이라고 지칭하였고, 이 왕언은 다시 크게 일곱 가지로 구분되었다. 책서冊書, 제서制書, 위로제서慰勞制書, 발칙發勅, 칙지勅旨, 논사칙서論事勅書, 칙첩勅牒이 그것이다.[13] 이에 반해 관문서는 관사와 관사 사이에서 일상적으로 통

---

11) 당대 문서에 대한 연구는 일본에서 활발하게 진행되었는데, 그 연구에 따르면 당대의 문서제도는 '율령律令'이라는 법체제로서 주변국에까지 큰 영향을 준 것으로 보인다. (仁井田陞, 『唐令拾遺』, 東方文化院東京研究所, 1933; 中村裕一, 『唐代制勅研究』, 汲古書院, 1991.)

12) 고려와 조선의 문서 양식에 대한 본격적인 고찰은 최근 몇몇 학자에 의해 진행되었고, 당·송·원·명을 거치면서 문서 양식도 일정한 영향을 받았을 것으로 추정하고 있다. (노명호 외, 『韓國古代中世古文書研究』, 서울대학교출판부, 2000; 박준호, 「『洪武禮制』와 朝鮮 初期 公文書 制度」, 『古文書研究』22, 2003; 심영환, 「高麗時代 奬論敎書 樣式」, 『장서각』18, 2007 등.)

13) 『舊唐書』卷43 志第23 職官2, 凡王言之制有七, 一曰冊書, 二曰制書, 三曰慰勞制書, 四曰發勅, 五曰

용된 문서만을 지칭한 용어였다.[14]

당대의 왕언 제도는 송대에 '명령命令'으로 이어졌고, 이 명령은 다시 책서冊書, 제서制書, 고명誥命, 조서詔書, 칙서勅書, 어찰御札, 칙방勅牓으로 구분되었다.[15]

각종 문헌과 고문서를 통해 고려시대와 조선시대에도 국왕이 문서의 발급 주체인 문서가 다수 확인되었다. 그러나 당·송의 '왕언'이나 '명령'과 같이 문서 전체를 아우르는 용어는 확인되지 않고, 경우에 따라 조詔, 조서詔書, 교敎, 교지敎旨, 판判, 판지判旨 등과 같은 개별적인 용례만 확인된다.

이와 같이 왕이 문서 발급의 주체였던 문서에 대하여 현재 한국의 고문서 학계에서는 분류 방식에 따라 '국왕문서國王文書'라고 지칭하기도 하고,[16] 문서의 형태와 성격을 기준으로 '교령류敎令類'라고 지칭하기도 한다.[17] 두 경우 모두 '국왕'과 '교령'이라는 용어를 통해 이 유형에 속한 문서가 왕이 발급자인 문서 또는 왕의 교령으로 발급된 문서임을 나타내고 있다.

다만 본고에서는 왕이 문서 발급의 주체자라는 점, 왕의 의지가 문서화되었다는 점, 제도 용어로서 원전에서 근거를 찾을 수 있어야 한다는 점을 두루 충족시키기 위해 '왕명문서'라는 용어를 사용하고자 한다. 왕명이라는 용어는『삼국사기』,『고려사』,『조선왕조실록』등에서도 왕의 직접적인 '명', '의지', '문서'라는 의미로 사용된 용례가 많이 확인된다. 그리고 고려말과 조선초의 홍패와 녹패에는 문

---

勅旨, 六日論事勅書, 七日勅牒.

14)『唐律疏議』職制21, 稽緩制書, ...(생략)... 議曰, 官文書, 謂在曹常行, 非制奏抄者.
　　『唐律疏議』賊盜26, 盜制書, ...(생략)... 官文書, 謂在司尋常施行文書.

15)『宋史』卷 161 志第114 職官1, 凡命令之禮有七, 曰冊書 ...(생략)... 曰制書 ...(생략)... 曰誥命 ...(생략)... 曰詔書 ...(생략)... 曰勅書 ...(생략)... 曰御札 ...(생략)... 曰勅牓.

16) 최승희, 앞의 책.

17) 장서각 디지털아카이브(http://yoksa.aks.ac.kr); 한국고문서자료관(http://archive.kostma.net)

서에 '왕명'이라는 용어가 직접적으로 기재되어 있기도 하다.[18]

왕명문서도 보다 자세히 구분하면, 왕명을 직접적으로 문서화하여 왕의 보인寶印을 찍어서 발급한 문서와 관사에서 왕명을 근거로 문서화하여 관인官印을 찍어 발급한 문서로 나눌 수 있다. 전자에 해당하는 문서로는 교서敎書, 왕지 또는 교지 양식으로 발급된 고신告身, 홍패紅牌, 백패白牌, 사패賜牌 등이 있고, 후자에 해당하는 문서로는 이·병조에서 발급한 고신, 녹패祿牌, 공신녹권功臣錄券 등이 있다.

고문서라는 대범주 내에서 왕명문서의 위상을 도식해 보면 아래와 같다. 먼저 고문서를 크게 공公과 사私의 영역으로 나누어서 공문서公文書와 사문서私文書로 구분하고,[19] 공문서의 범주 내에서 다시 왕명문서와 관문서를 나눌 수 있다. 왕명문서도 세분하면 앞서 설명한 바와 같이 왕명을 직접적으로 기재한 문서와 관사에서 왕명을 근거로 하여 발급한 문서로 나눌 수 있다.

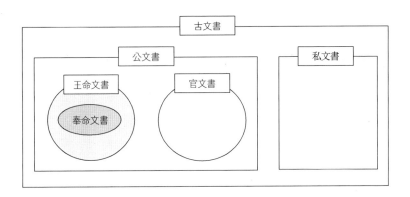

---

18) 박성호, 「여말선초 紅牌·l牌 양식의 변화와 의의」, 『고문서연구』40, 2012; 박성호, 「麗末鮮初 祿牌의 제도와 양식」, 『고문서연구』43, 2013.

19) 고문서를 작성주체에 따라 관문서, 공문서, 사문서로 살펴본 연구도 있다. 관문서는 중앙정부나 지방 관청의 관리들이 작성한 문서로, 공문서는 향교·서원·문중 등 각종 공공기관이 공적으로 작성한 문서로, 사문서는 개인이 사적으로 작성한 문서로 보았다. (전경목, 「16세기 관문서 의 서식 연구」, 『16세기 한국고문서연구』, 아카넷, 2004, 93쪽)

위의 도식과 같이 왕명문서와 관문서를 공문서라는 범주로 묶은 것은 당대唐代 문서에 대한 일본의 연구 성과를 참고한 것이다.[20] 왕명문서는 앞서 언급한 바와 같이 왕명을 직접적으로 문서화하여 보인을 찍어 발급한 문서와 특정 관사에서 왕명을 받들어 관인을 찍어 발급한 문서가 있다.

## 3. 왕명문서의 전존 현황

고문서 연구는 원론적으로 문서의 원본이 담보될 때 연구의 효과가 극대화된다. 여기서 '원본'이라고 하는 것은 대체로 당대에 작성된 유일본惟一本을 뜻한다. 문집이나 족보 등의 편찬 자료에 수록되었거나 후대에 작성된 전사본轉寫本 등은 제외된다. 특히 왕명문서와 관문서의 경우에는 문서의 특성상 전사본의 존재가 내용 연구나 인물 고증 등에 참고 자료로 활용될 수는 있겠지만, 실물을 토대로 문서의 진위와 양식 등을 엄격히 검토해야 하는 고문서학의 연구 대상으로는 한계가 있다.

따라서 본 연구와 같이 원본 고문서를 대상으로 하는 연구에서는 반드시 현재까지 실물로 존재하는 고문서의 현황 파악이 우선되어야 한다. 선행연구 성과와 필자의 추가 조사를 근거로 현재까지 파악된 고려말과 조선초의 왕명문서는 이 책의 뒤에 제시하는 <부록>과 같다. 조사 대상이 된 왕명문서의 발급 시기는 고려말로부터 1485년 『경국대전』이 최종적으로 반포·시행된 초기(15세기)까지로

---

20) 中村裕一, 『唐代制勅研究』, 汲古書院, 1991; 『唐代官文書研究』, 1991; 『唐代公文書研究』, 1996. 일련의 저서를 통해 나카무라 히로이치中村裕一는 唐代의 황제문서와 관문서를 공문서의 범주에서 함께 다룬바 있다.

설정하였다.

<부록>에서 보는 바와 같이 현재까지 원본 문서로 전하고 있는 고려말 조선초의 왕명문서는 240여 점에 달한다. 문서 유형별로는 교서가 16점, 고신이 137점, 홍패 및 백패가 37점, 사패가 6점, 유서가 4점이고, 특수 사례로 세조 연간에 광덕사, 개천사, 쌍봉사, 용문사 등에 발급된 감역 교지도 확인되었다.

수취자를 기준으로 살펴보면 동일한 수취자에게 발급된 문서는 1점에서 3점 내외인 경우가 대부분이고, 이숭원, 정식, 김종직의 경우는 각각 11점, 14점, 28점으로 다른 경우에 비해 상대적으로 많은 수의 문서가 현재까지 전하고 있다. 그리고 조선초기의 왕명문서가 남아있는 성씨들은 대부분 조선 중·후기의 유력 가문과는 다름을 알 수 있다. 상주김씨(김종한), 선산김씨(김종직), 성주도씨(도응), 흥해배씨(배임), 이천서씨(서유), 울산오씨(오식), 양산이씨(이징석), 나주정씨(정유, 정식), 초계정씨(정전, 정종아) 등이 대표적인 예이다. 이는 고려말로부터 조선 개국초의 정치 상황과 신분사적 의미 해석이 필요한 부분이다.


## 4. 왕명문서의 진위 검토

한국 학계에서 고문서 진위 감정에 관한 본격적인 연구는 최근에 들어서 시작되었다고 할 수 있다. 조선시대 문서 위조에 관한 연구를 주제로 하여 조선시대 문헌자료에 수록된 각종 문서위조 범죄의 사례와 그에 대한 법적 판결, 실제 문서 위조의 유형과 방법 등을 소개한 김은미의 연구가 대표적인 예이다.[21]

이후 현재까지 남아있는 왕지의 현황 검토와 더불어 그 진위 문제를 다룬 연구가 발표되었다.[22] 이 연구에서는 조선초기 왕지의 진위를 검토하기 위해 현재 고문서 형태로 남아 있는 왕지의 원본, 선행 연구 성과, 실록 등에 기재된 문서발급 당시의 제도 등을 근거로 왕지의 진위 판정 기준을 제시하였다. 문서 형식과 내용, 보인 寶印의 정확성, 서체書體, 고문서의 서사 재료인 문서지·먹·인주 등에 대한 재질 분석이 그것이다. 이를 간략히 요약 정리하면 다음과 같다.[23]

## 4.1 문서 형식 및 내용 검토

문서는 문서작성 시점의 문서 제도를 그대로 반영하기 때문에 문서 작성 시점의 제도는 해당 문서의 형식과 내용을 통해 드러난다. 이것은 글자의 위치 및 배열, 문서에 사용된 용어, 인장 등을 통해 확인할 수 있다. 아울러 문서의 본문에 기재된 내용도 면밀히 살펴보아야 한다. 아래에 제시하는 문서는 족보 등의 문헌자료에 수록되어 있는 사례로서 문서의 내용이 문서 발급 당시의 제도에 비추어 볼 때 의문점이 제기되는 사례들이다.

① 王旨 金天富爲嘉善大夫·工曹典書者 至元五年正月 日
② 金冲漢贈資憲大夫吏曹判書兼五衛都摠府都摠管前朝禮儀判書者
　 建文三年八月
③ 王旨 石汝明除嘉善大夫檢校漢城尹集賢殿提學者 永樂十四年六月二日

21) 김은미, 「조선후기 교지위조의 일연구」, 『고문서연구』30, 한국고문서학회, 2007; 김은미, 「조선시대 문서 위조에 관한 연구」, 한국학중앙연구원 박사학위논문, 2008.
22) 박성호, 「현재 전하고 있는 왕지의 진위 고찰」, 『정신문화연구』120, 한국학중앙연구원, 2010.
23) 이하의 4.1~4.4는 박성호, 앞의 논문(2010)에 수록된 내용을 요약 재구성하였다.

①은 『김해김씨세보』에 수록되어 있는 <김천부 왕지>이다. 그런데 1339년(충숙왕 복위 8) 당시의 고려 관제에는 '가선대부'와 '공조전서'가 존재하지 않았다.

②는 『경주김씨수은공파세보』에 수록되어 있는 1401년(태종 1)에 발급된 것으로 기재된 증직贈職문서이다. 문서에 기재된 '오위도총부'는 1466년(세조 12)에 관제를 개정하면서 비로소 등장한 것이기 때문에 이 또한 내용상 문제가 있다.

③은 『충주석씨파보』에 수록된 것으로 문서 작성 형식이 여타 왕지와 차이가 있다. 조선초에 왕지 양식으로 작성된 고신은 한결같이 '某爲某階某職' 형식으로 작성이 되었는데, 이 문서는 '爲' 대신 '除'가 사용되었다. 문서 형식상 위격이라 할 수 있다. 그러나 이 문서는 해당 문중에 실물이 전래되고 있는 것으로 알려져서 확인해 본 결과 실물과 족보에 수록된 내용 사이에 차이가 있었다. 원문서에는 '除'라는 글자가 포함되어 있지 않았다.

<도1-1> 1416년 석여명 왕지

이 외에 발급시기가 고려말로 기재되어 있는 <허기 백패許愭 白牌>는 발급 연도만을 고려한다면 현재까지 알려진 고문서 중에서 발

<도1-2> 1380년 허기 백패

급 시기가 가장 앞서는 백패이다. 그러나 고려말인 1380년(우왕 6)에는 생원을 선발하여 교지 형식의 백패를 발급한 제도가 존재하지 않았다. 교지 형식의 문서는 조선 세종대에야 등장하였다. 발급 연월일을 기재하는 방식도 연호와 간지가 동시에 기재되어 있고, "敎旨"라는 글자와 "洪武"라는 글자가 동일한 높이에 기재된 점 등 제반 요소를 고려할 때 고려시대에 작성된 문서로 보기 어렵다. 이것은 조선시대 백패 양식, 그것도 조선 후기 양식을 모방하여 작성한 문서이다.

## 4.2 보인寶印 검토

고문서에 남아 있는 인문은 고문서의 진위를 판단하는데 결정적인 단서가 된다. 왕명문서는 왕명을 문서화한 것이므로 보인의 유무를 우선적으로 확인해야 한다. 만약 보인의 인문을 판독할 수 있다면 해당 문서의 발급 시점에 사용된 보인이 맞는지의 여부까지 정확히 따져보아야 한다.

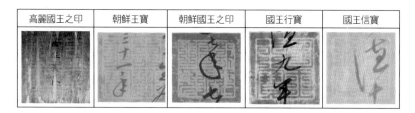

| 高麗國王之印 | 朝鮮王寶 | 朝鮮國王之印 | 國王行寶 | 國王信寶 |
| --- | --- | --- | --- | --- |

<도1-3> 조선초기 보인의 인문

이 외에도 보인을 검토할 때에는 후대에 정교하게 모각模刻하여 문서에 찍어 놓았을 가능성도 아울러 생각해야 한다. 이 경우 진본에 찍혀 있는 인문과 비교하여 인문의 크기, 전자篆字의 정확성, 획의 두께, 획 사이의 간격 등을 꼼꼼히 따져보아야 한다.

## 4.3 서체書體 검토

현재까지 조선초기 왕명문서의 서체를 개괄적으로 검토한 연구는 없으나, 조선시대 고신에 사용된 초서체에 대해서는 심영환의 선행 연구를 참고할 수 있다. 이 연구에 따르면 조선초기에는 고신을 작성할 때 주로 초서체로 작성하는 관행이 있었고, 이러한 경향은 세종대 이후 몇 번의 논의를 거쳐 차츰 해서체로 바뀌어 갔지만, 17세기 초반까지도 꾸준히 초서체 고신이 작성되었다.[24]

현전하는 조선초기 고신은 대부분 초서체로 작성되어 있다. 그러나 사패의 경우는 모두 해서체로 작성되어 있고, 고신 가운데 일부도 해서체로 작성된 경우가 있다. 사패의 경우는 동종의 문서끼리 서체와 형식의 통일성을 띠고 있어 별 문제가 없으나, 고신의 경우 다수의 경우와 달리 예외적으로 해서체로 작성된 문서가 있어 이에 대해서는 좀 더 면밀한 검토가 필요하다. 문서는 문서작성 당시의 관행을 간과할 수 없기 때문에 일반적인 경향과 다른 문서에 대해서는 좀 더 주의를 기울여야 할 필요가 있다. 이 부분은 문서의 실제 서사자인 영사令史·녹사錄事·서리書吏들의 문서 서사 관행 또는 그들이 구사한 서풍書風과 관계된다.

---

24) 심영환, 「朝鮮初期 草書告身 研究」, 『고문서연구』24, 2004; 심영환, 『조선시대 고문서 초서체 연구』, 소와당, 2008.

## 4.4 서사 재료에 대한 검토

이상에서 제시한 진위 판단 기준들은 문서의 형식적 요소를 근거로 문서의 진위를 판단하는 1차적인 검증 요소일 뿐 엄밀히 말해 진위 판단의 객관성을 온전히 갖추었다고 할 수 없다. 고문서의 내용과 형식 요소가 당시의 제도를 반영하는 것과 마찬가지로 고문서의 외형을 이루게 한 각종 서사재료는 당시의 물질 요소를 반영한다. 문서를 작성하는데 사용된 문서지, 먹, 인주 등은 당시에 생산된 재료의 특성을 가지고 있다. 아직까지 한국 학계에서 고문서의 재질 분석을 통한 진위 감정은 시도된 적이 없지만, 문화재보존과학 등의 학문 영역에서 연구를 수행하고 있는 연구자들과의 협동 연구를 통해 고문서의 물질적 요소를 이루고 있는 제반 서사재료에 대한 성분 분석 데이터를 축적한다면 고문서 진위 감정에 보다 객관적인 근거를 제공할 수 있을 것으로 생각된다.

이상의 진위 판정 기준을 토대로 조선초기에 발급된 것으로 알려진 고문서 가운데 당시에 작성된 원본 문서로 보기 어려운 사례를 살펴보고자 한다.

<도1-4> 1415년 남재 왕지

위 문서는 1415년(태종 15) 남재南在에게 발급된 문서로서 '왕지'

양식으로 작성되었고, 후손가에 문서가 전하고 있다. 보관의 편의를 위해 절첩折帖 형태로 만들어진 것으로 판단된다. 그렇다면 이 문서가 원본을 절첩본으로 만든 것인지, 전사본을 절첩본으로 만든 것인지가 중요한 문제로 남는다. 문서에 보인寶印이 찍힌 흔적이 보이지 않는 등 이 문서는 처음부터 전사본을 절첩으로 만들었을 가능성이 큰 것으로 보인다. 그리고 『의령남씨족보宜寧南氏族譜』가운데는 <1415년 남재 왕지>를 목판에 새겨 인출한 사례도 확인되고, 이 문서와 함께 소장처에 전하고 있는 <남은 유서南誾遺書>는 이미 선행연구에서 전사본임이 지적되었다.[25]

<도1-5> 1417년 박소 고신

위 문서는 밀양박씨 후손가에 전하고 있는 문서로서 문서의 상하 일부 글자가 떨어져 나간 상태이지만 박소라는 인물의 생존연대와 관력을 상고하여 1417년(태종 17)에 발급된 고신(왕지)로 소개되었다.[26] 그러나 이 문서를 자세히 살펴보면 몇 가지 의문점이 발견된다.

첫째 줄에 보이는 "旨"자의 왼쪽 상단을 살펴보면 왼쪽 아래로

---

25) 안승준, 「남은유서의 고문서학적 검토」, 『고문서연구』9·10합집, 1996.
26) 『고문서집성』76-密陽 密城朴氏·德南書院篇, 정신문화연구원, 2004.

내리 그어진 자그마한 필획이 하나 보인다. 이 필획은 1435년(세종 17) 이후에 등장한 고신 교지의 "教"자의 왼쪽 아래 필획과 일치한다. 이 문서는 원래 '교지' 양식에 맞추어 모사된 것으로 보인다. 연호 부분은 결락되어 있지만 원래 연호가 작성된 위치는 본문보다 상당히 위쪽으로 솟아 있는 형태임을 짐작할 수 있다. 이 점 또한 조선초기 왕지의 양식과는 차이가 있고, 오히려 조선 중·후기의 고신 양식에서 볼 수 있는 특징과 일치한다.

이상의 진위 판정 기준을 근거로 <부록>의 목록에 제시된 고려말 조선초 왕명문서들은 진본 문서라는 전제하에 작성되었다. 다만 이 가운데에도 현재 소장처가 불분명하거나 소장처의 문서 공개 제한 등의 사유로 명확히 진위 여부를 따지지 못한 경우도 있음을 밝힌다.

## 제2장

# 고려말 조선초의 교서

# 1. 머리말

한국 학계에서 '교서教書'라고 지칭되는 문서에 대한 연구가 본격적으로 진행된 것은 최근의 일이다. 역사학계와 한문학계를 중심으로 『고려사高麗史』, 『동문선東文選』, 『동인지문사륙東人之文四六』 및 개인문집 등에 수록된 교서의 문체나 정치사적 의의 파악을 위주로 한 연구가 일부 진행되었으나, 이것은 '교서'라는 문서에 대한 직접적인 연구라기보다는 역사적 배경 연구, 문체 연구의 일환으로 활용된 것이었다. 문서의 관점에서 교서를 연구한 성과로는 다음에 소개하는 몇몇 선행연구가 있다.

먼저 원본으로 전래된 교서에 주목하여 교서의 개념 정의와 교서가 반포된 사례에 따른 분류를 제시한 최승희의 연구가 있다.[1] 이 연구에서는 교서를 "국왕이 발하는 명령서, 훈유서, 선포문"으로 규정하고, 그 용례에 따라 즉위교서, 구언교서, 공신녹훈교서, 배향교서, 문묘종사교서, 반사頒敎교서, 사여교서, 권농교서, 사명훈유교서, 봉작교서, 책봉교서, 기타 교서 등으로 구분하였다.

다음으로 문집 등에 수록되어 있는 고려시대 공신교서에 대한 원문 교감과 문서 양식을 살펴본 노명호의 연구가 있다.[2] 이 연구에서는 철권鐵券, 단권丹券, 녹권錄券, 교서敎書, 조서詔書 등으로 명칭과 개념이 혼재되어 있는 고려시대 공신문서에 대한 개념 정리를 시도하였고, 정인경 공신교서와 김여우 공신교서에 대한 문서 양식 분석을 시도하였다.

다음으로 고려시대 왕명이라는 범주 내에서 조서, 교서의 운용에

---

1) 崔承熙, 增補版 『韓國古文書研究』, 지식산업사, 1989.
2) 盧明鎬, 「高麗後期의 功臣錄券과 功臣敎書」, 『고문서연구』13, 1998; 「高麗時代의 功臣錄券과 功臣敎書」, 『韓國古代中世古文書研究(下)』, 서울대학교출판부, 2000.

대하여 조명한 박재우의 연구가 있다.[3] 이 연구에서는 왕명을 반포함에 있어서 중서문하성의 심의를 받아 시행하였던 제서制書와 그러한 심의 과정 없이 왕명을 일방적으로 반포할 때 사용한 교서, 조서, 선지宣旨가 별도로 운용되었다는 점을 지적하였다. 또 고려시대에는 교서와 조서가 엄격한 기준을 두고 구별된 것이 아니라 경우에 따라 용어가 혼재된 양상을 띠었을 것으로 보았다.

다음으로 현재까지 전존하고 있는 유일한 고려시대 교서인 <1360년 정광도 교서>에 대한 문서사적 접근을 시도한 심영환의 연구가 있다.[4] 이 연구에서는 당대唐代의 논사칙서論事勅書라는 문서가 송대宋代에 조서詔書로 흡수되었고, 고려에서는 송의 조서 양식을 수용한 뒤 고려 중·후기를 지나면서 다소간의 변화를 겪었다는 견해를 밝혔다. 이는 교서 전체에 대한 일반화가 아닌 장유교서獎諭教書라는 특정 교서에 대한 연구로서 의의가 있다.

다음으로 현재까지 알려진 조선초기 개국공신교서와 좌명공신교서에 대한 문서양식 및 문서사적 의의를 검토한 박성호의 연구가 있다.[5] 이 연구에서는 1392년(태조 1) 이제李濟에게 발급된 개국공신교서와 1401년(태종 1) 마천목馬天牧에게 발급된 좌명공신교서에 대한 원문 교감, 문서 작성 형식, 보인 사용 등에 대한 양식론적 의의가 조명되었다.

마지막으로 조선시대 공신교서를 비롯한 교서 전반에 대한 집중적인 조사를 바탕으로 전체 현황을 제시하고 교서의 연원, 발급제도, 문서식, 발급 과정, 분류 등에 대한 종합적인 연구를 시도한 노인환, 심영환의 연구가 있다.[6]

---

3) 박재우, 『고려 국정운영의 체계와 왕권』 제2장 王命의 종류와 반포, 신구문화사, 2005.
4) 심영환, 「高麗後期 獎諭教書 樣式」, 『장서각』18, 2007.
5) 박성호, 「조선초기 功臣教書의 文書史的 의의 검토」, 『전북사학』36, 2010.
6) 노인환, 「조선시대 功臣教書 연구」, 『고문서연구』39, 2011; 노인환, 「조선시대 교서 연구」, 한국학

이하에서는 고려시대 교서에 대한 개괄적인 특징을 살펴본 뒤 현재까지 원본 고문서 형태로 전하고 있는 조선초기 교서만을 대상으로 하여 전존 현황 파악, 교서의 원형 복원, 양식상의 특성을 위주로 검토해 보고자 한다.


## 2. 고려시대의 교서

조선시대 교서를 본격적으로 검토하기 위해서는 그 연원이 되었을 고려시대 교서에 대한 검토가 필수적이다. 앞서 선행연구 검토에서 잠시 언급하였듯이 현재까지 알려진 바에 의하면 1360년(공민왕9)에 복주목사福州牧使 정광도鄭光道에게 발급된 교서가 유일한 원본 문서이고, 나머지는 모두 역사서·문집·족보 등에 전재된 2차 자료이다. 따라서 여기서는 먼저 2차 자료로 존재하는 교서들 중 문서 양식상의 특징을 살펴볼 수 있는 몇 건을 검토한 뒤 <1360년 정광도 교서>를 살펴보고자 한다.

『동인지문사륙』권6·권7과 『동문선』권23·권24에는 각각 해당 책이 편찬되기 전에 작성된 교서들이 선별되어 있다. 『동인지문사륙』은 고려말에 최해崔瀣(1287~1340)가 신라로부터 고려에 이르기까지의 변려문을 모아 편찬한 책이고, 『동문선』은 1478년(성종9)에 서거정徐居正(1420~1488) 등이 왕명을 받들어 조선 역대의 여러 문체의 글들을 모아 편찬한 책이다. 그 가운데 몇 건을 검토해 보고자 한다.

중앙연구원 박사학위논문, 2014; 심영환·노인환, 「조선시대 敎書의 淵源과 分類」『한문학논집』 31, 2012.

〈자료2-1〉『동인지문사륙』, 册皇太子敎書

**敎**元子毅王諱, …(생략)… 兼賜印綬衣帶弓箭金銀器匹段米穀鞍馬等諸物, **具如別錄. 至可領也.**

〈자료2-2〉『동인지문사륙』, 奬諭征西元師金富軾

**敎**某, 省所上狀, …(생략)… 并賜例物, **具如別錄. 至可領也.** 應五軍員將士卒, 顯著功績, 逐便件析聞奏, 當行爵賞. **故玆詔示. 想宜知悉. 春暄. 卿比安好. 遣書. 指不多及.**

〈자료2-3〉『동문선』, 奬諭征西都知兵馬金正純敎書

**敎**某, 惟逆賊趙匡等, …(생략)… 今賜卿金腰帶一條金花銀匣重肆拾兩緋羅夾複, 全宜祗領也. **故玆詔示. 想宜知悉. 春暄. 卿比平安好. 遣書. 指不多及.**

〈자료2-4〉『동문선』및『牧隱藁』, 罪三元帥敎書

**宣旨.** 國家不幸, 遭罹寇難, …(생략)… 無越爾職, 以保終始. **故玆敎示. 想宜知悉.**

〈자료2-5〉『동문선』및『陽村集』, 敎判厚德府事韓脩

**王若曰.** 死生之理, 通乎陰陽, …(생략)… 尙期貞魄, 膺此寵章. **故玆敎示. 想宜知悉.**

<자료2-1>은 김부식金富軾(1075~1151)이 지은 교서로서 "敎"로 시작하여 "具如別錄 至可領也"로 끝맺고 있다. 그러나 이 본문은 원문서 전체를 그대로 옮겨 적은 것으로 보기 어렵다. 이 문서도 원래는 <자료2-2>에서 보는 것과 같이 "至可領也" 이하에 교서의 투식어가 있었을 것으로 추정된다.

<자료2-2>와 <자료2-3>은 심영환의 연구에서 '장유교서'라고 지칭

된 유형의 교서이다. "敎"로 시작하여 "故玆詔示 想宜知悉 時候
卿比平安好 遣書 指不多及"의 형식을 갖추고 있다.

<자료2-4>는 이색李穡(1328~1396)이 지은 교서로서 "宣旨"로
시작하여 "故玆敎示 想宜知悉"로 끝맺고 있다. "선지"라는 용어가
사용된 것은 고려후기 왕명을 "선지"라고 일컬었기 때문이다.[7] 이
문서도 원문서의 첫부분은 "敎某" 형식의 문구가 기재된 다음 본문
의 첫머리에 "선지"가 사용되었을 것이다. 한 가지 더 주목할 점은
"故玆詔示"가 아닌 "故玆敎示"가 사용되었다는 사실이다.

<자료2-5>는 권근權近(1352~1409)이 지은 교서로서 한수韓脩
(1333~1384)에게 발급한 문서이다. "王若曰"로 시작하여 "故玆敎示
想宜知悉"로 끝맺고 있다. 이 교서도 원문서에서는 "敎某" 형식의
문구가 기재되고, 행을 바꾸어서 "王若曰 云云 故玆敎示 想宜知悉"
형식을 갖추었을 것으로 추정된다. 여기서도 "고자교시"가 사용되었다.

다음으로 고려후기의 공신교서를 살펴보도록 하자. 고려후기 공
신교서는 족보와 문집에 수록된 형태로 몇 건이 전하고 있고, 문서
의 원문과 의의에 대하여 이미 연구가 진행되었다.[8] 정인경 공신교
서, 김여우 공신교서, 홍규 공신교서가 그 예이다.

〈자료2-7〉『瑞山鄭氏世譜』, 정인경 공신교서

**皇帝福陰裏.** 特進上柱國開府儀同三司征東行中書省右丞相駙馬高麗國王
一等功臣宣授武德將軍征東行中書省理問所官奉翊大夫知密直司事坐常
侍上將軍鄭仁卿, 自漢唐以來, 至于本朝, …(생략)… 永保國家, **故玆詔示,**
**想宜知悉.**

---

7) 『高麗史』世家 권38, 충렬왕2년(1276) 3월조에 宣旨를 王旨로 고쳤다는 내용이 보인다. 따라서 이색
   이 지은 교서에 실제로 '선지'라는 용어가 사용되었는지, 아니면 '선지'를 '왕지'로 고친 이후에 다
   시 '선지'라는 용어가 혼용되었는지에 대해서는 확증하기 어렵다.

8) 이기백, 『韓國上代古文書資料集成』, 일지사, 1987; 노명호 외, 『韓國古代中世古文書研究』(上)(下),
   서울대학교출판부, 2000.

〈자료2-8〉『扶寧金氏族譜』, 김여우 공신교서

**皇帝福蔭裏**, 特進上柱國開府儀同三司征東行中書省左丞相駙馬高麗國王
諭一等功臣朝奉大夫試衛尉尹世子右贊懷金汝盂, 自漢唐以來, 至于本朝,
…(생략)… 永保國家耳. **故玆詔示, 諸**想宜知悉. 至元二十九年壬辰十二月 日

〈자료2-9〉『拙翁集』, 홍규 공신교서

…(생략)… 封功臣詔曰, 大元**皇帝福蔭裏**, 特進上柱國開儀府同三司征東
行中書省右丞相駙馬高麗國王, 諭功臣匡靖大夫都僉議侍郎贊成事上將軍
典理致仕洪奎, 自漢唐以來, 至于本朝, …(생략)… 永保邦耳. **故玆詔示,
想宜知悉.**

이 세 문서는 모두 공통적인 특징을 보이고 있다. "皇帝福蔭裏"
라는 문구로 시작하여 "故玆詔示 想宜知悉"로 끝맺고 있다. 여기
서 "皇帝"는 곧 원元 황제를 의미한다. 시기적으로 고려말의 원간
섭기에 작성된 것으로서 원의 문서 양식의 영향을 받은 것으로 추
정된다.[9) 공신교서 가운데 원간섭기 이전에 발급된 것으로 판단되
는 문서가 아직까지 발견되지 않아 보다 구체적인 비교 검토를 할
수는 없지만, 고려말 원간섭기 공신교서의 양식을 살펴볼 수 있는
중요한 예이다.

마지막으로 원본 고문서로 전하고 있는 <1360년 정광도 교서>를
살펴보자. 이 문서는 1360년(공민왕 9)에 발급된 문서로서 현재 경
북 안동시 소재 태사묘에 소장되어 있고, 보물 제451-11호로 지정
관리되고 있다. 문서의 진위여부를 판정하기 위해 서체, 인문, 문서의
재질 등에 대하여 정밀한 검토가 필요하지만, 현재로서는 고려시대
교서 가운데 실물로 남아있는 유일한 사례로서 그 의의가 있다.

---

9) 노명호 외, 앞의 책(下卷), 10~11쪽; '裏'에 대한 설명으로는 川西裕也의 「고려말기 元 任命箚付의
   체식 수용」, 『고문서연구』35, 2009, 110~111쪽 참조.

〈자료2-10〉 1360년 정광도 교서

01 敎
02 福州牧使光道, 〈覽〉
03 所上牋, 賀捕賊事,
04 具悉. 窮冦之來, 〈肆〉
05 毒有如蜂蠆, 義
06 兵所至宣威, 奚〈啻〉
07 雷霆. 當其奏凱
08 而還嘉, 乃馳牋而
09 賀. 故玆敎示, 想〈宜〉
10 知悉, 春暄, 卿比平
11 安好, 遺書, 指不多
12 及.
13 至正二十年三月 日
[印文 : (미판독)10)] 4顆

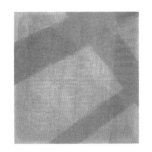

<도2-1> 미상 인문

<도2-2> 1360년 정광도 교서

선행연구에 의하면 이 문서의 문서사적 의의는 당대唐代의 논사칙서論事勅書가 송대宋代에 조서詔書로 이어졌고, 고려에서는 송의 조서 양식을 수용하여 <1360년 정광도 교서>에서 보이는 것과

―――――――――

10) 인장은 약 10cm 정방형이고, 한자 전서체로 네 글자가 새겨져 있다. 이보다 앞선 시기에 발급된 1344년(고려 충목왕즉위) 신우 고신에는 원대元代의 파스파자로 ‘駙馬高麗國王印’이 새겨진 인장이 사용되었다.

같은 장유교서獎諭敎書 양식으로 나타났다는 점이다.[11) 문서 본문
의 말미에 기재된 "故茲敎示 想宜知悉 春暄 卿比平安好 遣書 指
不多及"이라는 투식은 장유교서에서 보이는 전형적인 특징이다. 그
러나 이러한 양식으로 작성된 원문서는 <1360년 정광도 교서>가 유
일하고, 조선왕조실록의 조선초기 기사[12)와 문집 등에 전재된 조선
초기 교서에서만 일부 확인되므로 지금으로서는 장유교서 양식이라
고 일컬을 수 있는 양식의 교서는 고려와 조선초기에 국한되어 발
급된 것으로 보인다.

## 3. 조선초 교서의 현황과 문서 검토

### 3.1 전존 문서 현황

조선 개국으로부터 『경국대전』 체제가 시행된 초기에 이르는 시
기에 발급된 교서 가운데 현재 원문서 형태로 전하고 있는 교서는
총 16점으로 파악된다.

---

11) 심영환, 앞의 논문(2007), 179~182쪽.

12) 『세종실록』6년(1424) 11월 29일 기사, 遣內官韓弘, 賜書于咸吉道都節制使河敬復曰: ...(생략)... 卿
當爲予, 留作長城, 以紓予北顧之憂. **冬寒, 卿比平安好, 遣書指不多及**.
『세종실록』16년(1434) 12월 13일 기사, 致書于平安道都按撫察理使崔閏德曰: "甚苦暴露, 卿奉國忠
勤, 宣勞中外, 以廟堂重臣, 出鎭藩垣, 威敵鎭邊, 以紓予憂, 深用嘉之. 屬當嚴沍之時, 宜愼興居之節.
遣內官嚴自治, 錫宴以勞, 仍賜衣一襲, 至可領也. **指不多及**"

| 연번 | 발급연도 | 발급월일 | 수취자 | 크기(cm) | 비고 |
|---|---|---|---|---|---|
| 1 | 1392년(태조1) | 10월 일 | 李濟 | 32.5×94.5 | 개국공신교서 |
| 2 | 1401년(태종1) | 2월 일 | 馬天牧 | 33.5×90.0 | 좌명공신교서 |
| 3 | 1401년(태종1) | 2월 일 | 徐愈 | 34.8×189.0 | 좌명공신교서 |
| 4 | 1433년(세종15) | 3월22일 | 李澄石 | 71.5×86.0 | 교서 |
| 5 | 1467년(세조13) | 11월 일 | 許琮 | 30.0×150.0 | 적개공신교서 |
| 6 | 1467년(세조13) | 11월 일 | 金嶠 | 39.9×123.5 | 적개공신교서 |
| 7 | 1467년(세조13) | 11월 일 | 李從生 | 29.7×157.0 | 적개공신교서 |
| 8 | 1467년(세조13) | 11월 일 | 張末孫 | 30.0×150.0 | 적개공신교서 |
| 9 | 1467년(세조13) | 11월 일 | 孫昭 | 30.8×119.0 | 적개공신교서 |
| 10 | 1467년(세조13) | 11월 일 | 李溥 | 29.5×100.0 | 적개공신교서 |
| 11 | 1467년(세조13) | 11월 일 | 鄭種 | 29.0×120.0 | 적개공신교서 |
| 12 | 1472년(성종3) | 6월 일 | 洪允成 | 28.0×150.0 | 좌리공신교서 |
| 13 | 1472년(성종3) | 6월 일 | 李崇元 | 28.0×153.0 | 좌리공신교서 |
| 14 | 1472년(성종3) | 6월 일 | 金吉通 | 26.5×145.0 | 좌리공신교서 |
| 15 | 1472년(성종3) | 6월 일 | 李淑琦 | 27.0×139.0 | 좌리공신교서 |
| 16 | 1497년(연산군3) | 8월8일 | 權柱 | 84.0×158.2 | 교서 |

1392년(태조 1) 새 왕조의 창업에 공을 세운 개국공신 이제에게 발급한 교서를 포함하여 14점은 공신교서이고, 1433년(세종 15) 이징석과 1497년(연산군 3) 권주에게 발급한 교서는 각각 특정 임무를 맡은 관원에게 내린 교서이다.

## 3.2 개별 문서에 대한 검토

### 1) 1392년 이제 개국공신교서

1392년(태조 1) 10월 모일에 흥안군興安君 이제李濟(?~1398)에게 발급된 개국공신교서이다. 경남 산청 소재 성산이씨가에 전래되었고, 국립진주박물관에 기탁 보관중이다. 보물 제1294호로 지정되어 있다. 외형은 견본絹本에 묵서한 권축卷軸 형태이다.

이제는 태조 이성계가 조선을 창업하는 과정에 기여하여 개국공신 1등에 녹훈되었다. 『태조실록』1년 9월 21일 기사에서 개국공신들을 위한 연회가 베풀어진 자리에서 교서와 녹권이 사여된 사실이 확인된다.[13] 그러나 이제에게 내려진 개국공신교서에는 10월로 기재되어 있어 실록의 내용과 차이를 보이고 있다. 이 경우는 같은 해 10월 9일 실록 기사에 개국공신의 칭호를 확정한 내용이 있는 것으로 보아 실제 흥안군 이제에게 공신교서가 사여된 것은 10월이었을 가능성이 높다.[14] 흥안군 이제는 일등공신으로서 '좌명개국佐命開國'이라는 공신호를 받았는데, 이러한 공신호가 확정된 것이 10월이기 때문이다.[15]

01 敎
02 純忠佐命開國功臣・興安君・兼義興
03 親軍衛節制使・知〈書〉筵事 李 濟.
04 王若曰, 自古王者之革命, 應乎天順乎
05 人而已. 時必有偉人間生, 爲之輔翼. 如
06 湯武作於上, 伊呂應於下. 整頓乾坤, 扶
07 翊日月. 其〈英〉風茂烈, 輝〈暎千古, 有不〉可
08 掩者矣. 卿稟性淑均, 秉心謹恪. 寡欲以
09 養其心, 持正以守〈其節. 幼佩〉義方〈之訓,〉
10 長無紈綺之習. 〈慶鍾〉積善之餘, 家傳〈萬〉
11 石之美. 妻之以女〈而〉琴瑟和, 孝於其親
12 而宗族順. 春秋尙富, 而有老成之德. 爵
13 位雖高, 而存謙恪之心. 凜凜風采, 可〈以〉
14 破奸雄之膽. 堂堂議論, 可以扶社稷之

---

13) 『태조실록』1년(1392) 9월 21일 기사, 宴開國功臣于便殿, 各賜紀功敎書一通及錄券金銀帶・表裏有差. 特賜侍中裵克廉・趙浚高頂笠・玉頂子・玉纓具. 是日, 賜姓駙馬興安君李濟, 許同宗姓.

14) 『태조실록』1년(1392) 10월 9일 기사, 賜開國功臣之號: 一等曰佐命開國, 二等曰協贊開國, 三等曰翊戴開國.

15) 원문 교감은 박성호, 앞의 논문(2010), 69~71쪽 참조. 원문 복원은 1811년(순조 11)에 간인된 『星州李氏世德編』을 근거로 하였다.

15 計. 忠義之氣, 與秋色爭高, 眞可〈謂命世〉

16 而生, 伊呂之流亞也. 王氏之末, 天厭其

17 德, 勳絶其命, 僞辛竊位, 十有六年, 予及

18 二三大臣, 尚求其裔, 俾主其祀, 以聽〈於〉

19 天, 而天不悔禍, 以暴於民, 而民不歸心.

20 衆叛親離, 宗祀以〈墜.〉天命歸於有德, 人

21 心懷于有仁. 卿以至誠之知, 察天人之

22 幾, 與門下左侍中裴克廉, 門下右侍中

23 趙浚等大臣, 首倡大義, 〈決疑於危〉貳之

24 間, 定策於幾微之際, 赤心〈推戴〉, 化家爲

25 國, 輔潛德而發幽光, 杖景運而創大業.

26 卽祚之初, 市不易肆, 談笑之間, 措國泰

27 山. 其功莫盛, 人無間言. 〈可謂鼎彝〉不泯,

28 帶礪難忘. 是以加爵命之〈數〉, 而不滿於

29 心. 下獎諭之綸, 而未足〈於〉懷. 乃命有司

30 籍人口以爲斯養, 錫土田以爲世祿, 繪

31 形像於丹靑, 視功載於奕葉, 封卿之母

32 爲惠寧翁主, 命卿之婦爲慶〈順宮〉主, 爵

33 贈三世, 宥及子孫. 今遣金帶壹腰, 段子

34 貳匹, 絹子柒匹, 至〈可領〉也. 於戲! 乾稱父

35 坤稱母, 候王豈有種而生, 風從虎雲從,

36 龍, 臣子必同聲而應. 益篤君親之念, 毋

37 輕甥舅之恩. 故玆敎〈示, 想〉宜〈知悉.〉

38 〈洪武〉貳拾伍年〈拾月〉日

　　　　　[高麗國王之印] 1顆[16]

<도2-3>高麗國王之印

---

16) '고려국왕지인'은 발급연월일 부분에 찍혀 있다. 01행의 "敎" 부분에도 인장이 찍혀 있었을 가능
성이 있지만, 현재 문서의 상태로는 확신할 수 없다.

<1392년 이제 개국공신교서>에서 보이는 문서 양식상의 주요 특징은 다음의 몇 가지로 살펴볼 수 있다.

첫째, "敎 +수취자 具銜姓名 +王若曰 云云 於戱 云云 故玆敎示 想宜知悉 +발급 연월일"의 형식을 갖추고 있다. 문서의 첫머리에 "敎"를 단독으로 사용함으로써 왕명임을 표시하고 있으며, "王若曰"로 시작하여 "故玆敎示 想宜知悉"이라는 교서의 전형적인 투식어로 마무리하였다.

둘째, 발급 연월일 부분에 '高麗國王之印'이라는 보인이 안보安寶되었다. '고려국왕지인'은 고려후기 원元에서 고려에 사여한 인장으로서 조선 개국초기에도 폐기되지 않았다.[17] 이러한 점에서 <이제 개국공신교서>는 '고려국왕지인'이 실제로 사용된 실물 문서이자 조선 개국초기의 왕명문서에 사용된 실증적인 사례로서 의의가 크다.[18]

셋째, 왕을 상징하는 "敎", "王若曰" 등의 용어를 표기할 때 다른 글자보다 위치를 높게 쓰는 대두법擡頭法이 적용되지 않았다. 일반적으로 조선시대 문헌자료와 교서에서는 직접적으로 왕을 지칭하거나 간접적으로 왕에 관계된 용어를 사용할 때 해당 글자 앞에 빈 공간을 두는 공격空格, 행을 바꾸어 다른 글자보다 높이 표기하는 대두법을 사용하였는데, 이 문서에서는 이러한 현상이 보이지 않는다.

## 2) 1401년 마천목 좌명공신교서

1401년(태종 1) 2월에 마천목馬天牧(1358~1431)에게 발급된 좌명공신교서이다. 이 문서는 일제 강점기에 촬영된 사진 자료로만 전

---

17) 川西裕也, 「朝鮮初期における官敎文書樣式の變遷 - 頭辭と印章を中心として」, 『朝鮮學報』205, 2007, 104~105쪽.

18) 박성호, 앞의 논문(2010), 67쪽.

하고 있을 뿐 현재 존재 여부는 알 수 없다. 마천목은 이방원이 조선의 제3대 왕에 오르는 과정에 기여하여 좌명공신 3등에 녹훈되었다. 『태종실록』에 의하면 1401년(태종 1) 2월 25일에 왕이 친히 공신들에게 교서, 녹권, 사패를 사여한 사실을 알 수 있다.[19] 당시 마천목에게 발급된 공신녹권은 현재까지 전하고 있고, 국립고궁박물관에 기탁 보관중이다. 보물 제1469호로 지정되어 있다.[20]

```
01 教
02   翊戴佐命功臣・折衝將軍・
03   雄武侍衛司上將軍 馬天牧
04   王若曰. 不遇盤根, 何以試利.
05   器不賴良士, 無以定國亂.
06   維爾蘊不羈之才, 秉難奪
07   之節. 力可以扼虎, 勇可以兼
08   人. 通變適用, 徇義忘身.
09   服勞
10 王家, 夙著成績. 且精於射藝,
11   發而必中. 所謂熊態之士,
12   爪牙之才者也. 當逆臣朴苞
13   等, 陰挾宗親, 煽亂之日,
14 社稷之危, 間不容髮. 爾乃不
15   愛軀命, 以徇大義. 奮臂
16   而羣兇攝伏, 長呼而大慭
17   克淸. 扶
18 社稷於累卵之危, 措國家於
19   大山之安. 予用嘉之, 曰篤
20   不忘, 仍命有司, 繪形立閣,
21   紀績鐫碑, 兼錫土田臧獲, 銀
22   帶一要, 表裏一套, 廏馬一
23   疋, 至可領也. 於戲! 膺玆異
```

19) 『태종실록』1년(1401) 2월 25일 기사, 宴佐命功臣 于北亭. 召義安大君和等四十七人, 手授敎書錄券及賜牌.

20) 원문 교감은 박성호, 앞의 논문(2010) 73~74쪽 참조.

24　數. 懋昭乃勳. 對揚鴻休, 無
25　替成命. 故兹敎示, 想宜知悉.
26　建文三年二月 日
　　　[朝鮮王寶] 2顆

<도2-4> 朝鮮王寶

　마천목 좌명공신교서의 문서 양식상의 특징은 다음의 몇 가지로
살펴볼 수 있다.

　첫째, "敎 +수취자 具銜姓名+王若曰 云云 於戲 云云 故兹敎示 想
宜知悉 +발급 연월일"의 형식을 갖추고 있다. 이러한 형식은 이제 개
국공신교서에서 살펴본 것과 동일하다.

　둘째, 문서의 첫머리와 마지막 발급 연월일 부분에 '朝鮮王寶'가
각각 하나씩 찍혀 있다. '조선왕보'는 조선 개국후 특정시점[21]으로
부터 명明에서 '朝鮮國王之印'을 정식으로 반사頒賜한 1401년(태
종1) 6월 사이에 사용된 보인이다.

　셋째, 왕을 상징하는 용어에 대두법을 적용하였다. 이 문서에서는
"敎", "王若曰", "王家", "社稷"이라는 용어를 다른 글자보다 한 글
자 위로 대두시켰다. 이러한 현상은 앞서 살펴본 이제 개국공신교서
에서는 보이지 않았으나, 마천목 좌명공신교서 이후의 교서에서는
모두 지켜지고 있다.

---

21) 1393년(태조 2) 3월 9일 공민왕대에 받은 '고려국왕지인'을 명으로 돌려보냈다. 이때부터 '조선왕
　보'가 사용되었을 것으로 추정된다.
　『태조실록』2년(1393) 3월 9일 기사, 遣門下侍郎贊成事崔永沚赴京, 奉表謝恩. 其表曰: ...(생략)...
　又遣政堂文學李恬, **送納高麗恭愍王時所降金印一顆.**

## 3) 1401년 서유 좌명공신교서

1401년(태종 1) 2월에 서유徐愈(1356~1411)에게 발급된 좌명공신교서이다. 이 문서는 현재 경북 경주에 소재한 이천서씨가에 소장되어 있다. 문서의 존재가 처음 알려진 것은 『이천서씨양경공파세보』를 통해서였다. 고신 2점과 단서철권丹書鐵券으로 명명된 문서 1점의 사진이 수록되었다.[22] 이 사진에서는 문서의 앞 부분만 보이고, 나머지 부분은 축 형태로 말려 있어서 전체 내용을 확인할 수 없었다. 그러나 조선후기에 간행된 『양경공실기良景公實記』의 단서丹書조에 교서의 전체 내용이 모두 수록되었고, 최근 한국학중앙연구원 장서각의 조사를 통해 문서 전체가 확인되었다.[23] 기존의 사진 자료로는 문서의 진위 여부를 확신할 수 없었으나, 최근의 조사 결과를 참고할 때 진본으로 판단된다. 결과적으로 이 문서는 전존하는 유일의 좌명공신교서로서 의의가 크다.

```
01 敎
02    翊戴佐命功臣・通
03    政大夫・承政院右副
04    承旨・經筵參贊
05    官・寶文閣直學
06    士・知製敎・充藝文
07    春秋館編修官・知工
08    曹事 徐愈.
09 王若曰. 忠臣必有功而
10    不伐. 人主當行賞而不
11    忘. 上下之際. 所以各盡
12    其道也. 卿襟度寬弘.
```

22) 『利川徐氏良景公派世譜』, 대경출판사, 1981.
23) 『韓國古文書精選』3-교서・영서, 한국학중앙연구원출판부, 2013, 72~73쪽.

13    操守堅確. 佩詩書
14    之訓. 存社稷之心. 不矯
15    飾以令色, 多歷揚而
16    有聲. 乃者逆臣苞, 陰
17    謀不軌, 讒害懿親, 殆
18    將覆我邦家. 禍亂之
19    變, 在於呼吸之間. 幸
20    賴親勳, 應機決策,
21    克致淸平之慶. 卿
22    嘗注意寡躬, 屢陳
23    大計, 及予承
24 命, 位居儲宮. 卿乃益勤
25    調護, 輪誠佐命, 以至今
26    日, 予嘉乃功, 擧行賞
27    典, 追贈先世, 宥及後
28    昆, 勒碑紀績, 竪閣
29    圖形, 錫之土田臧獲, 仍
30    賜銀帶一腰, 表裏
31    一套, 廏馬一匹, 慰可領
32    也. 於戲! 靡不有初, 鮮
33    克有終. 爾尙一乃心力,
34    永保無疆之休. 故玆
35    敎示, 想宜知悉.
36    建文三年二月 日
        [朝鮮王寶] 2顆

<도2-5> 朝鮮王寶

　　서유 좌명공신교서의 문서 양식상의 특징은 다음의 몇 가지로 살펴볼 수 있다.

　　첫째, "敎 +수취자 具銜姓名+王若曰 云云 於戲 云云 故玆敎示 想宜知悉 +발급 연월일"의 형식을 갖추고 있다. 이러한 형식은 <이

제 개국공신교서>와 <마천목 좌명공신교서>에서 살펴본 것과 동일하다.

둘째, 마천목 좌명공신교서와 동일한 '朝鮮王寶'가 사용되었다. 문서의 첫머리 부분과 발급 연월일 부분에 각각 안보된 사실을 확인할 수 있다.

셋째, 교서의 원본 아래에 붉은색 천을 덧대었다. 이것은 후대에 수리하면서 '단서丹書'의 의미를 살리기 위해 붉은 색을 쓴 것으로 보인다.


4) 1433년 이징석 교서

1433년(세종 15) 3월 22일에 파저강婆猪江 유역의 야인 토벌을 위해 북정에 나서는 이징석에게 발급한 교서이다. 현재 경남 양산에 소재한 양산이씨가에 소장되어 있으며, 보물 제1001-4호로 지정되어 있다. 문화재 지정 당시 유서諭書로 명명되었으나 문서 양식으로 볼 때 교서임이 분명하다.

```
01  敎
02      助戰節制使·嘉靖〈大夫·同知中樞院事〉李澄石.
03  王若曰, 君人之道, 唯在保民. 〈將〉臣之忠, 貴於敵愾. 蠢爾〈野人〉.
04      肆犲狼之心, 逞蜂蠆〈之〉毒, 侵掠我邊境, 殘害我〈生靈〉.
05  孤兒寡妻起怨傷和, 此寡人所以哀傷惻怛之不已, 而亦卿
06  等之所共拊心切齒也. 擧兵聲罪, 烏可得己. 肆命卿將某軍往
07  討之, 其悉同心恊力, 聽主將方畧, 克成折衝之功,
        以答邊民之望. 故敎.
08  宣德八年三月二十二日
          [國王信寶] 2顆
```

이징석 교서의 문서 양식상의 특징은 다음의 몇 가지로 살펴볼 수 있다.

첫째, "敎 +수취자 具銜姓名+王若曰 云云 故敎 +발급 연월일"의 형식을 갖추고 있다. 전체적으로 교서의 형식을 갖추고 있으나 본문의 말미에서 "故敎"로 마무리 하고 있어 공신교서의 형식과는 다소 차이를 보인다. 고려 공민왕 시기에

<도2-6> 國王信寶

발급된 <1360년 정광도 교서>에서도 살펴보았듯이 조선초기 교서의 경우도 그 발급목적과 시기에 따라 투식의 변화가 있었던 것으로 판단된다. "故敎"라는 표현의 경우는 현전하는 고문서 가운데서는 유일한 사례이지만, 실록에서는 이와 같은 사례가 하나 더 확인된다.[24]

둘째, 문서의 첫머리와 발급연월일 부분에 '國王信寶'가 찍혀 있다. '국왕신보'는 1433년(세종 15) 3월부터 사용된 보인으로서 사신 事神, 교유敎宥, 공거貢擧 등과 관계된 문서에 사용하였다.[25] <1433년 이징석 교서>는 바로 교유敎宥에 해당하는 사례이고, '국왕신보'가 새로 제작된 뒤 얼마 지나지 않은 시점에 사용된 경우로서 의미가 있다.

---

24) 『세종실록』19년(1437) 7월 25일 기사, 敎平安道都節制使曰 : 將軍在閫外, 非唯坐作擊刺之法三令五申也, 至於殺生予奪之權, 亦木嘗不專制也 ...(생략)... 毋循私以枉刑, 毋依勢以曲全. 敬之哉! **故敎**.

25) 『세종실록』15년(1433) 3월 2일 기사, 行寶信寶成. 舊有傳國寶, 文曰國王信寶. 上命集賢殿, 稽古制改鑄此兩寶, 其制一依欽賜大寶, 皆用金, 信寶重一百六十四兩, 行寶重一百七十六兩. 信寶文曰國王信寶, 行寶文曰國王行寶. 信寶用之於事神敎宥等事, 行寶用之於冊命除授等事, 欽賜大寶, 則只用於事大文書.

## 5) 1467년 허종 적개공신교서

1467년(세조 13) 11월에 허종許琮(1434~1494)에게 발급된 적개 공신교서이다. 적개공신교서는 당시 함경도 지역에서 일어난 이시애 의 난을 평정하는데 기여한 공신들에게 발급한 것으로서 허종은 1 등 공신에 녹훈되었다. 이 문서는『조선사료집진속朝鮮史料集眞續』 에 수록될 당시 경기도 장단군 허사길許四吉 씨댁에 소장되어 있었 고, 이후 그 소재처는 정확히 확인되지 않고 있다. 사진의 상태로 보아 일제 강점기에 이미 문서가 많이 훼손되었음을 확인할 수 있 다. 그러나 이 문서의 본문이 실록에 그대로 수록되어 있어 문서의 원형을 복원하는데 도움이 된다.[26)]

01 〈敎〉
02 精忠出氣布衣敵愾功臣・崇政大夫・〈咸吉道〉
03 〈兵馬水軍節度使〉・陽川君 許 琮
04 〈王若曰. 効忠敵愾. 匪賢豪執能. 論賞酬功. 在公義宜急.〉
05 〈惟卿器局〉豪逸. 襟宇開通. 幼業詩書. 壯兼弓馬. 夙蘊經
06 〈世之才. 恒懷輔國之忠. 頃者〉賊臣李施愛. 〈謀逆構亂. 擧〉
07 〈兵稔〉惡. 罪實滔天而貫盈. 衆願剋日以〈殄滅. 予乃命將〉
08 〈征之〉. 起復卿爲咸吉道節度使. 卿能協謀〈同力. 遂擒渠〉
09 〈魁傳首奏捷. 大雪神人之憤. 克底邊境〉之寧. 卿勳〈之殊〉.
10 〈予嘉曰篤. 肆策卿爲敵愾一等功臣. 立閣圖形. 樹碑〉
11 〈紀功. 爵其〉父母妻子. 超三階. 嫡長世襲. 不失其祿. 子孫
12 〈則紀于政案曰.〉敵愾一等功臣許琮之後. 雖有罪犯. 宥及
13 〈永世. 仍〉賜伴倘十人. 奴婢十三口. 丘史七〈口. 田一百五十〉
14 結. 銀五十兩. 衣一襲. 鞍具内廐馬一匹. 至可領也.〈所與同功〉
15 者. 并錄于後. 於戲! 平枭獻績旣懋. 稽古事而誓山河. 上
16 〈麒麟寵亦隆. 保初心以及苗裔. 故玆敎示. 想宜知悉.〉
17 一等 浚    曹錫文 康純 魚有沼 朴仲善

---

26)『세조실록』13년(1467) 11월 2일 기사.

18　許琮　金嶠　　南怡　李淑琦　尹弼商
19 二等 金國光　許惟禮　李雲露　李德良
20　裵孟達　李亨孫　李從生　李恕長　金順命
21　金瓘　　具謙　　朴墳　　金伯謙　吳自治　鄭崇魯
22　張末孫　孫昭　　魚世恭　尹末孫　吳順孫　沈膺
23　金沔　　孟碩欽
24 三等 溥　韓繼美　徐　宣炯　閔發　吳子慶
25　崔有臨　禹貢　鄭種　鄭俊　李陽生　車云革
26 成化三年十一月　日

[施命] 2顆

　허종 적개공신교서에서 보이는 문서 양식상의 특징은 다음의 몇 가지로 살펴볼 수 있다.

　첫째, "敎 +수취자 具銜姓名+王若曰 云云 於戲 云云 故玆敎示 想宜知悉+등급별 공신명단+발급 연월일"의 형식을 갖추고 있다. 앞서 살펴본 공신교서의 형식을 대부분 그대로 유지하고 있으나, 본문 마지막 부분에 등급별 공신명단이 열거된 점이 차이점이다. 이렇듯 적개공신교서로부터 공신들의 명단이 수록되기 시작하였음을 알 수 있다.

　둘째, 문서 첫머리와 발급 연월일 부분에 '施命'이라는 보인이 찍혀 있다. '시명'은 1466년(세조 12)에 새로 만든 보인으로서 재질은 옥玉이고, 8.8cm 정방형이다. 사용된 시기는 1466년(세조 12)부터 1493년(성종 24)까지로 확인된다.[27] 적개공신교서를 비롯하여 이 시기에 발급된 고신에서도 '시명'이 사용된 사례가 다수 확인되었다.

---

27) 성인근, 『조선시대 印章 연구』, 한국학대학원 박사학위논문, 91~92쪽.

## 6) 1467년 김교 적개공신교서

1467년(세조 13) 11월에 김교金嶠(1428~1480)에게 발급된 적개
공신교서이다. 당시 김교는 1등 공신에 녹훈되었고, 현재 이 문서는
경남 함양군 소재 선산김씨가에 소장되어 있으며, 경남 유형문화재
제313호로 지정 관리되고 있다. 전래 과정에서 훼손이 발생하여 본
문 내용 중 일부를 알아볼 수 없는 상태이지만, 허종 적개공신교서
의 경우와 마찬가지로 실록에 본문 내용이 수록되어 있어 원문을
복원하는데 도움이 된다.

```
01 敎
02 精忠〈出〉氣布義敵〈愾〉功〈臣〉·資憲〈大夫〉·行〈慶源都〉
03 〈護府〉使·慶源鎭兵馬僉節制使·烏林君 金 嶠
04 王若曰, 臣子竭誠以禦海, 帝王崇德而報功. 此國家
05 之常經, 而古今之通誼也. 惟卿志氣英〈邁,〉才
06 藝〈驍〉雄. 自在潛邸, 左右服榮, 予甚器之. 逮
07 予卽位, 委以百里之寄, 聲績藹然, 予益重
08 之. 日者賊臣李施愛謀逆, 殺害將宰, 拘留
09 使命, 興兵跋扈, 罪盈〈滔〉天. 〈予命龜城〉君〈浚〉,
10 帥諸將討之. 卿爲褊裨, 奮萬死先三軍, 出奇
11 〈衂銳〉, 遂乘勝大捷. 師出未幾, 元兇授首, 朔
12 方悉平. 厥功甚懋, 予豈敢忘? 肆策〈卿〉爲敵
13 愾一等功臣, 立閣圖形, 樹碑記功. 爵其父母妻
14 子, 超三階, 嫡長世襲, 不失其祿. 子孫則記于
15 政案曰, 敵愾一等功臣金嶠〈之後. 雖有罪犯, 宥及〉
16 永世. 仍賜伴儻十人, 奴婢十三口, 丘史〈七〉口, 田
17 一百五十結, 銀五十兩, 衣一襲, 鞍具內廐馬一匹,
18 至可領也. 所與〈同〉功者, 拜錄于後. 〈於戲〉! 誓指山
19 河, 旣流芳於不朽. 業傳苗裔, 庶匹休于無疆.
20 故玆敎示, 想宜知悉.
21 一等 浚 曹錫文 康純 魚有沼 〈朴〉仲〈善〉
22    許琮 金嶠  南怡 李淑琦 尹弼商
```

```
23 二等 金〈國〉光  許惟禮  李雲露   李德良   裵孟達
24   李亨孫 李從生 李〈恕〉長  金順命   金瓘
25   具謙    朴埴   金伯〈謙〉 吳自治   鄭崇魯
26   張末孫 孫昭   魚〈世〉恭 〈尹〉末孫 〈吳順〉孫
27   沈膺    金沔   〈孟碩〉欽
28 三等 溥  韓繼美 〈悰〉宣炯 閔發   吳〈子〉慶
29   崔有臨 禹貢   鄭種   鄭俊 李陽生
30   車云革
31 成化三年十一月 日
         [施命] 2顆
```

김교 적개공신교서는 허종 적개공신교서와 동일한 형식으로 작성
되었고, 문서에 사용된 보인도 동일하다. 즉 "敎 +수취자 具銜姓名
+王若曰 云云 於戲 云云 故玆敎示 想宜知悉+등급별 공신명단+발
급 연월일"의 형식을 갖추고 있고, 문서 첫머리와 발급 연월일 부분
에 '施命'이라는 보인이 찍혀 있다.

7) 1467년 이종생 적개공신교서

1467년(세조 13) 11월에 이종생李從生(1423~1495)에게 발급된
적개공신교서이다. 당시 이종생은 2등공신에 녹훈되었고, 현재 이
문서는 충남 함양이씨가에 소장되어 있다. 문서의 전존상태는 매우
양호한 편이고, 여타 적개공신교서와 마찬가지로 실록에 본문 내용
이 수록되어 있다. 다만, 문서의 내용과 실록에 수록된 내용에 다소
차이가 보인다.[28]

---

28) 『세조실록』13년(1467) 11월 2일 기사, 敎精忠出氣敵愾功臣嘉善大夫行龍驤衛上護軍咸城君李從生:
王若曰: 敵王所愾, 臣子之殊勳, 賞人有功, 國家之彝典. 近者賊臣李施愛, 潛構逆謀, 嘯聚兇黨, 盡殺
將宰, 大肆焚燎. 予命將征之, 卿乃身先士卒, 摧堅陷陣, 克底平定. 念卿戎功, 敢忘旌賞? 肆策卿爲云
云, 至可領也. 於戲! 戚休之義, 不視舊章; 永存之心, 庶傳來裔.

01 敎

02 　精忠出氣敵愾功臣·嘉善大夫·行龍驤衛上

03 　護軍·咸城君 李 從生

04 王若曰. 敵王所愾, 臣子之殊勳. 賞人有功, 國家之

05 彝典. 頃者賊臣李施愛, 潛構反謀, 嘯聚兇黨,

06 盡殺將宰, 大肆焚烘. 予命將征之, 卿乃身先士

07 卒, 摧堅陷陣, 克底平定. 念卿戎功, 敢忘旌賞?

08 肆策卿爲敵愾二等功臣, 立閣圖形, 樹碑紀功. 爵

09 其父母妻子, 超二階, 無子者, 甥姪女壻, 超一階.

10 嫡長世襲, 不失其祿. 子孫則記于政案曰, 敵

11 愾二等功臣從生之後. 雖有罪犯, 宥及永世. 仍賜

12 伴倘八人, 奴婢十口, 丘史五口, 田一百結, 銀二十五兩,

13 衣一襲, 內廐馬一匹, 至可領也. 所與同功者, 幷錄

14 于後. 於戲! 捐山河爲誓, 期與國而咸休. 作腹

15 心竭誠, 庶裕後於永世. 故玆敎示, 想宜知悉.

16 一等 浚 曹錫文 康純 魚有沼 朴仲善

17 　許琮 金嶠 南怡 李淑琦 尹弼商

18 二等 金國光 許惟禮 李雲露 李德良

19 　裵孟達 李亨孫 李從生 李恕長 金

20 　順命 金瓘 具謙 朴埴 金伯謙

21 　吳自治 鄭崇魯 張末孫 孫昭 魚

22 　世恭 尹末孫 吳順孫 沈膺 金沔

23 　孟碩欽

24 三等 溥 韓繼美 係 宣炯 閔發

25 　吳子慶 崔有臨 禹貢 鄭種 鄭俊

26 　李陽生 車云革

27 成化三年十一月 日

　[施命] 2顆

이종생 적개공신교서 또한 앞의 허종, 김교 적개공신교서와 동일한 형식으로 작성되었고, 문서에 사용된 보인도 동일하다. 그러나 허종과 김교가 1등공신에 녹훈된 것에 반해 이종생은 2등공신에 녹훈되었기 때문에 상전의 차이가 보인다.

## 8) 1467년 장말손 적개공신교서

1467년(세조 13) 11월에 장말손張末孫(1431~1486)에게 발급된 적개공신교서이다. 당시 장말손은 2등공신에 녹훈되었고, 현재 이 문서는 경북 영주시 소재 인동장씨가에 소장되어 있으며, 보물 제 604호로 지정 관리되고 있다. 본문 가운데 마멸된 부분은 실록에 수록된 내용을 참고하여 복원할 수 있다.

```
01 敎
02   精忠出氣敵愾功臣・朝奉大夫・內〈贍寺〉
03   僉正 張末孫
04 王若曰, 周有旂常之紀, 漢伸帶礪之盟. 皆
05   所以勸忠於當時, 而勵效於〈後世也. 惟爾〉性
06   資醇慤, 學識疏〈通, 早捷科〉第, 頗有〈名〉稱,
07   忠義之道, 實所〈佩服〉. 頃者賊臣〈李施愛〉,
08   陰蓄逆謀, 敢逞跋扈, 兇焰孔熾. 予命龜
09   城君浚, 摠兵討之, 勝算妙運, 賊勢旋燼, 遂
10   縛致渠魁于轅門之下, 妖氛廓淸, 朔域按
11   堵. 汝於是時, 爲鎭〈北〉將軍康〈純從事, 參佐〉
12   幕籌, 奔走效力. 肆〈策〉爾爲敵愾二〈等功臣〉,
13   立閣圖〈形〉, 樹碑紀功. 爵其父母妻子, 超〈二〉
14   階, 無子者, 甥姪女壻, 超一階, 嫡長世襲, 不
15   失其祿. 子孫則記于政案曰, 敵愾二等功臣
16   末孫之後. 雖有罪犯, 宥及永世, 仍賜伴倘八
17   人, 奴婢十口, 丘史五口. 田一百結, 銀二十五兩,
18   衣一襲, 內廐馬一匹, 至可領也. 所與〈同功〉者, 并
19   錄于後. 於戱! 咸休之義, 旣丕視乎舊章. 永
20   存之心, 庶勿替於來裔. 故玆敎示, 想宜知悉.
21 一等 浚 曹錫文 康純 魚有沼
22   朴仲善 許琮 金嶠 南怡
23   李淑琦 尹弼商
24 二等 金國光 許惟禮 李雲露 李德良
25   裵孟達 李亨孫 李從生 李恕長
```

| 26 | 金順命 金瓘 具謙 朴堉 |
| 27 | 金伯謙 吳自治 鄭崇魯 張末孫 |
| 28 | 孫昭 魚世恭 尹末孫 吳順孫 |
| 29 | 沈膺 金沔 孟碩欽 |
| 30 三等 | 溥 韓繼美 徐 宣炯 |
| 31 | 閔發 吳子慶 崔有臨 禹貢 |
| 32 | 鄭種 鄭俊 李陽生 車〈云革〉 |
| 33 成化三年十一月 日 |
| 34 | 醴泉婢春月所生 權香 權眞 |
| 35 | 玉春 春伊 莫分 早時 |
| 36 | 竹山婢永德所生 永代 賤花 |
| 37 | 永分 順德 |

[施命] 2顆

문서 작성 형식과 보인 등의 특징은 여타 적개공신교서와 동일하다. 다만 등급별 공신 명단 뒤에 노비 현황이 기재되어 있는 것이 독특한 점이다. 이 부분은 문서 발급 당시부터 이미 적혔던 것인지, 이후에 참고 목적으로 부기附記해 둔 것인지는 정확하지 않다. 교서에 '노비 10구'를 사여한다는 내용이 포함되어 있고, 문서 말미에 부기해 놓은 노비의 수도 10구인 것으로 보아 당시 사여받은 노비의 현황을 분명히 해 두기 위해 추기한 것으로 판단된다.

9) 1467년 손소 적개공신교서

1467년(세조 13) 11월에 손소孫昭(1433~1484)에게 발급된 적개공신교서이다. 당시 손소는 2등공신에 녹훈되었고, 현재 이 문서는 경북 경주시에 소재한 경주손씨가에 소장되어 있으며, 경북 유형문화재 제13호로 지정 관리되고 있다.[29]

---

29) 문화재 지정 당시 '적개공신논상녹권敵愾功臣論賞錄券'으로 명명되었으나, 이 문서는 녹권이 아니라 교서이다.

01 教

02 精忠出氣敵愾功臣·通訓大夫·内

03 瞻寺正 孫 昭

04 王若曰. 同心協力, 克成敵愾之勳. 論賞

05 旌能, 宜擧報功之典. 頃者逆臣李

06 施愛, 衰兇植黨, 訛言惑衆, 賊殺官

07 吏, 蔑棄諭書, 遂擧兵衆, 大肆跳梁.

08 予命龜城君浚, 捴兵征之, 爾乃參

09 佐平虜將軍朴仲善幕府, 捴攝軍

10 務, 履險冒危, 往來奔走, 報賊情狀,

11 論予指畫, 動中機會, 罔有差誤, 勝

12 勢遂振, 逆魁授首, 一方晏然. 念爾

13 之功, 敢忘褒獎? 肆策爾爲敵愾二

14 等功臣, 立閣圖形, 樹碑記功, 爵其父

15 母妻子, 超二階, 無子者, 甥姪女婿, 超

16 一階, 嫡長世襲, 不失其祿. 子孫則記

17 于政案曰, 敵愾二等功臣孫昭之後. 雖

18 有罪犯, 宥及永世. 仍賜伴倘八人, 奴

19 婢十口, 丘史五口, 田一百結, 銀二十五

20 兩, 衣一襲内, 廐馬一匹, 至可領也. 所與

21 同功者, 并錄于後. 於戲! 入幕贊畫,

22 既樹不世之茂烈. 帶河礪山, 永保

23 無疆之匹休. 故玆敎示, 想宜知悉.

24 一等 浚 曹錫文 康純 魚有沼

25   朴仲善 許琮 金嶠 南怡

26   李淑琦 尹弼商

27 二等 金國光 許惟禮 李雲露 李德良

28   裵孟達 李亨孫 李從生 李恕長

29   金順命 金瓘   具謙   朴埴

30   金伯謙 吳自治 鄭崇魯 張末孫

31   孫昭   魚世恭 尹末孫 吳順孫

32   沈膺   金沔   孟碩欽

33 三等 溥 韓繼美 徐 宣炯

34   閔發 吳子慶 崔有臨 禹貢

35   鄭種 鄭俊   李陽生 車云革

36 成化三年十一月 日

[施命] 2顆

손소 적개공신교서 또한 이상에서 살펴본 적개공신교서와 작성 형식, 보인 사용 등에 있어 공통된 특징을 보이고 있다.

## 10) 1467년 이부 적개공신교서

1467년(세조 13) 11월에 영순군永順君 이부李溥(?~1470)에게 발급된 적개공신교서이다. 이부는 광평대군의 아들로서 세종의 손자이자 세조의 조카였다. 당시 이부는 3등공신에 녹훈되었고, 현재 이 문서는 국립중앙박물관에 소장되어 있다.

```
01 敎
02    精忠敵愾功臣・顯祿大夫・永順君 溥
03 王若曰, 竭誠敵所懷, 旣建非常之勳, 旌能報
04    厥功, 宜加不貲之賞. 載稽往牒, 式遵彛
05    規. 惟爾分氣華萼, 鍾秀猗蘭, 性資深
06    厚, 智識精通. 非苦心思, 能窮六籍之奧.
07    不勞指授, 博兼百藝之能. 頃臨軒而策
08    士, 迺擢科而蜚英, 足驗日就之功, 亦由天
09    質之美. 嘗承
10 聖考之遺囑, 特與中宮而眷憐, 允爲肺腑
11    之英, 恒代喉舌之任. 屬玆孽芽之輩, 敢逞
12    不軌之謀, 獟獥跋扈於潢池, 梟鏡聯翩
13    於邊鎭. 實同神人之憤, 方軫宵旰之虞.
14    汝獨左右周旋, 出納謀議, 下授妙算, 上
15    達戎情. 動合幾宜, 遂致克捷, 鞏邦家盤
16    石之祚, 副朝野維城之望. 載念汝勳, 敢
17    稽予賞? 肆策爾爲敵愾三等功臣, 立閣
18    圖形, 樹碑紀功, 爵其父母妻子, 超一階,
19    嫡長世襲, 不失其祿. 子孫則紀于政案
20 曰, 敵愾三等功臣溥之後. 雖有罪犯, 宥
21    及永世. 仍賜伴倘六人, 奴婢八口, 丘史三口,
22    田八十結, 銀十兩, 衣一襲, 內廐馬一匹, 至
```

| 23 | 可領也. 所與同功者, 竝錄于後. 於戲! 功 |
| 24 | 懋賞德懋官, 庸擧策勳之典. 河如帶 |
| 25 | 山如礪, 益輸篤弼之誠. 故茲敎示, 想宜 |
| 26 | 知悉. |
| 27 | 一等 浚 曹錫文 康純 魚有沼 朴仲 |
| 28 | 善 許琮 金嶠 南怡 李淑琦 尹弼 |
| 29 | 商 |
| 30 | 二等 金國光 許惟禮 李雲露 李德良 |
| 31 | 裵孟達 李亨孫 李從生 李恕長 |
| 32 | 金順命 金瓘 具謙 朴埴 金伯謙 |
| 33 | 吳自治 鄭崇魯 張末孫 孫昭 魚 |
| 34 | 世恭 尹末孫 吳順孫 沈膺 金沔 |
| 35 | 孟碩欽 |
| 36 | 三等 溥 韓繼美 徐 宣炯 閔發 |
| 37 | 吳子慶 崔有臨 禹貢 鄭種 鄭俊 |
| 38 | 李陽生 車云革 |
| 39 | 成化三年十一月 日 |

[施命] 2顆

<도2-7> 施命

이 문서 또한 문서 작성 형식 및 보인 사용에 있어 이상의 적개 공신교서에서 살펴본 바와 공통된 특징을 보이고 있다.

11) 1467년 정종 적개공신교서

1467년(세조 13) 11월에 정종鄭種(1417~1476)에게 발급된 적개 공신교서이다. 당시 정종은 3등공신에 녹훈되었고, 이 문서는 경북 고령에 소재한 동래정씨가에 전래되었고, 현재 고령 대가야박물관에 소장되어 있다.

01 敎

02 　精忠敵愾功臣・嘉靖大夫・行忠武衛上護軍・

03 　兼五衛將・漆山君 鄭 種

04 王若曰, 盡忠戡難, 旣樹不世之勳. 崇德報功, 盍擧

05 非常之典. 若稽往牒, 自有彝章. 頃者逆賊李施愛,

06 敢逞兇謀, 殺害將宰, 興兵敢拒, 兇焰滋熾. 予命將

07 討之. 卿能奮不顧身, 衝冒矢石, 出奇制勝, 遂使賊

08 徒瓦解, 元兇授首. 功旣懋焉, 賞何稽也. 肆策爾爲

09 敵愾三等功臣, 立閣圖形, 樹碑紀功. 爵其父母妻

10 子, 超一階, 無子者, 甥姪女壻, 超一階, 嫡長世襲, 不

11 失其祿. 子孫則紀于政案曰, 敵愾三等功臣鄭種

12 之後. 雖有罪犯, 宥及永世. 仍賜伴倘六人, 奴婢八

13 口, 丘史三口, 田八十結, 銀十兩, 衣一襲, 內廐馬一

14 匹, 至可領也. 所與同功者, 竝錄于後. 於戱! 名垂竹

15 帛, 已膺晉錫之寵章. 誓指山河, 庶保咸休於永

16 世. 故玆敎示, 想宜知悉.

17 一等 浚　曹錫文　康純　魚有沼　朴仲善

18 　許琮　金嶠　南怡　李淑琦　尹弼商

19 二等 金國光　許惟禮　李雲露　李德良

20 　裵孟達　李亨孫　李從生　李恕長　金順命

21 　金瓘　具謙　朴垍　金伯謙　吳自治　鄭崇魯

22 　張末孫　孫昭　魚世恭　尹末孫　吳順孫　沈膺

23 　金沔　孟碩欽

24 三等 溥　韓繼美　你　宣炯　閔發　吳子慶

25 　崔有臨　禹貢　鄭種　鄭俊　李陽生　車云革

26 成化三年十一月 日

　　　[施命] 2顆

이 문서도 문서 작성 형식 및 보인 사용에 있어 이상의 적개공신
교서에서 살펴본 바와 공통된 특징을 보이고 있다.

## 12) 1472년 홍윤성 좌리공신교서

1472년(성종 3) 6월에 홍윤성洪允成(1425~1475)에게 발급된 좌리공신교서이다. 좌리공신은 예종 사후 성종이 왕위에 즉위하는데 기여한 인물들로서 총 73명이 이에 해당된다. 이 당시 홍윤성은 1등 공신으로 녹훈되었고, 이 문서는 현재 국사편찬위원회에 소장되어 있다.

```
01 敎
02    輸忠協■靖難■…■
03 理功臣■…■
04 領經筵事■…■
05 王若曰, 自古創業垂統之君, 必有同德佐命之
06    臣, 嗣王繼體守文, 以圖基業之大, 則元臣
07    盡忠納誨, 以成治化之隆. 昔我
08 世宗・
09 文宗, 相繼晏■…■
10 宗社沾危■…■
11 世祖龍德方潛卿以下官, 輸誠攀附■■■
12    榮, 克成靖難佐翼之功, 自是眤承
13 恩眷, 驟歷通顯, 任專台鼎之位, 身都將相之
14    權, 使
15 宗社重於太山, 而生靈尊於袵席, 惟卿之勳
16    業, 盖多■…■
17 先王之世矣, 達于■…■
18 皇考, 初服景命, 逆賊潛構禍機, 垂發卿以
19    舊相參謀畫榮, 剋期戡定, 顧予小子嗣守
20 先王遺緒, 亦惟
21 先王勳舊之臣, 保佑之功是賴, 予惟夙夜圖
22    議庶政, 思免厥愆, 卿在左右, 彌倫爽■
23 知無■爲功勳, 若此■…■
24    佐理一等功臣, 立閣圖形, 樹碑紀功, 〈爵其〉
25    父母妻子超三階, 嫡長世襲, 不失其祿, 子
26    孫則記于政案曰, 佐理一等功臣允成之後,
27    雖有罪犯, 宥及永世, 仍賜伴倘十人, 奴婢
```

28　　五口, 丘史五名, 田四十結, 表裏一段, 內廐馬
29　　一匹, 至加領也. 其有〈無子者, 甥姪女壻加〉
30　　二階, 且與同功者, 並錄於後. 於戲! 大功■■
31　　於盟府, 舊德無逾於老成, 庶幾勿替於
32　　終始, 式克永世而匹休哉. 故茲敎示, 想宜知
33　　悉.
34 一等
35　　申叔舟　韓明澮　崔恒
36　　洪允成　曺錫文　鄭顯祖
37　　尹子雲　金國光　權瑊
38 二等
39　　婷　　　琛　　　鄭麟趾
40　　鄭昌孫　具致寬　沈澮
41　　金礩　　韓伯倫　尹士昕
42　　韓繼美　韓繼禧　宋文琳
43 三等
44　　成奉祖　盧思愼　姜希孟
45　　任元濬　朴仲善　李克培
46　　洪應　　徐居正　梁誠之
47　　金謙光　康袞　　愼承善
48　　李克增　韓繼純　鄭孝常
49　　尹繼謙　韓致亨　李崇元
50 四等
51　　金守溫　李石亨　尹弼商
52　　許琮　　黃孝源　柳洙
53　　魚有沼　咸禹治　李塤
54　　金吉通　宣炯　　禹貢
55　　金嶠　　吳伯昌　朴居謙
56　　李鐵堅　韓致仁　具文信
57　　李淑琦　鄭蘭宗　鄭崇祖
58　　李承召　韓堢　　韓致義
59　　金壽寧　韓致禮　韓巘
60　　李永垠　李克墩　李壽男
61　　鉉　　　申瀞　　金順命
62　　柳輊　　沈瀚　　申浚
63 成化八年六月 日
　　　[朝鮮國王之印] 2顆

이 문서는 1등공신에 녹훈된 홍윤성의 공신교서로서 문서의 일부 분이 훼손된 상태이지만 전체적으로 공신교서의 형태를 갖추고 있다. 이 문서의 양식상의 특징을 간략히 살펴보면 다음과 같다.

첫째, "教 +수취자 具銜姓名+王若曰 云云 於戱 云云 故玆教示 想宜知悉 + 등급별 공신명단 + 발급 연월일" 형식을 갖추고 있다.[30] 전단부에 일부 훼손된 부분이 있지만, 여타 좌리공신교서와 동일한 양식상의 특징을 띠고 있다.

둘째, 문서 첫머리와 발급 연월일 부분에 '朝鮮國王之印'이라는 보인이 찍혀 있다. '조선국왕지인'은 1401년(태종 1)에 明으로부터 처음 반사 받은 사실이 확인되고, 이후 1403년(태종 3)에 또 한 차례 반사 받았으며, 성화 연간(1465~1487)에 다시 반사 받은 사실이 확인된다.[31] 좌리공신교서에 찍힌 '조선국왕지인'은 명으로부터 세 번째 반사 받은 것으로 추정된다.

13) 1472년 이숭원 좌리공신교서

1472년(성종 3) 6월에 이숭원李崇元(1428~1491)에게 발급된 좌리공신교서이다. 이 당시 이숭원은 3등공신으로 녹훈되었고, 현재 이 문서는 전북 익산시에 소재한 연안이씨가에 전래되었고, 연안이씨 종중박물관에 소장되어 있다. 보물 제651-2호로 지정 관리되고 있다.

    01 教
    02    純誠明亮佐理功臣・嘉善大夫・行承政院
    03    左承旨・兼經筵參贊官・春秋館修撰官・延

---

30) 다만 후대의 공신교서에서는 문서의 첫 부분에 '教+수취자 具銜姓名+書'와 같이 '書'자가 추가된 차이가 있다.
31) 성인근, 앞의 논문, 76~77쪽.

04 源君 李崇元

05 王若曰. 古者帝王之治國也, 德懋者官之, 功

06 懋者賞之, 所以勵一世昭不忘也. 咨卿純

07 慤不華, 聰警過人, 學優文贍, 蚤捷巍科,

08 歷職中書, 出入臺諫, ■■■■, ■■■■

09 越予踐阼之初, 卿在喉舌, 寔司讞獄, 固能

10 仁恕明愼, 敷奏之間, 多所平反, 使吾元元,

11 有賴用敷. 予一人之慶, 盍稱褒典, 以答

12 爾庸. 肆策卿爲佐理三等功臣, 立閣圖

13 形, 樹碑紀功, 爵其父母妻子, 超一階, 嫡長

14 世襲, 不失其祿. 子孫則記于政案曰, 佐

15 理三等功臣崇元之後. 雖有罪犯, 宥及

16 永世, 仍賜伴倘六人, 奴婢三口, 丘史三名, 田

17 二十結, 表裏一段, 內廐馬一匹, 至可領也. 其

18 有無子者, 甥姪女壻, 加一階, 且與同功者, 竝

19 錄于後. 於戲! 予惟爾股肱, 寔賴其尙. 交脩

20 不逮, 與國同休, 卿其欽哉! 故兹敎示, 想

21 宜知悉.

22 一等

23 申叔舟 韓明澮 崔恒 洪允成

24 曺錫文 鄭顯祖 尹子雲 金國光

25 權瑊

26 二等

27 婷 琛 鄭麟趾 鄭昌孫

28 具致寬 沈澮 金礩 韓伯倫

29 尹士昕 韓繼美 韓繼禧 宋文琳

30 三等

31 成奉祖 盧思愼 姜希孟 任元濬

32 朴仲善 李克培 洪應 徐居正

33 梁誠之 金謙光 康袞 愼承善

34 李克增 韓繼純 鄭孝常 尹繼謙

35 韓致亨 李崇元

36 四等

37 金守溫 李石亨 尹弼商 許琮

38 黃孝源 柳洙 魚有沼 咸禹治

39 李塤 金吉通 宣炯 禹貢

| 40 | 金嶠 | 吳伯昌 | 朴居謙 | 李鐵堅 |
| 41 | 韓致仁 | 具文信 | 李淑琦 | 鄭蘭宗 |
| 42 | 鄭崇祖 | 李承召 | 韓致義 | 韓堞 |
| 43 | 金壽寧 | 韓致禮 | 韓巘 | 李永垠 |
| 44 | 李克墩 | 李壽男 | 鉉 | 申瀞 |
| 45 | 金順命 | 柳輊 | 沈瀚 | 申浚 |
| 46 | 成化八年 六月 日 | | | |

[朝鮮國王之印] 2顆

이숭원 좌리공신교서의 문서 양식상의 특징은 다음의 몇 가지로 살펴볼 수 있다.

첫째, "教 +수취자 具銜姓名+王若曰 云云 於戱 云云 故玆敎示 想宜知悉 +등급별 공신명단+발급 연월일"의 형식을 갖추고 있다.

둘째, 문서 첫머리와 발급 연월일 부분에 '朝鮮國王之印'이라는 보인이 찍혀 있다.

14) 1472년 김길통 좌리공신교서

1472년(성종 3) 6월에 김길통金吉通(1408～1473)에게 발급된 좌리공신교서이다. 당시 김길통은 4등공신으로 녹훈되었고, 현재 이 문서는 충북대학교박물관에 소장되어 있으며, 보물 제716호로 지정 관리되고 있다.

```
01 〈敎〉
02  〈純)誠佐理功臣・崇政大夫・行戸曹判書・
03  〈月川君〉金吉通
04 〈王若曰. 王)者致治. 必賴間世之英. 人臣效
05  忠. 宜敷殊錫之寵. 玆由公義, 匪出私
06  恩. 惟卿少負經邦之才, 哀冠大庭之
07  對. 端嚴有守, 清介無華. 氣冠風霜,
```

08 振威綱於栢府. 忠懸日月, 陳藥石於
09 薇垣. 關西騰有袴之歌, 湖南播襃帷
10 之化. 入南宮而參秩五禮, 長地官而奠
11 安四民. 累涉英纏, 動有殊聞. 予以眇
12 質, 嗣守丕基. 卿於是時, 夙夜匪懈, 以
13 佐予理, 式至今休. 盍擧丕示之儀, 以酬
14 非常之績. 肆策卿爲佐理四等功臣, 立
15 閣圖形, 樹碑紀功, 爵其父母妻子, 加一
16 階, 嫡長世襲, 不失其祿. 子孫則記于
17 政案曰, 佐理四等功臣吉通之後. 雖有
18 罪犯, 宥及永世. 仍賜伴倘四人, 奴婢二
19 口, 丘史二名, 田一十結, 表裏一段, 内廐馬
20 一匹, 至可領也. 其有無子者, 甥姪女壻,
21 加一階, 且與同功者, 竝錄于後. 於戲! 山
22 如礪河如帶, 期永世而咸休. 旱作霖濟
23 作舟, 庶初心之益勵. 故兹教示, 想宜知悉.
24 一等
25 申叔舟　韓明澮　崔恒　　洪允成
26 曺錫文　鄭顯祖　尹子雲　金國光
27 權瑊
28 二等
29 婷　琛　鄭麟趾　鄭昌孫
30 具致寬　沈澮　　金礩　　韓伯倫
31 尹士昕　韓繼美　韓繼禧　宋文琳
32 三等
33 成奉祖　盧思愼　姜希孟　任元濬
34 朴仲善　李克培　洪應　　徐居正
35 梁誠之　金謙光　康袞　　愼承善
36 李克增　韓繼純　鄭孝常　尹繼謙
37 韓致亨　李崇元
38 四等
39 金守溫　李石亨　尹弼商　許琮
40 黃孝源　柳洙　　魚有沼　咸禹治
41 李塤　　金吉通　宣炯　　禹貢
42 金嶠　　吳伯昌　朴居謙　李鐵堅
43 韓致仁　具文信　李淑琦　鄭蘭宗

| 44 | 鄭崇祖 | 李承召 | 韓致義 | 韓堢 |
| 45 | 金壽寧 | 韓致禮 | 韓巘 | 李永垠 |
| 46 | 李克墩 | 李壽男 | 鉉 | 申瀞 |
| 47 | 金順命 | 柳輕 | 沈瀚 | 申浚 |
| 48 | 成化八年 六月 日 | | | |

[朝鮮國王之印] 2顆

<도2-8> 朝鮮國王之印

문서의 작성 형식과 보인 사용 등의 특징은 홍윤성 좌리공신교서와 이숭원 좌리공신교서에서 살펴본 특징과 동일하다.

15) 1472년 이숙기 좌리공신교서

1472년(성종 3) 6월에 이숙기李淑琦(1429~1489)에게 발급된 좌리공신교서이다. 이숙기는 좌리4등공신에 녹훈되었고, 이 자료는 경북 김천의 연안이씨 정양공파에 전래되었다. 2012년에 경상북도 유형문화재 제442호로 지정되었다.

01 敎
02 　精忠出氣布義敵愾純誠佐理功臣・嘉靖大夫
03 　同知中樞府事・兼五衛都摠府副摠管・延安君 李淑琦,
04 王若曰, 同心同力, 旣竭力而輸忠, 懋賞
05 　懋官, 宜旌能而命德. 若稽古典, 自
06 　有成規. 惟卿性度雄剛, 器宇宏毅.
07 　名再捷於虎榜, 聲益著於羽林. 胸
08 　藏萬兵, 蔚有長城之望. 技窮七札,
09 　獨擅飛將之名. 當
10 世祖之季年, 有朔方之逆孽, 卿能
11 　奉行天討, 畢殲兇徒. 寬
12 九重之憂, 樹一代之績. 逮予承緖, 蒙

13    未有知. 念天位之克艱, 冀臣隣之共
14    濟. 卿乃殫盡心膂, 益竭股肱, 出鎭
15    塞垣, 北門壯其鎖鑰, 入摠禁旅, 國人
16    倚爲干城. 旣竭翊戴之功, 克著夾
17    輔之效, 宜遵庸典, 以答殊勳. 肆策
18    卿爲佐理四等功臣, 立閣圖形, 樹碑
19    紀功, 爵其父母妻子, 加一階, 嫡長世
20    襲, 不失其祿. 子孫則記于政案曰, 佐
21    理四等功臣淑琦之後. 雖有罪犯,
22    宥及永世. 仍賜伴倘四人, 奴婢二
23    口, 丘史二名, 田一十結, 表裏一段, 內
24    廐馬一匹, 至可領也. 其有無子者,
25    甥姪女壻, 加一階, 且與同功者, 竝錄
26    于後. 於戲! 山河作誓, 旣期苗裔之
27    傳. 金石爲心, 益堅忠義之節. 故玆
28    敎示, 想宜知悉.
29  一等
30    申叔舟    韓明澮    崔恒    洪允成
31    曹錫文    鄭顯祖    尹子雲    金國光
32    權瑊
33  二等
34    婷        琛        鄭麟趾    鄭昌孫
35    具致寬    沈澮      金礩      韓伯倫
36    尹士昕    韓繼美    韓繼禧    宋文琳
37  三等
38    成奉祖    盧思愼    姜希孟    任元濬
39    朴仲善    李克培    洪應      徐居正
40    梁誠之    金謙光    康袞      愼承善
41    李克增    韓繼純    鄭孝常    尹繼謙
42    韓致亨    李崇元
43  四等
44    金守溫    李石亨    尹弼商    許琮
45    黃孝源    柳洙      魚有沼    咸禹治
46    李塤      金吉通    宣炯      禹貢
47    金嶠      吳伯昌    朴居謙    李鐵堅
48    韓致仁    具文信    李淑琦    鄭蘭宗

49  鄭崇祖  李承召  韓致義  韓堟
50  金壽寧  韓致禮  韓嶬  李永垠
51  李克墩  李壽男  鉉  申瀞
52  金順命  柳輊  沈瀚  申浚
53  成化八年 六月  日
    [朝鮮國王之印] 2顆

## 16) 1497년 권주 교서

1497년(연산군 3) 8월 8일에 권주權柱(1457～1505)를 충청도관찰사 겸병마수군절도사에 제수하면서 발급한 교서이다. 경북 안동시에 소재한 안동권씨가에 전래되었고, 한국국학진흥원에서 보존 관리중이다. 보물 제1002-1-1호로 지정되어 있다. 앞서 살펴본 공신교서들과는 달리 관찰사로 부임하는 권주에게 개별적으로 발급된 교서이다.

01  敎. 嘉善大夫・忠淸道觀察使・兼兵馬水軍節度使 權柱
02  王若曰. 有虞建官, 作牧十二, 成周立政, 分陝東西, 漢置刺史,
03  唐稱按察, 皆所以委承宣之責, 任字牧之寄, 其任顧不
04  重歟? 予以眇昧, 作民父母, 思得循良, 以分憂共理, 而方面
05  之選, 固難其人. 自非長才, 鮮克稱職. 忠淸一道, 內輔畿甸,
06  外縉湖嶺, 詞訟之夥, 調賦之繁, 號稱難治. 況今齊編困於
07  寇盜, 稼穡傷於水旱, 閭境嗷嗷, 方罹困窮. 予用軫慮, 痛
08  瘝乃身. 欲救溝壑之民, 須煩經濟之手. 通政大夫・承政
09  院都承旨 權柱, 稟性端雅, 處事精硏. 詞華擅脫穎之
10  妙, 吏能乃治劇之才. 處諫諍之地, 則有讜直之風. 在論事
11  之列, 則有獻替之益. 迨居喉舌, 久掌綸綍. 惟獨諳於典故,
12  乃能允於出納. 茂績旣多於庶職, 游刃何有於一方. 玆輟近
13  密之班, 俾展澄淸之志. 可特受嘉善大夫・忠淸道觀察使. 卿
14  其往踐乃職, 拯民墊危. 凡大辟之外, 勿煩申稟. 通訓以下, 可
15  處裁. 於戲! 予知乃心, 旣付一道之命. 卿體予意, 以紆旴食之
16  虞.
17 弘治十年八月初八日
    [施命之寶] 1顆

권주 교서의 문서 양식상의 특징은 다음의 몇 가지로 살펴볼 수 있다.

첫째, "敎 +수취자 具銜姓名 +王若曰 云云 於戱 云云 卿體予意 以紓旰食之虞 +발급 연월일"의 형식을 갖추고 있다. 이러한 형식은 공신교서에서 살펴본 것과는 다소 차이를 보인다. 공신교서 본문의 결사에서 사용된 "故玆敎示 想宜知悉"이라는 표현이 사용되지 않았다. 이는 <1433년 이징석 교서>에서도 잠시 살펴본 바와 같이 초기 교서의 형식은 발급 목적에 따라 차이가 있었기 때문이다. 공신교서의 경우 이미 일찍부터 정형적인 투식어가 문서 양식으로 정착되었지만, 여타 교서에까지 일괄적으로 적용되지는 않았던 것이다. 그러나 1538년(중종 33)에 권벌權橃을 경상도관찰사에 제수하면서 발급한 교서와 1592년(선조 25)에 류성룡柳成龍을 도체찰사에 제수하면서 발급한 교서에는 "王若曰 云云 於戱 云云 故玆敎示 想宜知悉" 형식이 사용된 것이 확인되므로 <1433년 이징석 교서>와 <1497년 권주 교서>에서 보이는 문서 형식상의 특징은 조선초기 교서에서 살펴볼 수 있는 특징으로 판단된다.

둘째, 문서 첫머리와 발급 연월일 부분에 '施命之寶'가 안보되어 있다. '시명지보'는 조선초기 고신에는 이미 세종 연간부터 사용된 사례가 여러 건 확인되었으나, 교서에서는 권주 교서에서 처음으로 확인된다.

<도2-9> 施命之寶

## 4. 조선초 교서의 양식과 변화 추이

### 4.1 문서식의 복원

이상에서 검토한 바를 토대로 조선초기 교서의 문서식을 복원해 보고자 한다. 조선초기 교서는 크게 공신교서, 장유교서, 기타 교서로 구분하여 살펴볼 수 있다. 이 가운데 장유교서는 아직까지 조선초기에 작성된 원문서가 확인되고 있지는 않지만, 고려후기의 <1360년 정광도 교서>에 적용된 것과 같은 양식의 교서가 조선초기까지 지속적으로 사용된 것으로 판단되는 정황이 실록 등을 통해 확인이 되므로 문서식을 다음과 같이 상정해 보았다.

〈표2-2〉 조선초기 교서의 문서식

| 공신교서식 | 장유교서식 | 기타 교서식 |
|---|---|---|
| 教<br>某官某職某<br>王若曰 云云 於戲 云云<br>故玆教示 想宜知悉<br>幾等<br>某(姓名)<br>年 月 日<br>[寶] | 教<br>某官某職某<br>王若曰 云云<br>故玆教示 想宜知悉<br>時候 卿比平安好 遣書 指不多及<br>年 月 日<br>[寶] | 教<br>某官某職某<br>王若曰 云云<br>年 月 日<br>[寶] |

요컨대 조선초기 교서는 교서의 발급 목적에 따라 작성법에 다소 차이가 있었다. 공신교서의 경우는 후대의 교서와 양식상 큰 차이를 보이지 않지만, 공신교서를 제외한 경우는 조선초기 교서만의 차별성을 가지고 있었다. 결과적으로 교서의 양식은 초기에는 교서의 유형에 따라 차이점이 존재하다가 1500년대의 어느 시점을 지나면서 공신교서에서 보이는 것과 같이 "教 +具銜姓名 +書 +王若曰 云云 於戲 云云 故玆教示 想宜知悉 + 발급 연월일"의 양식으로 수렴되었다.

## 4.2 보인 사용의 변화

1392년(태조 1) 10월에 홍안군 이제에게 발급된 공신교서에는 전 존하는 유일의 '고려국왕지인'이 안보되어 있다. 이는 조선이 개국 하고도 한동안은 명에서 고려에 반사한 보인이 사용된 사실을 실증 적으로 보여주는 것이다.

이후 정확히 어느 시점부터인지는 확언할 수 없으나 추정컨대 1393년(태조 2) 3월을 기점으로 하여 '조선왕보'가 사용되기 시작하 였다. 교서 가운데서는 1401년(태종 1) 2월에 마천목, 서유에게 발 급된 공신교서에서 확인할 수 있다.

1401년 6월 이후부터는 명으로부터 반사된 '조선국왕지인'이 사 용되었을 것으로 추정되지만, 당시에 작성된 교서 가운데 현재까지 전하고 있는 것이 없으므로 확언할 수 없다.

1433년(세종 15) 3월부터는 '국왕신보'와 '국왕행보'가 사용되는 데, 1433년 3월 22일에 이징석에게 발급된 교서에 '국왕신보'가 사 용된 것이 확인된다. '국왕신보'는 사신事神, 교유教宥 등에 사용된 보인으로서 당시 교서에는 '국왕신보'가 사용된 사실을 확인하였다.

이후 1443년(세종 25)부터는 '시명지보'와 '소신지보'가 새로 만 들어져서 기존의 '국왕행보'는 '시명지보'로, '국왕신보'는 '소신지 보'로 대체되었다. 그런데 그 용도를 살펴보면 '시명지보'를 책봉, 제수, 교서 등에 사용하도록 하였으므로 이때부터는 교서에 '시명지 보'가 사용되었을 것으로 추정된다. 그러나 이 때 발급된 교서가 전 하지 않아 문서를 통한 확인은 불가하다.

1466년(세조 12) 1월부터는 새로 제작된 '시명'보가 사용되었다. 이것은 1467년(세조 13)에 발급된 적개공신교서에서 한결같이 확인 되는 사실이다.

1472년(성종 3) 6월에 좌리공신들에게 발급된 교서에는 '조선국왕지인'이 안보되어 있다. 당시 고신에는 1466년(세조 12) 이래로 '시명'보가 지속적으로 사용되었으나 교서에는 '조선국왕지인'이 사용된 것이다. 현재로서는 이 때 '조선국왕지인'이 교서에 사용된 계기와 정확한 시점에 대하여 명확히 언급할 만한 근거는 없으나 전존하는 교서를 통해 해당 사실만은 확인할 수 있다.

1497년(연산군 3) 8월에 권주에게 발급된 교서에는 '시명지보'가 안보되어 있다. 1472년 이후 특정 시점부터 교서에 '조선국왕지인'이 아니라 '시명지보'가 사용된 것이다. 고신의 경우를 참고하면 1493년(성종 24) 9월 30일부터 모든 관교에 '시명지보'를 사용하게 하였는데, 교서의 경우도 이 무렵부터 다시 '시명지보'가 사용되었을 가능성이 있다.

〈표2-3〉 조선초기 교서에 사용된 보인

| 보인 | 사용 시기 | 문서 |
|---|---|---|
| 高麗國王之印 | 1370년 5월 이후~ | 1392년 개국공신교서 |
| 朝鮮王寶 | 1393년 3월 이후~ | 1401년 좌명공신교서 |
| 朝鮮國王之印 | 1401년 6월 이후~ | - |
| 國王信寶 | 1433년 3월 이후~ | 1433년 이징석 교서 |
| 施命之寶 | 1443년 이후~ | |
| 施命 | 1466년 1월 이후~ | 1467년 적개공신교서 |
| 朝鮮國王之印 | 1472년 전후 | 1472년 좌리공신교서 |
| 施命之寶 | 1493년 9월 이후 | 1497년 권주 교서 |

부가적으로 교서에 사용된 보인이 안보된 위치와 개수를 검토하고자 한다. 이상에서 살펴본 바와 같이 조선초기 교서에 사용된 보인은 시기에 따라 변하였지만, 사용된 위치와 개수는 일관된 특징을 보이고 있다. <1392년 이제 개국공신교서>의 경우는 문서 전단부에

보인이 안보되었는지 정확히 확인되지 않기 때문에 정확히 단정할 수는 없지만, 이 경우를 제외한 나머지 교서는 모두 문서 첫 부분의 '教'자를 중심으로 하나가 안보되었고, 문서의 마지막 부분의 발급 연월일 부분을 중심으로 나머지 하나가 안보되었다.

## 4.3 문서 양식 변화의 추이

교서의 양식은 당의 논사칙서論事勅書, 송의 조서詔書로 이어진 문서 양식을 고려에서 수용하여 고려의 실정에 맞게 교서 양식을 정립한 것으로 보인다. 그러나 당시의 교서 양식은 발급 용도에 따라 다소 차이를 갖고 있었고, 이러한 특징은 조선초기에까지 이어진 것으로 추정된다.

공신교서의 경우는 고려말 원간섭기에는 원의 문서 양식의 영향을 받았고, 조선초기에 들어서는 교서 가운데 가장 먼저 안정된 양식을 갖추었다. 물론 조선초기 공신교서도 약간의 변화는 보이고 있다. <1392년 개국공신교서>와 <1401년 좌명공신교서>에서는 전체 공신에 대한 등급별 명단이 기재되지 않았으나, <1467년 적개공신교서>로부터는 등급별 공신들의 명단이 문서의 말미에 모두 기재되었고, 이후의 공신교서는 모두 이런 양식을 따르고 있다. 공신교서에는 '教某 王若曰 云云 於戱 云云 故茲敎示 想宜知悉'의 투식이 일찍부터 정착된 것이다.

이에 반해 <1433년 이징석 교서>와 <1497년 권주 교서>는 후대에 작성된 동일한 유형의 교서들과 비교해 볼 때 상대적으로 교서의 양식이 정착되기 이전의 특징을 보여 주고 있다. 본문의 말미에 '故茲敎示 想宜知悉'이라는 투식어가 사용되지 않은 점이 그 대표적인 예이다.

장유교서의 경우는 조선초기에 발급된 원본 문서가 아직까지 발견되지 않았지만, 문헌자료에 수록된 교서 가운데 고려시대의 장유교서에 사용된 투식어가 사용된 사례가 있으므로 조선초기까지는 공신교서나 기타 교서와는 구별된 양식을 갖춘 장유교서가 작성되었을 것으로 판단된다.

조선초기 공신교서와 기타 교서의 기두에서 보이는 '敎+某官某職某' 양식은 1500년대에 접어들어 '敎+某官某職某+書' 양식으로 변하였고, 이러한 양식은 조선후기까지 그대로 이어졌다.

〈표2-4〉 교서 양식의 변화 추이

## 5. 맺음말

고려에서는 당·송을 거쳐 정립된 중국의 조서詔書 양식을 수용하여 고려의 실정에 맞게 교서敎書로 변용하였다. 그러나 문헌 자료에 남아 있는 고려시대 교서와 유일하게 실물로 전하고 있는 <1360년 정광도 교서>를 살펴볼 때 고려시대의 교서 양식은 하나로 통일되지 않고 발급 용도에 따라 차이가 있었던 것으로 추정된다. 그리고 원간섭기에는 원의 문서 양식이 반영된 공신교서의 전사본이 몇 건 남아있어 원대 문서 양식이 고려말 교서 양식에 일정부분 영향을 준 것으로 보인다.

조선초기 교서로는 각종 공신에게 발급된 공신교서와 이징석, 권주에게 개별적으로 발급된 교서가 실물로 남아있다. 이 외에 문헌 자료를 근거로 조선초기까지는 장유교서로 지칭할 수 있는 유형의 교서가 사용된 것으로 보인다. 이와 같이 조선초기의 교서 또한 고려시대의 교서와 마찬가지로 교서의 종류에 따라 교서의 양식에 차이가 있었다. 이 가운데 문서 양식에 있어서는 공신교서의 양식이 가장 먼저 정착된 것으로 판단되고, 나머지 교서의 양식은 결과적으로 공신교서의 양식을 따라 차츰 "敎某 王若曰 云云 於戱 云云 故 玆敎示 想宜知悉"의 형태로 수렴된 것으로 보인다. 최종적으로는 1500년대에 이르러서야 모든 교서의 양식이 일치하게 되었다.

이러한 교서의 양식 변화는 왕명문서의 대표적인 문서인 교서가 시대와 시기에 따라 어떠한 변화 과정을 거쳤는지를 잘 보여주고 있으며, 특히 조선초기 교서의 양식에 대한 고찰을 통해 조선시대 전반에 거쳐 적용된 교서 양식이 어떠한 변화 과정을 거쳤는지를 살펴볼 수 있었다.

제3장

고려말 조선초의 고신

## 1. 머리말

왕명문서 가운데 '고신告身'에 관한 조사와 연구는 여타 문서에 비해 비교적 활발히 진행되었다. 이는 관직에 진출한 역사적 인물에 대한 실증 자료로서의 고신의 유용성과 이미 활발히 연구된 당대唐代 고신 및 관료제 연구에 대한 성과 등이 기반이 되었기 때문이다.

한국에 전래되고 있는 고신에 관한 연구는 크게 조선시대를 기준으로 나누어 살펴볼 수 있다. 조선시대 이전의 고신은 그 수가 매우 적기 때문에 문서 한 건을 대상으로 한 연구가 주로 진행되었고, 조선시대 고신은 개별 문서에 대한 연구보다는 고신의 제도사적 변화와 양식상의 특징을 살펴보는 연구가 주로 진행되었다.

현재까지 알려진 고신 가운데 가장 이른 시기의 것은 975년(고려 경종 즉위)에 발급된 김부金傅 고신이다. 이 문서는 원문서 형태로 전하지 않고 『삼국유사』에 전재된 형태로 전하고 있지만, 고려초기의 제도를 추정해 볼 수 있는 중요한 소재가 되기 때문에 여러 연구자들에 의해 일찍부터 주목받았다. 이에 대한 직접적인 연구로는 기노시타 레이진木下禮仁, 장동익, 심영환 등의 연구가 있다.[1] 원문서로 전하고 있는 고신 가운데 가장 오래된 문서는 1216년(고려 고종 3) 혜심慧諶 대선사에게 발급된 고신이고, 그 다음으로는 1344년(고려 충목왕 즉위) 신우申祐에게 발급된 고신이다. 혜심 고신에 대한 연구로는 장동익, 박재우 등의 연구,[2] 신우 고신에 대한 연구

---

1) 木下禮仁, 「『三國遺事』金傅大王條にみえる 「冊上父誥」についての 一考察」, 『朝鮮學報』93, 1979; 장동익, 「金傅의 冊上父誥에 대한 一檢討」, 『歷史敎育論集』3, 경북대학교사범대학역사교육과, 1982; 노명호 외, 『韓國古代中世古文書研究』(上), 서울대학교출판부, 2000, 49~52쪽; 박재우, 「고려시기의 고신과 관리임용체계」, 『韓國古代中世古文書研究』(下), 서울대학교출판부, 2000; 심영환, 「高麗 景宗元年(975) 金傅告身 分析」, 『서지학보』, 한국서지학회, 2007.

2) 장동익, 「惠諶의 大禪師告身에 대한 檢討」, 『韓國史研究』34, 1981; 노명호 외, 앞의 책, 56~62쪽; 박재우, 「고려시기의 고신과 관리임용체계」, 『韓國古代中世古文書研究』(下), 서울대학교출판부, 2000.

로는 가와니시 유야川西裕也의 연구가 대표적이다.3)

　조선시대로 넘어오면 정구복은 조선시대 고신과 관련한 용어정리 및 법전 규정 등을 근거로 제도적인 내용을 개괄하였다.4) 심영환은 조선초기로부터 중기에 나타난 초서체 고신에 대한 연구를 수행하였고,5) 유지영은 관직 임명시 발급된 교지敎旨를 대상으로 제도와 양식 변화를 상세하게 밝혔으며,6) 가와니시 유야는 조선초기의 관교官敎, 즉 왕지와 교지 양식으로 발급된 고신을 대상으로 그 제도와 인장 등의 변화를 집중적으로 규명하였다.7)

　본격적인 검토에 앞서 '고신'과 관련한 여러 용어에 대하여 살펴볼 필요가 있다. 정구복은 고신의 개념을 정리하면서 조선시대 고신은 문서의 성격상 근대의 사령장辭令狀에 해당하고, 제도적으로는 고신이라는 용어를 사용하는 것이 옳으며, 시기에 따라 혹은 관행적으로 관교官敎, 교첩敎牒, 교지敎旨, 왕지王旨 등의 이칭이 사용되었다는 견해를 밝혔다.8)

　고신은 이미 당대唐代의 법전에 사용된 제도 용어로서 고려와 조선에서도 사용된 용어이다. 어떤 인물을 정식으로 관직에 임명하는 절차를 규정한 제도인 동시에 해당 인물에게 수여된 관직 임명문서를 가리켰다. 『경국대전』에도 이전吏典의 '고신'조와 예전禮典의 '문무관사품이상고신식'조, '문무관오품이하고신식'조에 고신의 발급 절차와 고신 작성에 대한 조문이 수록되어 있다. 따라서 조선시대

---

3) 川西裕也, 「高麗末・朝鮮初における任命文書体系の再檢討」, 『朝鮮學報』220, 2011, 117~119쪽.

4) 정구복, 「조선조의 告身(辭令狀) 검토」, 『古文書硏究』9, 1996; 고문서 용어풀이 : 고신(고신첩, 직첩, 관교, 교첩, 첩지, 첩지, 공명고신첩, 공명첩, 교지, 왕지, 교명, 고첩), 『古文書硏究』22, 2003.

5) 심영환, 「조선초기 초서 고신 연구」, 『古文書硏究』24, 2004.

6) 유지영, 「조선시대 임명관련 교지의 문서 형식」, 『古文書硏究』30, 2007.

7) 川西裕也, 「朝鮮初期における官敎文書樣式の變遷 - 頭辭と印章を中心として」, 『朝鮮學報』205, 2007.

8) 정구복, 앞의 논문 및 용어풀이 참조.

관료에게 법전에 제시된 문서식에 따라 발급된 제반 임명문서는 고신이라고 지칭하는 것이 타당하다.

다만 시기에 따라서는 '관교官敎'와 '교첩敎牒'으로 구분하기도 하였고, 문서의 첫머리에 기재된 용어에 따라 관행적으로 '왕지王旨' 또는 '교지敎旨'라고 지칭하기도 하였다. 관교와 교첩은 조선 개국초 태조가 고신식을 개정할 때 1품에서 4품에게는 왕지 양식의 문서를 발급하고, 5품에서 9품까지는 문하부에서 왕명을 받들어 첩牒을 발급하게 하면서 전자를 '관교', 후자를 '교첩'이라고 지칭한 데서 유래하였다.[9] 따라서 이 용어는 조선초에 국한된 용어로 보는 것이 옳다. 그리고 왕의 직권으로 대간의 서경 없이 바로 왕지를 발급해 준 것을 관교라고 하였고, 문하부를 통해 첩을 발급한 것을 교첩이라고 하였는데, 관교의 시행은 서경권의 범주를 놓고 논란이 계속되었고,[10] 교첩은 그 지속성 여부가 의심된다. 실록에 의하면 태종대에 들어 4품 이하 관원에게는 교첩이 아니라 대간이 서경한 문서[11]를 발급하게 하였다고 한 것으로 보아[12] 교첩 발급 제도는 지속되지 못한 것으로 보인다. 다만 『경국대전』고신식에서도 교지 형식으로 발급하는 문서와 이·병조에서 왕명을 받들어 발급하는 형식의 문서로 나누어지게 되었으므로 관교와 교첩의 개념상의 구분은 계승되었다고 볼 수 있다.

---

9) 『태조실록』1년(1392) 10월 25일 기사, 改告身式: 一品至四品, 賜王旨曰官敎, 五品至九品, 門下府奉敎給牒曰敎牒.

10) 박재우, 「15세기 인사문서의 양식 변화와 성격」, 『역사와 현실』59, 2005; 박준호, 「고려후기와 조선초기의 인사 문서 연구」, 『古文書硏究』31, 2007

11) 이 문서는 전존하는 문서를 통해 볼 때 조사문서로 추정된다. (심영환·박성호·노인환, 『변화와 정착-여말선초의 조사문서』, 민속원, 2011.)

12) 『태종실록』12년(1412) 1월 29일 기사, 命政府曰: "人君授人以官, 人臣擅滯告身, 實爲未便, 稽諸古典, 亦無出謝之法. 太祖內前朝之法, 四品以上則給官敎, 五品以下則只令門下府給敎牒, 及予卽位, 四品以下, 皆令臺諫署出, 非遵太祖之法也. 其擬議以聞."

## 2. 고려시대의 고신

앞서 선행연구에서 살펴본 바와 같이 현재까지 알려진 고려시대의 고신은 모두 3점에 불과하다. 그 가운데 <김부 고신>은 전사본이고, <혜심 고신>과 <신우 고신>은 원문서이다. 여기서는 이 3점의 문서에 대한 기존 연구 성과를 통해 알려진 문서 양식상의 특징만을 간략히 살펴보면서 조선초기 고신 양식의 출현 배경을 이해하고자 한다.

먼저 975년(고려 경종 즉위)에 발급된 <김부 고신>을 살펴보자.

〈자료3-1〉 975년 김부 고신[13]

勅. 姬周啓聖之初. 先封呂主. 劉漢興王之始. 首册簫何. 自此大定實區. 廣開基業. 立龍圖三十代. 蹢麟趾四百年. 日月重明. 乾坤交泰. 雖自無爲之主. 乃關致理之臣. 觀光順化衛國功臣·上柱國·樂浪王·政丞·食邑八千戶金傅. 世處鷄林. 官分王爵. 英烈振凌雲之氣. 文章騰擲地之才. 富有春秋. 貴居茅土. 六韜三略. 恂入胸襟. 七縱五申. 撮歸指掌. 我太祖. 須載接陸擲之好. 早認餘風. 尋時頒駙馬之姻. 內酬大節. 家國旣歸於一統. 君臣宛合於三韓. 顯播令名. 光崇懿範. 可加號尙父都省令. 仍賜推忠愼義崇德守節功臣號. 勳封如故. 食邑通前爲一萬戶. 有司擇日. 備禮册命. **主者施行.**

開寶八年十月日

大匡·內議令·兼摠翰林 臣 融 **宣·奉·行**

奉

勅如右. 牒到奉行.

開寶八年十月日

侍中(署)

侍中(署)

內奉令(署)

軍部令(署)

---

13) 문서의 교감은『韓國古文書精選』1, 한국학중앙연구원, 2012에 수록된 심영환의 성과를 참조하였다.

軍部令(無署)

兵部令(無署)

兵部令(署)

廣坪侍郎(署)

廣坪侍郎(無署)

內奉侍郎(無署)

內奉侍郎(署)

軍部卿(無署)

軍部卿(署)

兵部卿(無署)

兵部卿(署)

告　推忠愼義崇德守節功臣・尙父・都省令・上柱國・樂浪都王・食邑一

萬戶金傳，奉

勅如右，符到奉行.

　　　　　　主事(無名)

郞中(無名)　書令史(無名)

　　　　　　孔目(無名)

開寶八年十月　日　下


　김부 고신은 문서 양식에 있어 중국의 칙수고신勅授告身 양식을
수용한 결과로 보인다.14) 그러나 중국의 제수고신制授告身 양식에
서 보이는 "主者施行"이라는 문구가 위 문서에서 보이는 점, "大匡
內議令兼摠翰林　臣　王翮"이 "宣・奉・行"을 단독으로 처리한 점,
문서의 말미에 기재된 관원들의 구성 등은 중국의 문서 제도와 달
리 고려 특유의 제도적 특징을 보여주는 것으로 추정되고 있다.15)
　다음으로 한국에 전존하는 고신 가운데 가장 발급시기가 앞서는
문서인 <혜심 고신>을 살펴보자.


---

14) 노명호 외, 『한국고대중세고문서연구』, 서울대학교출판부, 49쪽; 심영환, 앞의 논문, 101쪽.

15) 심영환, 앞의 논문, 103~110쪽.

〈자료3-2〉 1216년 혜심 고신[16]

(전단부 결락[17])

〈諶〉. 戒行氷淸. 襟靈〈玉潔. 早脫〉
〈煩惱之〉縛.〈高參覺苑之遊. 不由〉
〈靈山之〉拈花. 得〈法眼〉藏.. 不〈暇〉
〈少林之立雪. 傳〉自心燈. 拭明鏡〈之光〉
〈而無〉塵可侵. 觀止水之淵〈而波浪〉
〈不〉動. 專提祖印. 開示〈妙門. 法流〉
詹葍之林. 行副苾蒭之範.〈淡泊〉
〈如〉瀉水. 洋洋乎盈耳哉. 待〈問而〉
〈撞〉鐘. 循循然誘人也. 實〈謂三劫之〉
〈鴻願. 豈〉唯〈一世之儀鑴.〉雖眞〈人〉
■無名焉. 遠在兒〈孫之香火. 遺〉
〈命依必〉有尊也. 特加緇秩〈之丕模.〉
可特授大禪師. 於戲! 崇眞〈所謂爲〉
邦. 示賞所以〈勸〉善. 尊行慕道. 朕
盡禮以命師. 弘法利人. 師乃竭〈力〉
而護朕. 往諧乃職. 永孚于〈法.〉
主者施行.
　　　貞祐四年正月　日
〈金紫〉光祿大夫・門下侍郎同中書門下平章事・修文殿大學士・監修國
史・判兵部事 臣 崔(署)
　　　朝散大夫・尙書兵部侍郎・充史館修撰官・知制 誥 臣 李(署)


門下侍郎平章事
　　　　給事中 玄(草押) 等〈言〉
制書如右. 請奉
制附外施行. 謹言.
　　　貞祐四年正月　日

---

16) 원문의 복원은 장동익, 「慧諶의 大禪師告身에 대한 檢討」, 1981와 『한국고대중세고문서연구』를
　　참조하였으며, 최종적인 교감은 <김부 고신>에서와 마찬가지로 『한국고문서정선』1에 수록된 방식
　　을 따랐다.

17) 원문서에서 결락된 부분은 『曹溪山松廣寺史庫』와 장동익의 논문에서 복원해 놓은 것이 있어 참고
　　가 된다. 정확한 복원 근거는 알 수 없으나 원문서가 훼손되기 이전의 전사본이 근거가 되었을 것
　　으로 보인다. 해당 내용은 다음과 같다. "門下 秦后尊羅什之說法 奉 / 待以師禮 隋皇重靈幹之禪 /
　　定 名主於道場 惟帝王之尊 / 僧 在古今而同軌 苟有離倫之 / 開土 盍頒進律之異恩 禪師慧"

　　　　　制可
〈禮〉部尙書
〈禮〉部侍郎
〈尙〉書左丞
〈告〉大禪師, 奉被
〈制〉書如右, 符到奉行.
　礼部郎中
　　　　　主事 朴
　　　　　令史 韓
　　　　　書令史 黃
　　　　　乙亥九月十三日 下

　<혜심 고신>은 앞서 살펴본 <김부 고신>과는 달리 제수고신의 양
식에 따라 작성되었다.[18] 전래과정에서 문서의 상하좌우 부분이 일
부 결락되었으나, 전사본을 근거로 대체적인 문서의 형태와 내용은
파악이 가능하다.[19] 승려에게 발급된 고신이라는 특수성은 있으나
당시 고려에서 대선사에게 발급한 공식적인 고신이므로 당시 고신
의 양식과 발급 과정을 그대로 보여주고 있다고 판단된다.

　마지막으로 1344년(고려 충목왕 즉위)에 발급된 <신우 고신>을
살펴보자. 앞의 두 고신과는 양식에서 많은 차이를 보이고 있다. 이
문서는 조선시대 전반에 걸쳐 확인되는 고신 양식과 거의 일치하는
문서 양식을 갖추고 있다.

---

18) 장동익, 앞의 논문, 102쪽.

19) 장동익은 『曹溪山松廣寺史庫』에 전사된 내용을 토대로 원문을 복원하였다. 이후 『한국고대중세고
문서연구』에서는 원본과 『조계산송광사사고』에 수록된 내용을 재검토하여 오자, 탈자를 바로잡아
다시 원문을 복원하였다. 『조계산송광사사고』는 1932년에 편찬된 자료로서 당시까지 전해오는 비
문, 문헌자료를 근거로 편찬되었을 것으로 보인다. <혜심 고신>도 이 자료집에서는 '綸音'으로 수
록되어 있다.

〈자료3-3〉 1344년 신우 고신

```
01  王旨
02  申祐爲神虎衛
03  保勝攝護軍者
04  至正四年四月卄九日
05  [駙馬高麗國王印]
```

이 문서는 『고려시대 기록문화 연구』를 통해 사진 자료가 공개되었고,[20] 이후 방송을 통해서도 그 존재가 알려진 바 있다. 그러나 이 문서의 존재가 알려지자 고려말부터 이미 조선시대 왕지나 교지 양식의 시원이 되는 문서가 존재했음을 실증적으로 보여주는 자료라는 견해와[21] 고려후기에 작성된 문서로 보기 힘들다는 견해[22]가 제기되었다. 고려후기 고신은 비교 대상이 없다는 점에서 이러한 논란은 어느 쪽의 견해가 옳은지 분별하기 어려운 상황이었으나, 최근 가와니시 유야의 연구에서 이 문서의 양식이 전형적인 원대元代 문서 양식을 따랐으며, 문서에 찍힌 인문이 원대의 팍파八思巴 문자로 새겨졌고, 인문의 문구는 '駙馬高麗國王印'이라는 사실이 소개되었다.[23] 이 연구 성과를 수용한다면 이 문서는 진본일 가능성이 매우 높고, 고려말 조선초의 고신 양식의 변화를 살펴볼 수 있는 중요한 자료로 평가된다.

---

20) 남권희, 『고려시대 기록문화 연구』, 청주고인쇄박물관, 2002, 497쪽, 566쪽.

21) 박재우, 「15세기 인사문서의 양식 변화와 성격」, 『역사와 현실』59, 38쪽.

22) 박준호, 「고려후기와 조선초기의 인사 문서 연구」, 『古文書研究』31, 2007, 123~125쪽.

23) 川西裕也, 앞의 논문(2011), 118쪽.

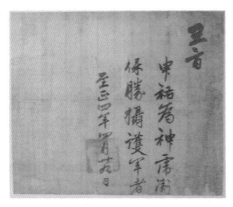

<도3-1> 1344년 신우 고신

<도3-2>駙馬高麗國王印

## 3. 조선초 고신의 현황과 문서 검토

### 3.1 전존 문서 현황

조선초기 왕명문서 가운데 전존하는 수효가 가장 많은 문서가 바로 고신이다. 교서, 사패, 홍패 등의 여타 왕명문서에 비해 발급빈도가 높았고, 전래과정에서 후손들의 보존 의식도 크게 작용한 것으로 판단된다. 현달한 선조의 고신은 여타 유품들과 달리 해당 인물에 대한 실증적 자료이자 관직 생활에 대한 직접적인 증거가 되기 때문이다.

조선 개국으로부터 『경국대전』체제가 성립되어 시행된 1400년대 말 사이에 왕지 및 교지 양식으로 발급된 고신 가운데 지금까지 그 존재가 알려진 것은 약 140여점이다. 그 가운데 왕지 양식의 고신이 50여 점이고, 휘지徽旨 양식의 고신이 1점, 나머지는 모두 교지 양식의 고신이다. 전체 현황은 책 뒤에 제시한 <부록2>와 같다.

<부록2>에서 제시한 바와 같이 현재까지 실물로 확인되는 조선초기 고신 가운데 발급연대가 가장 이른 문서는 1393년(태조 2) 10월에 발급된 도응都膺 고신이고, 교지 양식으로 발급된 고신 가운데는 1436년(세종 18) 6월에 발급된 이정李禎 고신이 발급 시기가 가장 앞선다. 전존 수량으로는 조선초기 왕명문서 가운데 고신이 차지하는 비율이 약 70% 이상이다.

## 3.2 개별 문서에 대한 검토

이 책의 다른 장에서는 조선초기 왕명문서 전체를 대상으로 전문을 제시하고 그 특징을 일일이 검토하는 방식을 취하고 있지만, 고신의 경우는 전체 문서를 일일이 검토하는 것보다 문서 양식이나 제도 변화에 있어 의미가 있는 사례를 선별하여 검토하는 것이 효율적이기 때문에 여기에서는 주요 사례만을 검토하고자 한다.

### 1) 1393년 도응 고신

1393년(태조 2) 10월 모일에 도응(생몰년 미상)에게 발급된 고신이다. 충남 논산시에 소재한 성주도씨 가문에 전래된 문서로서 지금까지 알려진 조선시대 고신 가운데 발급시기가 가장 앞선다.[24]

```
01 王旨
02    都膺爲朝奉大
03    夫·典醫少監者
04    洪武卄六年十月〈日〉
      [朝鮮王寶] 1顆
```

---

24) 동일한 날짜에 발급된 박강생 고신도 사진을 통해 알려져 있지만, 보인의 인문이 잘못되어 면밀한 검토가 필요하다.(박성호, 「현재 전하고 있는 왕지의 진위 고찰」, 『정신문화연구』 120, 185쪽)

문서의 첫머리에 "왕지王旨"가 적혀 있고, 유려한 행·초서체로
작성되었으며, 문서에 찍힌 보인寶印은 '朝鮮王寶'이다. 앞서 살펴
본 <1344년 신우 고신>과 대체적으로 동일한 양식을 띠고 있어 조
선초기 고신의 양식은 이미 고려말에 나타난 것으로 판단된다.


2) 1402년 윤임 고신


1402년(태종 2) 4월 18일에 윤임尹臨(생몰년 미상)에게 발급된
고신이다. 남원윤씨 가문에 전래된 자료로서 후손 윤계尹棨(1583~
1636)의 고신과 함께 첩 형태로 전래되었다. 현재 국립고궁박물관에
소장되어 있다.

```
01  王旨
02    尹臨爲嘉善
03    大夫·黃州牧使·
04    兼勸農兵馬
05    團練使者
06    建文四年四月十八日
      [朝鮮國王之印] 1顆
```

왕지 양식을 띠고 있고, 행·초서체로 작성되었으며, '조선국왕지
인'이 안보되어 있다. 이 문서의 의의는 태종대에 명의 건문제로부
터 사여 받은 '조선국왕지인'이 찍힌 고신 가운데 발급 시기가 가장
앞선다는 점이다. '조선국왕지인'은 조선개국 이후 1401년(태종 1)
6월에 이르러서야 비로소 명에서 반사하였고,25) 이 보인은 고신, 사
패 등의 왕명문서에 사용되었다.

---

25) 『태종실록』1년(1401) 6월 12일 기사.

3) 1404년 오식 고신

1404년(태종 4) 7월 26일에 오식吳湜(1370~1426)에게 발급된 고신이다. 현재 인천 소재 울산오씨 가문에 전래되고 있다.

```
01  王旨
02    吳湜爲通政大夫·延山府使·兼泥城
03    道左翼兵馬團練使·勸農管學
04    事者
05    永樂二年七月卄六日
     [朝鮮國王之印] 1顆
```

왕지 양식을 갖추고 있고, 해·행서체로 작성되었으며, '조선국왕지인'이 안보되어 있다. 이 문서는 울산오씨종친회를 통해 소개되었으나,[26] 아직까지 실물에 대한 정밀한 조사는 진행되지 않았다. 이 문서와 동일한 날짜에 발급된 이은李殷 고신(왕지)도 서체와 양식이 동일하여 같은 날 동일인에 의해 작성된 것으로 보인다.[27] 이 문서에 찍혀 있는 '조선국왕지인'은 명의 영락제 때 이르러 다시 사여된 '조선국왕지인'이다.[28]

4) 1433년 이징석 고신

1433년(세종 15) 3월 24일 이징석李澄石(1373~1462)에게 발급된 고신이다. 양산이씨 가문에 전래된 자료로서 현재까지도 경남 양산에 소재한 후손가에 소장되어 있다.

---

26) 울산오씨종친회(http://www.ulsanoh.com).

27) 남권희, 앞의 책, 499쪽/567쪽.

28) 『태종실록』3년(1403) 4월 8일 기사.

01 王旨
02 李澄石爲嘉
03 靖大夫·同知中
04 樞院事者
05 宣德八年三月二十四日
　　　[國王行寶] 1顆

<도3-3> 國王行寶

　왕지 양식을 띠고 있고, 단정한 해·행서체로 작성되었다. 이 문서는 세종대에 이르러 새로 제작한 '國王行寶'가 사용된 가장 이른 시기의 고신이다. 세종대에 이르러 보인 사용에 대한 논의가 진행되어 '국왕행보'와 '국왕신보'가 새로 제작되었으며, 문서의 종류에 따라 구별하여 사용되었다. 국왕행보는 책명冊命, 제수除授 등에, 국왕신보는 사신事神, 교유敎宥, 공거貢擧 등에 사용되었다.29)

5) 1436년 이정 고신

　1436년(세종 18) 6월 3일에 이정李禎(생몰년 미상)에게 발급된 고신이다. 경북 안동에 소재한 진성이씨 가문에 전래된 자료로서 서울역사박물관에 기증되었다.

01 敎旨
02 李禎爲朝散大
03 夫·知韓山郡事·兼勸
04 農兵馬團練副使者
05 正統元年六月初三日
　　　[國王行寶] 1顆

---

29) 『세종실록』14년(1432) 10월 12일, 議政府據禮曹呈啓: "曾以帝賜大寶之文稱朝鮮國王, 不宜用於境內常事, 乃造國王信寶, 用之於事神赦有貢擧等事; 國王行寶, 用之於冊封除授等事 …(생략)…" 從之

문서의 첫머리에 '왕지王旨'가 아닌 '교지教旨'라는 문구가 사용되었고, 행·초서체로 작성되었으며, '국왕행보'가 안보되었다. 이 문서는 현재까지 알려진 고신 가운데 교지 양식으로 작성된 가장 이른 시기의 고신이다. 1435년(세종 17) 9월 세종은 이조吏曹의 계啓에 따라 기존의 '왕지'라는 용어를 '교지'로 고칠 것을 명하였고,[30] 이정에게 내려진 이 고신은 이러한 변화를 그대로 반영하고 있다.

6) 1443년 이징석 고신

1443년(세종 25) 12월 6일에 이징석에게 발급된 고신으로서 앞서 소개한 바와 같이 경남 양산의 양산이씨 가문에 전래되었다.

01 〈教旨〉
02 　李澄石爲正憲〈大〉
03 　夫·慶尙道左道兵
04 　馬都節制使·知招
05 　討營田事者
06 　正統八年十二月初六日
　　　[施命之寶] 1顆

행·초서체로 작성되었고, 문서의 전단부가 결실되었지만 발급시기로 미루어 볼 때 '교지' 양식으로 작성되었을 것으로 추정된다. 이 문서는 세종조에 새로 제작된 '施命之寶'가 사용된 가장 이른 시기의 고신이다. 시명지보는 1443년(세종 25) 10월 의정부에서 기존의 '國王行寶'를 '施命之寶'로, '國王信寶'를 '昭信之寶'로 변경

---

30) 『세종실록』17년(1435) 9월 3일 기사, 吏曹啓: "≪續典≫, 改判爲敎, 改王旨爲敎旨, 而官敎府牒及外史正朝安逸差帖, 仍稱王旨, 實爲未便, 請竝改以敎旨." 從之

할 것을 왕에게 아뢴 뒤 시행되었다. 이때로부터 시명지보는 책봉冊封, 제수除授, 교서教書 등에 사용되었고, 소신지보는 사신事神, 발병發兵, 사물賜物 등에 사용되었다.[31]

## 7) 1449년 정식 고신

1449년(세종 31) 12월 26일에 정식鄭軾(1407~1467)에게 발급된 고신이다. 나주정씨 가문에 전래된 문서로서 전남 나주에 소재한 설재서원에 소장되어 있었다.[32]

```
01 〈徽旨〉
02    鄭軾爲朝奉大夫·
03    守議政府舍人·直寶
04    文閣知製敎者
05    正統十四年十二月廿六日
       [王世子印] 1顆
```

행·초서체로 작성되었고, 문서의 전단부가 결실되어 있다. 이 문서는 이미 교지 양식이 시행된 이후의 고신이기 때문에 결실된 부분을 "敎旨"로 판단하기 쉬우나, 이때는 세종 연간의 말기로서 왕세자가 정사를 대리하던 시기였다. 조선시대에 왕세자의 명으로 발급된 문서로는 영지令旨, 영서令書, 휘지徽旨 등이 있었는데, 문서의 첫 머리에 남아 있는 필획을 근거로 글자를 추정해 보면 이 문서에는 "휘지"라는 문구가 적혀 있었던 것으로 판단된다.[33] 또한

---

31) 『세종실록』25년(1443) 10월 2일 기사, 議政府據禮曹呈啓: "…(생략)… 且古以美名爲文, 謹稽經傳, 《易》云: '施命誥四方.' 《國語》云: '言以昭信.' 宜取此意, 改行寶以施命之寶, 信寶以昭信之寶. 施命之寶, 用之於冊封除授常行敎書等事; 昭信之寶, 用之於事神發兵賜物等事 …(생략)…." 從之.

32) 나주정씨 설재서원 소장 고문서는 전형택에 의해 학계에 소개되었으나, 현재는 도난으로 인해 소장처를 알 수 없다. (전형택, 「雪齋書院 소장의 조선초기 羅州鄭氏 고문서 자료」, 『고문서연구』26, 2005.)

문서의 발급 연월일 부분에 찍힌 인문도 '王世子印'으로 판독된다.[34] 1448년(세종 30) 9월 동궁이 관할하는 3품 이하의 제수에 대하여 '휘지'를 사용하고 동궁의 인장을 쓰도록 하는 논의가 있었고, 10월부터 시행되었다.[35] 따라서 이 문서는 현재까지 남아 있는 조선시대 고신 가운데 '휘지' 양식으로 발급된 가장 이른 시기의 문서이며, 조선초기 왕세자 문서의 운용을 확인할 수 있는 중요한 사료이다.

<도3-4> 1449년 정식 고신      <도3-5> 王世子印

8) 1450년 정식 고신

1450년(문종 즉위) 7월 6일 정식에게 발급된 고신이다. 위의 문서와 동일하게 정식에게 발급된 문서이지만, 이 문서는 설재서원에 소장된 것이 아니라 나주정씨 후손가에 소장된 문서이다.[36]

---

33) 조미은, 「朝鮮時代 王世子 代理聽政期 文書 硏究」, 『고문서연구』36, 2010. 이 연구에서는 조선시대 왕세자 대리청정기에 작성된 문서를 종합적으로 살펴보았고, 왕세자 발급문서로 令旨, 令書, 下答, 徽旨로 나누어 살펴보았다. 그러나 이 연구가 수행될 당시까지 <1449년 정식 고신>이 휘지라는 사실은 규명되지 않았으므로 조선초기 왕세자 대리청정기의 고신에 휘지 양식이 사용되었다는 점은 주목할 점이다.

34) 川西裕也의 선행연구에서는 이 시기의 3품이하 관교에 '王世子之印' 혹은 '施令之印'이 사용되었을 것이라고 추정하였으나, <1449년 정식 고신>을 통해 '왕세자인'이 사용되었음을 알 수 있다.

35) 『세종실록』30년(1448) 10월 7일 기사, 以盧叔仝知司諫院事. 三品以下除授, 始用東宮印.

```
01 敎旨
02   鄭軾爲朝散大夫・
03   守議政府舍人・直
04   寶文閣知製敎・
05   兼春秋館記注官
06   者
07    景泰元年七月初六日
     [朝鮮國王之印] 1顆
```

교지 양식이고, 행・초서체로 작성되었으며, '조선국왕지인'이 안
보되었다. 이 당시에는 이미 대내에서 시행하는 고신에는 '시명지
보'를 사용하기로 하였으나 이 문서에는 다시 '조선국왕지인'이 사
용된 점을 주목할 필요가 있다. 이는 세종조 말기의 정책 변화와
관련이 있다. 1447년(세종 29)에 세종은 승정원에 '시명지보'는 책
봉, 교서 등에, 대보大寶인 '조선국왕지인'은 제수에 사용하라는 명
을 내렸다.37) 그렇다면 1447년 11월 이후부터 이미 고신에는 다시
'조선국왕지인'이 사용되었고, 왕세자에게 대리청정을 하게 한 이후
부터는 '왕세자인'이 사용되었다가 문종이 즉위한 뒤에는 일시적으
로 다시 '조선국왕지인'이 사용된 것으로 판단된다.

### 9) 1453년 정식 고신

1453년(단종 1) 4월 2일에 정식에게 발급된 고신이다. <1450년
정식 고신>과 더불어 나주정씨 후손가에 전래되었다.

---

36) 나주정씨 정식 관련 고문서는 전래 과정에서 후손가에 나누어져 소장된 것으로 추정된다. 1450년 정
    식 고신을 비롯한 조선초기 나주정씨 고문서의 일부가 나주정씨종친회(http://www.janujeong.com)
    을 통해 공개되었다.

37) 『세종실록』29년(1447) 11월 9일 기사, 傳旨承政院: "施命之寶, 用於冊封敎書等事; 凡干除授之事,
    皆用大寶."

01 敎旨
02 鄭軾爲朝散大夫・守
03 知承文院事・知訓練
04 觀事者
05 景泰四年四月初二日
　　[施命之寶] 1顆

　　교지 양식이고, 행・초서체로 작성되었으며 '시명지보'가 안보되어 있다. 앞서 <1450년 정식 고신>에서는 '조선국왕지인'이 사용되었는데, 이 문서에는 다시 '시명지보'가 사용되었다. 이는 1451년(문종 1) 3월부터 사대문서事大文書와 야인野人의 관교官敎에는 '대보大寶(조선국왕지인)'를 사용하고, 제수에는 다시 '시명지보'를 사용하도록 한 조치가 반영된 것이다.[38]

　　10) 1455년 김유양 처 민씨 고신

　　1455년(세조 1) 12월 22일 김유양金有讓(생몰년 미상)의 처 민씨閔氏에게 발급된 고신이다. 순천김씨 집안에 소장되어 왔고, 현재 한국국학진흥원에 보관되어 있다.

01 敎旨
02 卒嘉善大夫・判行安
03 州牧事・兼勸農兵
04 馬節制事 金有讓
05 妻閔氏爲貞夫人者
06 景泰六年十二月二十二日
　　[施命之寶] 1顆

---

38) 『문종실록』1년(1451) 3월 16일 기사, 傳旨尙瑞司曰: "自今事大文書及野人官敎, 用大寶, 凡干除授, 用施命之寶."

교지 양식이고, 단정한 해·행서체로 작성되었으며, '시명지보'가 안보되어 있다. 현재까지 조선시대 당상관처에게 발급된 고신 가운데 발급연도가 가장 빠른 사례이다. 문서 발급 당시 김유양은 이미 고인이었다. 종2품 가선대부의 부인으로서 부인 민씨는 '교지' 양식의 고신을 발급받았다. 、

11) 1466년 오응 고신

1466년(세조 12) 1월 모일 오응吳凝(1422～1470)에게 발급된 고신이다. 함양오씨 가문에 전래되었을 것으로 추정된다. 현재는 국립중앙도서관에 소장되어 있다.

01 敎旨
02 吳凝爲嘉善大
03 夫·咸吉道觀察
04 使者
05 成化二年正月〈日〉
　　[施命] 1顆

교지 양식이고, 해·행서체로 작성되었으며, '시명施命'보가 안보되어 있다. '시명'보는 세조 연간에 새로 제작된 보인으로 1466년(세조 12)년 1월 세조가 상서시尙瑞寺에 명하여 '시명금보施命金寶'의 사용을 금하고, 새로 제작한 '옥보玉寶'를 사용하게 한 이후부터 사용되었다.[39] 이 시명보는 1493년(성종 24)까지 사용된 것으로 추정된다.[40]

---

39) 『세조실록』12년(1466) 1월 10일 기사, 傳于尙瑞寺曰: "勿用施命金寶, 常用新造玉寶."

40) 『성종실록』24년(1493) 3월 28일 기사, 傳旨議政府曰: "人主命令, 莫重於爵賞, 而舊例政批官敎, 用施命之寶; 賜土田臧獲用大寶, 輕重失宜, 有乖事體. 自今月二十八日政批官敎, 用大寶; 一應賜牌, 用施命之寶."

12) 1482년 피고삼보라 고신

1482년(성종 13) 3월 모일 왜인倭人 피고삼보라皮古三甫羅에게
발급된 고신이다. 조선왕조실록에 피고삼보라에 대한 기사가 몇 건
수록되어 있는데, 모두 대마도주가 조선에 토산물 등을 보내며 파견
한 인원으로 등장하였다.

```
01  敎旨
02  皮古三甫羅爲宣略將軍・虎賁
03  衛副護軍者
04  成化十八年三月 日
        [朝鮮國王之印] 1顆
```

교지 양식이고, 단정한 해・행서체로 작성되었으며, '조선국왕지
인'이 안보되어 있다. 『조선사료집진朝鮮史料集眞』에 사진 자료가
수록되어 있고, 현재까지 알려진 왜인 고신 가운데 발급시기가 가장
앞서는 문서이다. 앞서 살펴본 바와 같이 야인野人이나 왜인倭人에
게 발급된 고신에는 대보(조선국왕지인)를 사용하도록 한 사실을 확
인할 수 있는 자료이다.

13) 1486년 김종직 처 문씨 고신

1486년(성종 17) 1월 8일 김종직金宗直(1431~1492)의 처 문씨
文氏에게 발급된 고신이다. 경북 고령에 소재한 선산김씨가에 전래
되었다.

01　教旨
02　　嘉善大夫・行僉知
03　　中樞府事・兼同知
04　　經筵成均館事　金
05　宗直妻文氏爲貞
06　夫人者
07　　成化二十二年正月初八日
　　　[施命] 1顆

　　교지 양식이고, 단정한 해・행서체로 작성되었으며, '시명'보가
안보되어 있다. 당시 김종직은 가선대부로서 종2품에 해당하였고,
부인 문씨는 『경국대전』의 '당상관처고신식'에 따라 작성된 고신을
발급받은 것이다.

　　14) 1494년 김종한 고신

　　1494년(성종 25) 8월 4일 김종한金從漢에게 발급된 고신이다. 원
래 상주김씨 가문에 전래된 자료이고, 현재는 경기도박물관에 소장
되어 있다.

01　教旨
02　　金從漢, 爲中〈直〉
03　　大夫・行新溪〈縣〉
04　　令者
05　　弘治九年八月初四日
　　　[施命之寶] 1顆

　　교지 양식이고, 행・초서체로 작성되었으며, '시명지보'가 찍혀
있다. 이 문서에 사용된 시명지보는 기존의 시명지보가 아니라, 성
종조에 들어서 새로 제작된 것이다. 1493년(성종 24) 3월에 정비政

批와 관교官敎에는 대보(조선국왕지인)를, 사패賜牌에는 시명지보를 쓰게 하였다가[41] 같은 해 7월에 다시 조정에서 대보와 시명지보의 사용에 관한 논의가 진행되었고, 성종은 기존의 시명지보가 대보보다 크게 만들어진 것이 마땅하지 않으니 시명지보를 새로 제작하여 9월 30일부터 모든 관교와 사패에 시명지보를 사용하게 하였다.[42]

## 4. 조선초 고신의 양식과 변화 추이

### 4.1 문서식의 복원

조선초기 고신의 문서식은 여타 조선초기 왕명문서와는 달리 양식상 두드러진 변화 양상을 보이지 않았다. 고려말 왕지 양식의 문서가 출현한 이후 『경국대전』의 고신식에 이르기까지 문서식이 안정적으로 유지된 것으로 보인다. 다만 시기와 상황에 따라 문서의 첫머리에 "왕지", "교지", "휘지"가 사용되었고, 보인의 잦은 변화가 있었다. 이러한 몇 가지 변수를 고려하여 조선초기 고신의 문서식을 복원해 보면 다음과 같다.

---

41) 『성종실록』24년(1493) 3월 28일 기사, ...(생략)... 自今月二十八日政批官敎, 用大寶; 一應賜牌, 用施命之寶.

42) 『성종실록』24년(1493) 7월 3일 기사, 傳曰: "世宗朝所造施命金寶, 體制比大寶爲大, 尤不宜用. 今依大寶體制, 以錫別造一寶, 鍍金用之可也. 但世宗朝官敎用施命寶與否, 其考以啓." 仍傳曰: "今造鍍金寶用曲篆文曰施命之寶可也, 且前用施命寶處, 當改用新寶, 其以此意, 曉諭中外."
동년 7월 6일 기사, 傳曰: "施命之寶, 依大寶體制, 以七品銀鑄作而鍍金可也."
동년 9월 30일 기사, 尙衣院進新造施命寶. 傳旨議政府曰: "...(생략)... 自今九月三十日政批官敎及倭·野人官敎, 一應賜牌, 皆用新寶, 其以此意曉諭中外."

| 1392년(태조1)~1435년(세종17) | 1435년(세종17) 9월 이후 |
|---|---|
| 王旨<br>　某爲某階某職者<br>　年 月 日<br>　　[寶] | 教旨 (徽旨)<br>　某爲某階某職者<br>　年 月 日<br>　　[寶] |

위의 문서식은『경국대전』예전禮典에 수록된 '문무관사품이상고
신식'과 비교해 볼 때 양식상 차이가 거의 없다고 할 수 있다.


【文武官四品以上告身式】
教旨
　某爲某階某職者
　　年 月 日
　　　[寶]

## 4.2 보인 사용의 변화

조선초기 왕명문서에 사용된 보인의 변화는 문서의 유형별로 다
른 양상을 보이기 때문에 같은 유형의 문서만을 근거로 당시에 사
용된 보인에 대하여 일반화할 수 없다. 그러나 전존하는 조선초기
왕명문서 가운데 절대다수가 고신이기 때문에 조선초기 고신에 사
용된 보인의 변화는 이 시기 왕명문서에 사용된 보인의 변화를 살
펴볼 수 있는 기준이 된다.

먼저 조선 개국초의 고신에는 '고려국왕지인'이 사용되었을 것으
로 추정된다. 이 사실은『승정원일기』의 기사를 통해 확인되고,[43)]

---

43) 川西裕也, 앞의 논문(2007), 104쪽.『승정원일기』영조 50년(1774) 4월 13일 기사에 따르면, 이경범
　이 태조 및 태종 연간의 고신(왕지)을 각각 1건씩 실물을 제시하였는데, 태종 연간의 이화계 고신
　(왕지)에는 '조선국왕지인'이 찍혀 있고, 태조연간의 이지란 고신(왕지)에는 '고려국왕지인'이 찍혀

1392년에 발급된 <이제 개국공신교서>에서 실제로 '고려국왕지인'이 사용된 사례가 확인되었다.

그러나 '고려국왕지인'은 개국 초기에만 한시적으로 사용되었다. 1393년(태조 2) 3월에 '고려국왕지인'을 명으로 반납하였기 때문이다. 전존하는 조선초기 고신 가운데 가장 발급시기가 앞서는 <1393년 도응 고신>부터는 '조선왕보'가 사용되었고, 1401년(태종1) 6월 이후부터는 명에서 반사한 '조선국왕지인'이 사용되었다. 엄밀히 구분하면 '조선국왕지인'도 1401년(태종 1)에 명 건문제가 반사한 것과 1403년(태종 3)에 영락제가 반사한 것으로 구분된다.

세종 연간에 이르러서는 대보(조선국왕지인)의 사용에 대한 논란을 거쳐 대내에서 시행되는 고신에는 '국왕행보'를 사용하게 되었고, 1443년(세종 25)부터 '시명지보'가 '국왕행보'를 대신하였다.

그러나 세종 말년인 1447년(세종 29) 11월 이후에는 다시 고신에 '조선국왕지인'이 사용되었고, 1448년(세종 30) 10월부터는 3품 이하 관원의 고신에는 '왕세자인'을 사용하였으며, 문종이 즉위한 뒤에는 일시적으로 다시 '조선국왕지인'이 사용되었다.

1451년(문종 1) 3월부터는 다시 '시명지보'가 사용되다가 1466년(세조 12)부터는 '시명'보가 제작되어 1493년(성종 24)까지 대내에서 시행되는 고신에 지속적으로 사용되었다. 다만, 이 시기에도 야인과 왜인에게 발급하는 고신에는 대보(조선국왕지인)가 사용되었다.

1493년(성종 24)에는 다시 고신에 '조선국왕지인'을 사용하게 하였다가 얼마 지나지 않아 '시명지보'를 새로 제작하여 고신에 사용하도록 하였다.

---

있었다.

| 보인 | 사용시기 | 문서 |
|---|---|---|
| 高麗國王之印 | 1370년~1393년 3월 | - |
| 朝鮮王寶 | 1393년 3월 이후~ | 1393년 도응 고신<br>~1399년 이종주 고신 |
| 朝鮮國王之印 | 1401년 6월 이후(1차)~<br>1403년 4월 이후(2차)~ | 1402년 윤임 고신<br>~1429년 마천목 고신 |
| 國王行寶 | 1433년 3월 이후~ | 1433년 이징석 고신<br>~1441년 이정 고신 |
| 施命之寶 | 1443년 10월 이후~ | 1443년 이징석 고신 |
| 朝鮮國王之印 | 1447년 11월 이후~ | - |
| 王世子印<br>(3품이하 제수) | 1448년 10월 이후~ | 1449년 정식 고신 |
| 朝鮮國王之印 | 1450년 2월 이후~ | 1450년 정식 고신 |
| 施命之寶 | 1451년 3월 이후~ | 1453년 정식 고신<br>~1465년 정식 고신 |
| 施命 | 1466년 1월 이후~ | 1466년 오응 고신<br>~1489년 김직손 고신 |
| 朝鮮國王之印 | 1493년 3월 이후~ | - |
| 施命之寶 | 1493년 9월 이후 | 1494년 김종한 고신<br>~1496년 김종한 고신 |

## 4.3 문서 양식 변화의 추이

조선초기 고신은 여타 왕명문서와 달리 문서의 첫머리에 사용된 용어와 인장 사용의 변화를 제외하고는 처음부터 두드러진 양식 변화를 보이지 않았다. <1344년 신우 고신>에서 확인된 고려말 원元의 문서 양식으로부터 영향을 받아 형성된 것으로 추정되는 조선초기의 고신 양식은 '왕지', '교지', '휘지' 등 일부 용어의 변화 외에는 뚜렷한 양식상의 변화가 없었고, 『경국대전』의 고신식에 그대로 반영되었다.

이와는 대조적으로 왕의 직권이 아닌 서경署經을 거쳐 발급된 조

선초기의 고신은 '왕지' 또는 '교지' 양식이 아닌 고려말부터 유래
한 조사문서朝謝文書라는 별도의 문서 양식으로 작성되었다. 이 조
사문서가 최종적으로 '문무관오품이하고신'으로 정착되었다.

<표3-3> 고신 양식의 변화 추이

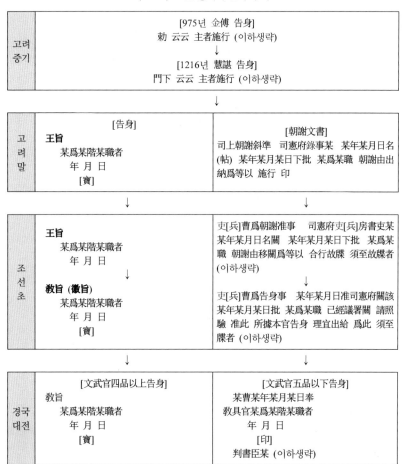

| 고려<br>중기 | [975년 金傅 告身]<br>勅 云云 主者施行 (이하생략)<br>↓<br>[1216년 慧諶 告身]<br>門下 云云 主者施行 (이하생략) | |
|---|---|---|
| 고<br>려<br>말 | [告身]<br>王旨<br>　某爲某階某職者<br>　年 月 日<br>[寶] | [朝謝文書]<br>司上朝謝斜準　司憲府錄事某　某年某月日名<br>(帖) 某年某月某日下批 某爲某職 朝謝由出<br>納爲等以 施行 印 |
| 조<br>선<br>초 | 王旨<br>　某爲某階某職者<br>　年 月 日<br>↓<br>教旨 (徽旨)<br>　某爲某階某職者<br>　年 月 日<br>[寶] | 吏[兵]曹爲朝謝准事　司憲府吏[兵]房書吏某<br>某年某月日名關　某年某月某日下批　某爲某<br>職 朝謝由移關爲等以 合行故牒 須至故牒者<br>(이하생략)<br><br>吏[兵]曹爲告身事　某年某月日准司憲府關該<br>某年某月某日批 某爲某職 已經議署關 請照<br>驗 准此 所據本官告身 理宜出給 爲此 須至<br>牒者 (이하생략) |
| 경국<br>대전 | [文武官四品以上告身]<br>教旨<br>　某爲某階某職者<br>　年 月 日<br>[寶] | [文武官五品以下告身]<br>　某曹某年某月某日奉<br>　教具官某爲某階某職者<br>　年 月 日<br>[印]<br>　判書臣某 (이하생략) |

## 5. 맺음말

현재까지 확인된 고려시대 고신의 수는 불과 몇 점에 지나지 않는다. 이 가운데 <975년 김부 고신>과 <1216년 혜심 고신>을 통하여 고려시대 고신 또한 당·송을 거치면서 형성된 중국의 고신 양식이 고려의 실정에 맞게 변용된 사실을 알 수 있었다. 이후 <1344년 신우 고신>을 통해 고려말에 이미 조선초기 왕지 양식과 동일한 형태의 고신이 발급되었음을 확인하였다. 이것은 조선초기에 정립된 '문무관 4품이상 고신' 양식이 고려말 원간섭기를 거치면서 형성되었을 가능성을 보여주는 것으로서 문서사적 의의가 크다.

조선초기의 고신은 개국초에는 '왕지' 양식으로 작성되다가 세종 연간을 거치면서 '교지' 양식으로 바뀌었고, 세종 연간 말에는 왕세자가 대리청정하면서 3품 이하 관원에게는 '휘지' 양식의 고신이 발급되었다. 조선초기의 고신제도는 왕지, 교지, 휘지 양식의 문서와 조사문서가 관원의 품계에 따라 이원화되어 발급되다가 『경국대전』 체제가 정립됨에 따라 '문무관 4품이상 고신'과 '문무관 5품이하 고신' 양식으로 정착되었다.

제4장

고려말 조선초의
홍패와 백패

# 1. 머리말

홍패와 백패는 전통시대 과거제도의 산물로서 특정 국가 고시에 합격한 인물에게 해당 사실을 기재하여 발급한 문서이다. 법제상 조선시대만을 한정해서 규정한다면 홍패는 문·무과 급제자에 대한 왕명문서, 백패는 생원·진사시 입격자에 대한 왕명문서라고 규정할 수 있다. 그러나 이러한 규정은『경국대전』체제가 성립된 상황에서만 적용되는 개념이다. 고려와 조선의 홍패는 문서 양식이나 성격에 차이가 있었고, 고려시대에는 문·무과가 온전히 공존하지도 않았다. 또한 조선시대와 같은 백패 발급제도는 고려시대에 존재하지 않았다. 이러한 개념상의 혼동을 피하기 위해 홍패는 '고려와 조선의 과거제에서 문과 또는 무과 고시에 합격한 사실을 증빙하는 문서'로 규정하고, 백패는 '조선 개국 이후에 실시된 생원·진사시 및 잡과 입격에 대한 사실을 증빙하는 문서'로 규정하고자 한다.

동아시아에서 과거제도가 국가 제도로서 기틀을 마련하기 시작한 것은 중국 수隋·당唐대부터이고,[1] 한국사에서는 고려 광종대에 송宋의 제도를 수용하여 시행하였다.[2] 과거에 합격한 인물에게 합격 증서에 해당하는 문서를 발급한 것 또한 송대로부터 비롯된 것으로 파악되며,[3] 고려에서도 과거 합격에 대한 증빙문서를 발급하였다. 본고에서는 홍패와 백패라는 고문서를 주논제로 다루기 때문에 과

---

1) 李啓命,「中國 科擧制의 成立」,『全南史學』, 1991; 김용천 역·平田茂樹 저,『과거와 관료제』, 동과서, 2007, 14~19쪽.

2) 曺佐鎬,『韓國科擧制度史硏究』, 범우사, 1996, 36~37쪽(이 책은 저자가 1957년에 발표한「麗代南班考」, 1958년에 발표한「高麗時代의 科擧制度」등 12편의 과거제도 관련 논문을 작고후 제자들이 재편집한 것이다.); 李成茂,『韓國의 科擧制度』, 한국학술정보, 2004, 38~46쪽(초판은『한국의 과거제도』, 집문당, 1996); 許興植,『고려의 과거제도』, 일조각, 2005, 23~33쪽(초판은『고려과거제도사 연구』, 일조각, 1981).

3) 李睟光,『芝峯類說』卷四, 官職部, 科目, "登科者紅紙題名, 自宋已然, 而按高麗忠烈王時, 趙簡爲第一人及第, 賜黃牌. 以此觀之, 前朝時則似用黃紙矣. 但高麗史, 凡登科給紅牌云. 黃則無乃出於特命耶?"
朴龍雲,「高麗時代의 紅牌에 관한 一考察」,『高麗時代 蔭敍制와 科擧制 硏究』, 일지사, 1990, 627쪽.

거제도에 대한 상세한 고찰은 생략하고, 홍패·백패에 대한 연구성과를 위주로 주요 내용을 먼저 살펴보고자 한다.

먼저 한상준과 장동익은 공동연구를 통해 1330년(고려 충혜왕 즉위)에 이자수李子脩에게 발급된 고려시대 홍패 1점을 소개하였다. 여기서 다룬 <이자수 홍패>는 원본이 아니라『진성이씨세보유사眞寶李氏世譜遺事』에 수록되어 있는 전재본이지만, 고려시대 홍패 가운데 유일한 명서업明書業 급제 홍패로서 사료적 가치가 있고, 장계 홍패·양이시 홍패·양수생 홍패 등과 문서 양식상 공통점을 가지고 있다는 사실을 언급하였다. 그리고 1205년(고려 희종 1) 장량수張良守에게 발급된 문서와의 차이점을 원元 압제를 전후한 홍패 규식의 변화 때문일 것으로 추정하였다.[4]

남애자는 석사학위논문에서 당시까지 공개된 고려와 조선의 홍패·백패를 최대한 조사하여 개별 문서에 대한 서지정보를 꼼꼼히 정리하였고, 나아가 서식書式 복원과 내용 분석을 일부 시도하였다.[5]

박용운은 당시까지 알려진 고려시대 홍패 6점을 대상으로 문서의 발급, 판독, 양식, 내용 분석 및 역사적 의의에 대한 견해를 제시하였다.[6]

심영환은 이전까지 '장량수 급제첩', '장량수 홍패' 등으로 불리던 고려시대 문서를 대상으로 고문서학적 검토와 제도사적 고증을 시도하였고, 그 결과 해당 문서를 고려시대 '중서문하교첩中書門下教牒'으로 규정하였다. 해당 문서는 국자감시 급제 문서이고, 중서문하에서 왕명을 받들어 교첩敎牒 양식의 문서로 작성한 것이라는 견해를 밝혔다. 이는 문서 양식에 대한 검토를 기반으로 내린 결론으

---

4) 한상준·장동익,「安東地方에 전래된 高麗 古文書 七例 檢討」,『慶大論文集』33, 1982.

5) 南愛子,『高麗·朝鮮朝 科擧合格者의 紅·白牌에 관한 書誌學的 硏究』, 이화여자대학교 석사학위논문, 1990.

6) 박용운, 앞의 논문.

로서 고려에서 송宋의 칙첩勅牒 양식을 수용하여 고려식 교첩 양식으로 문서 양식을 변용하였을 것이라는 판단에 따른 것이다.[7]

　같은 해 박재우는 심영환의 연구를 일부 수용하면서도 해당 문서가 국자감시 급제문서라기 보다는 예부시禮部試 급제 문서로 보는 것이 타당하다는 견해를 밝혔고, 이와 더불어 고려 후기의 여타 홍패를 검토하면서 고려시대 홍패의 양식과 제도적 특징을 설명하였다.[8]

　이상의 연구에서 보듯이 지금까지의 연구는 대부분 고려시대 홍패의 존재와 그에 대한 분석에 집중되었고, 고려와 조선시대를 망라하여 검토했더라도 문서의 서지정보와 양식상의 특징 기술에 머문 정도이다.

　본고에서는 현재까지 고문서 형태로 전하고 있는 홍패·백패를 토대로 고려말에서 조선초에 이르는 시기에 작성된 문서의 양식 변화와 그 의의를 집중적으로 조명하고자 한다.


## 2. 고려말 홍패의 현황과 문서 검토

　현재까지 알려진 고려시대 홍패는 총 7점이다. 1205년(희종 1) 장량수張良守에게 발급된 문서가 현재로서는 가장 오래된 것이고, 이후 1290년(충렬왕 16) 우탁, 1305년(충렬왕 31) 장계, 1330년(충혜왕 즉위) 이자수, 1355년(공민왕 4) 양이시, 1376년(우왕 2) 양수생, 1389년(창왕 1) 최광지에게 발급된 문서가 남아 있다. 이 가운데 <1330년 이자수 홍패>는 전사본 형태로만 전하고 있고, 나머지는 모두 원본으로 추정된다. 우선 현재까지 알려진 일곱 점의 고려시대

---

7) 심영환, 『고려시대 중서문하교첩』, 소와당, 2010.
8) 박재우, 「고려시대 紅牌의 양식과 특징」, 『古文書硏究』 38, 2010.

홍패에 대하여 개략적으로 살펴보고자 한다.[9]

〈자료4-1〉 1205년 장량수 홍패(중서문하교첩)

　(缺落)
　　　右人張良守
　　　貢院■■■
　　　判乙以點
　　教 可. 丙 科
　　及第. 牒至准
　　教. 故 牒.
　　泰和五年乙丑四月日牒.

金 紫 光 祿 大 夫 參 知 政 事 太 子 少 傅　　王
門 下 侍 郎 平 章 事 寶 文 閣 太 學 士 同 修 國 史 柱 國 判 戶 部 事　　任
門 下 侍 郎 同 中 書 門 下 平 章 事 吏 部 尙 書 上 柱 國 上 將 軍 判 兵 部 御 史 臺 事　崔
門 下 侍 郎 同 中 書 門 下 平 章 事 上 柱 國 上 將 軍 監 修 國 史 判 禮 部 事　　奇
門 下 侍 郎 同 中 書 門 下 平 章 事 修 文 殿 太 學 事 監 修 國 史 上 柱 國 判 吏 部 事　崔 (押)

<자료4-1>은 1205년(희종 1) 4월에 발급된 문서로서 장량수가 병과丙科에 급제한 사실이 기재되어 있다. 현재 울진장씨 문중에 소장되어 있고, 문서의 내용이 일부 훼손된 상태로 전해지고 있기 때문에 판독과 의미 해석에 있어 여러 견해가 엇갈리고 있다. 이 문서는 이기백과 허흥식 등에 의해 판독이 시도되었으며,[10] 이후 박용운과 『한국상대중세고문서연구』에서 과거科擧 문서로서의 의미가 조명되었고,[11] 최근에는 심영환과 박재우에 의해 보다 심도 있는

---

9) 문서의 판독은 서울대학교출판부에서 간행한 『韓國上代中世古文書研究』를 참고하였고, 장량수 문서는 심영환의 『고려시대 중서문하교첩』의 연구 성과를 반영하였으며, 이자수 문서는 이황의 필사본을 기준으로 삼았다.

10) 李基白, 『韓國上代古文書資料集成』, 일지사, 1987, 56~57쪽; 허흥식, 『한국의 古文書』, 민음사, 1988, 265쪽.

11) 박용운, 앞의 책, 630쪽.

고려말 조선초 왕명문서 연구

논의가 진행되었다. 이 문서에 대한 주요 논점은 다음의 몇 가지로 살펴볼 수 있다.

먼저 이 문서가 고려시대 예부시禮部試 급제 문서인지 아니면 국자감시國子監試 급제 문서인지에 관한 문제이다. 이에 대한 논란은 문서에 기재된 발급 연월인 "泰和五年 乙丑 四月"에서 비롯되었다. 태화 5년은 1205년(희종 1)인데, 『고려사』와 『고려사절요』에 의하면 이 해 국자감시는 4월에 시행되었고, 예부시는 7월에 시행되었다고 기재되어 있으므로 문서의 발급 연월을 근거로 보면 국자감시 급제 문서로 보는 것이 타당하다는 주장이 있다.12) 반면 예부시에 급제한 뒤 발급받은 홍패라고 보는 주요 논거로는 본문에 기재된 "丙科 及第"라는 문구와 문서의 말미에 기재된 중서문하 재상들의 명단이다. 고려시대 과거제도에서 병과는 예부시의 제술과製述科에서만 확인되는 용어라는 점과 국자감시 합격 문서에 중서문하의 재상들의 명단과 서명이 기재되는 것13)은 문서행정의 논리상 국자감시 합격 문서로는 보기 어렵다는 점이 그 주요 내용이다.14)

다음은 문서의 양식에 관한 문제이다. '홍패'라는 명칭은 문서의 성격을 말해주기는 하지만 문서의 양식을 정확히 대변해 주지는 못한다. 심영환은 이 문서를 송宋의 칙첩勅牒 양식을 수용하여 작성한 고려의 '교첩教牒'이라고 설명하였고, 구체적으로는 고려의 '중서문하 교첩中書門下教牒'이라고 명명하였다. 이는 본문에 기재된

노명호 외, 『韓國古代中世古文書研究』(上), 서울대학교출판부, 2000, 53~55쪽.

12) 노명호 외, 앞의 책, 53~54쪽; 심영환, 『고려시대 중서문하교첩』, 소와당, 2010, 25~29쪽.

13) 중서문하 재상들의 명단이 문제가 되는 것은 다음 두 가지로 요약된다. 『고려사』 「選擧志」 國子試 試員조를 보면 "凡國子試試員, 以三品以下官爲之"라는 내용이 보이는데, 이 문서에 기재된 재상들은 모두 2품이상 관원들이므로 재상들은 국자시의 試員과는 관계가 없었다는 점이 우선 지적된다. 다음으로는 우탁 홍패 이하의 예부시 홍패에서는 모두 지공거와 동지공거의 관직명, 성명, 서명이 기재된 채 발급되었는데, 국자감에 합격한 장량수에게 중서문하에서 문서를 발급하였다는 것은 문제가 있다는 것이다.

14) 허흥식, 앞의 책, 451쪽; 박용운, 앞의 책, 631쪽; 박재우, 앞의 논문, 19~21쪽.

"教可", "牒至准教"라는 부분에 착안한 것으로서 중국의 칙첩에 "牒至准勅"이라고 기재된 부분을 고려의 실정에 맞게 변용한 것으로 판단한 것이다.15) 문서 양식론적 관점에서 타당한 견해이며, 중국의 칙첩이 고려에 수용된 사실을 보여주는 의미 있는 발견이다.

이상의 견해에 대하여 필자는 이 문서가 고려시대 예부시 병과 급제에 대한 홍패라고 판단하며, 문서 양식은 고려의 중서문하에서 발급한 교첩이라는 견해에 동의한다. '병과 급제'라는 내용과 정2품 이상의 중서문하의 재상들이 서명한 사실로 미루어 볼 때 예부시 급제 홍패로 보는 것이 타당하기 때문이다. 다만 이 문서의 발급 연월에 대한 문제는 단순한 기재 오기라고 보기보다는 보다 설득력 있는 해명이 요구된다.

〈자료4-2〉 1290년 우탁 홍패

　　　准　太學進士　禹　倬.
　王命　賜　丙科及第者.
　　　　　　　　　　　　　　　　　〈至元二十七〉年五月　日
　　　　　〈同〉知貢〈擧・判秘書寺〉事〈　　　〉世子宮令　金
　　　　　知〈貢擧・〉匡〈靖大夫・政〉堂〈文學　典理判〉書・同修國史　鄭

　　<자료4-2>는 1290년(충렬왕 16) 5월에 발급된 문서로서 태학 진사였던 우탁이 예부시 병과에 급제한 사실이 기재되어 있다. 이 문서는 현재 영남대학교 박물관에 소장되어 있고, 문서 내용의 상당부분이 마멸되어 판독이 곤란한 부분이 있다. 그러나 『상현록尙賢錄』 권2에 수록된 '선생등과홍패先生登科紅牌'조와 『고려사』에 근거하여 마멸된 부분을 추정할 수 있으므로 문서의 발급날짜와 지공거, 동지공거에 관한 내용 등을 파악할 수 있다. 발급연대는 지원至元

_____

15) 심영환, 앞의 책, 71~95쪽.

27년이고, 당시 지공거는 김변金眅, 동지공거는 정가신鄭可臣이었다.[16]

  <우탁 홍패> 이하 고려말의 홍패는 모두 동일한 작성 양식을 보이고 있다. '王命准賜'라는 문구로 시작되고, 급제자의 인적 사항 및 급제 사실이 기재된 다음 발급 연월일이 기재되며, 마지막에 해당 시험을 관장한 지공거와 동지공거의 구관성명具官姓名 및 서명이 기재되었다. 현재 학계에서는 이러한 양식의 홍패가 출현한 원인을 고려후기 원의 영향,[17] 당시 정치적 상황과 과거에 대한 인식 변화,[18] 국왕의 선발권에 대한 보다 직접적인 표현 등으로 설명하고 있다.[19]

〈자료4-3〉 1305년 장계 홍패

　　　准 國學進士・權知都評議錄事 張 桂.
王命 賜 同進士及第者.
　　　　　　　　大德九年五月 日
　　　同知貢擧・正獻〈大〉夫・密直司知申事・國學大司成・文翰司學・
充史館修撰官・知內旨 宋 (押)
　　　　知貢擧・匡〈靖〉大夫・都僉議贊〈成事・〉延英殿大司學・司提修
史 鄭 (押)

  <자료4-3>은 1305년(충렬왕 31) 5월에 발급된 문서로서 국학 진사 권지도평의녹사였던 장계가 예부시에 동진사로 급제한 사실이 기재되어 있다. 현재 경북 영주시 소재 인동장씨가에 소장되어 있다. 문서 양식은 <우탁 홍패>와 동일하고, 당시 지공거는 정해鄭瑎였고, 동지공거는 송린宋璘이었다.

---

16) 지공거・동지공거에 대한 인물 고증은 선행연구자들이 『고려사』를 근거로 확인한 사항을 따른다.
17) 한상준・장동익, 앞의 논문, 4쪽.
18) 박용운, 앞의 책, 639쪽.
19) 박재우, 앞의 논문, 22~26쪽.

기재 내용 중 "同進士 及第"라는 표현이 사용되었는데, 이 부분은 1355년(공민왕 4) 양이시 홍패에서 "同進士 出身"이라고 기재된 것과 대비된다. 『고려사』에서는 응시 유형별로 특별한 구별 없이 모두 "及第"라는 표현을 썼지만, 제도적으로는 용어를 구별하였을 것으로 보인다. 송에서는 전시殿試 합격자를 합격 순위에 따라 '進士及第', '進士出身', '同進士出身'으로 구분하였고,[20] 고려말에 작성된 홍패에서도 을과乙科, 병과丙科, 동진사同進士에 대하여 용어를 구분하였을 것으로 판단된다. 이 문서에는 "동진사 급제"라고 기재되어 있으므로 이 당시까지는 엄격히 구별되지 않다가 후대의 어느 시기부터 엄격한 구별이 요구되면서 <양이시 홍패>와 같이 차등적인 기재 현상이 나타났을 것으로 보인다.[21] 뒤에 살펴볼 조선초기 홍패에서도 이러한 현상이 발견된다.[22]

〈자료4-4〉 1330년 이자수 홍패

   准
王命     鄕貢擧人 李 子脩,
   賜
     二科第四人 明書業及第者.
            至順元年十一月日
    同知貢擧・奉順大夫・密直司右代言・左常侍・藝文館提學・知製
敎・同知春秋館事・知軍簿事 李 (押)
     知貢擧・東韓保節盡忠無極功臣・三重大匡順興府院君・領藝文館
事 安 (押)

---

20) 『宋史』選擧, 科目下 참조.

21) "1290년 우탁 홍패 : 병과 급제", "1305년 장계 홍패 : 동진사 급제", "13330년 이자수 홍패 : 명
서업 급제", "1355년 양이시 홍패 : 동진사 출신", "1376년 양수생 홍패 : 을과 제2인 급제"로 기
재되어 있다.

22) "1401년 노혁 홍패 : 동진사 제23인 출신", "1438년 박중신 홍패 : 정과 제3인 출신", "1441년 권
항 홍패 : 정과 제21인 출신"으로 기재되어 있다. 조선초기에는 문과의 分等을 '을과, 병과, 동진사'
로 운영하다가 '을과, 병과, 정과'로 바꾸었으므로 '동진사'와 '정과'는 같은 분등으로 볼 수 있다.

<자료4-4>는 1330년(충혜왕 즉위) 11월에 발급된 문서로서 향공
거인鄕貢擧人 이자수가 명서업에 급제한 사실이 기재되어 있다. 이
문서는 그동안 족보에 수록된 자료가 주로 연구에 이용되었고, 이를
토대로 고려시대 유일의 '명서업 급제 홍패'라는 의의가 부여되었
다. 그러다가 2008년 김형수에 의해 이황이 전사한 수고본手稿本이
소개됨으로써 원문서에 대한 보다 충실한 연구가 진행될 수 있게
되었다.[23]

이 문서는 고려시대 과거제도 연구에 있어서 의미 있는 사료이다.
비록 원문서가 전하고 있지 않지만, 향공鄕貢으로 예부시에 응시한
것과 명서업明書業 부문에 급제한 내용이 기재되어 있어 제도사 연
구에 중요한 자료가 된다.[24] 이 문서 또한 '왕명준사' 양식으로 작성
되었고, 당시 지공거는 안문개安文凱, 동지공거는 이담李湛이었다.

〈자료4-5〉 1355년 양이시 홍패

　准
王命　　成均養正齋生 楊 以時,
　賜
　　　　同進士出身者.
　　　　　至正十五年二月日
　　　　同知貢擧・將仕郎・遼陽等處行中書省照磨・奉翊大夫・密直司
　寶文閣大提學・同知春秋館事・上護軍 安 (押)
　　　　知貢擧・征東行中書省左右司都事・三重大匡・益山君 李 (押)

<자료4-5>는 1355년(공민왕 4) 2월에 발급된 문서로서 성균관 양
정재養正齋 재생齋生이던 양이시가 예부시에 응시하여 동진사로

---

23) 김형수, 「고려후기 李子脩의 官職任用資料 4점」, 『국학연구』 12, 2008.

24) 박용운, 앞의 책, 634쪽; 김형수, 앞의 논문, 539~540쪽. 기존에는 이 문서를 판독하면서 명서업
　　'乙科'에 급제한 것으로 본 경우도 있으나, 고려시대 명서업에서는 제술업과 달리 二科, 三科 등으
　　로 운영되었을 가능성을 언급하였다.

합격한 사실이 기재되어 있다. 현재 남원양씨 문중에서 국립전주박물관에 위탁 보관하고 있다. 앞서 언급한 대로 이 문서는 여타 홍패와 달리 "出身"이라는 용어가 사용되었다. 이는 동일한 예부시의 제술과에 합격했더라도 합격 순위에 따라 분등이 달랐고, 분등에 따라 용어가 구별되었기 때문인 것으로 보인다. 을과, 병과에는 "급제"라는 용어를, 동진사에는 "출신"이라는 용어를 사용한 것이다.

고려시대의 성균관은 시기에 따라 명칭과 직제가 바뀌었다. 이 문서가 발급된 1355년은 이미 충렬왕·충선왕대에 국자감이라는 명칭을 성균관으로 변경한 시기였고, 1356년부터 다시 국자감으로 개칭되었으므로 문서의 내용은 당시 제도와 부합한다.[25) 양정재도 성균관의 칠재 가운데 하나이다.[26) 당시 지공거는 이공수李公遂, 동지공거는 안보安輔였다.


〈자료4-6〉 1376년 양수생 홍패

　　准
王命　　從事郎·掌服直長 楊 首生.
　　賜
　　　　乙科第二人及第者.
　　洪武九年六月 日
　　　　　　同知貢擧·奉翊大夫·同知密直司事·藝文館提學·同知春秋館
　　事·上護軍·同知書筵事 韓 (押)
　　　　　　　知貢擧·輸誠輔理功臣·匡靖大夫·政堂文學·右文館大提學·
　　知春秋館事·上護軍·知書筵事 洪 (押)
　　　　　[인장 : 미상] 2顆


<자료4-6>은 1376년(우왕 2) 6월에 발급된 문서로서 종사랑 장복

---

25) 『고려사』 권76 지30, 百官 一, 成均館조 참조.
26) 『고려사』 권74 지28, 選擧 二, 學校조 참조.

직장掌服直長27)이던 양수생이 예부시에 응시하여 을과에 급제한 사실이 기재되어 있다. 현재 남원양씨 문중에서 국립전주박물관에 위탁보관하고 있다.

이 문서 또한 '왕명준사' 양식으로 작성되었다. 이 문서에서 주목할 부분은 2군데 붉은색 인장이 찍혀 있다는 점이다. 정확히 인문을 판독할 수 없지만, 이 인장이 어느 관사의 인장인지를 규명해낸다면 고려말 홍패의 작성과 발급에 관한 중요한 사실을 입증할 수 있을 것이다. 인장의 크기는 약 6.2cm의 정방형이다. 인장의 크기나 문서 기재 양식으로 추정할 때 이 인장은 왕의 보인이 아니라 해당 문서의 발급을 관장한 관사의 관인으로 판단된다. 당시 지공거는 홍준선洪仲宣, 동지공거는 한수韓脩였다.

<자료4-2>~<자료4-6> 5점의 홍패는 모두 '왕명준사' 양식으로 작성되었는데, 여기에 사용된 '왕명준사'라는 표현은 조선초기에 접어들면 '봉교사奉敎賜'로 바뀐다. 이러한 사실은 조선초기 녹패제도에서 확인된다.28)

> 상정소에서 아뢰기를,
> "각종 祿牌에 사용하는 宣賜라고 새긴 印章의 글자를 頒賜라는 글자로 고치고 그 체제는 議政府印을 모방하여 고쳐 鑄造하여서, 이조에서 전과 같이 쓰게 하며, 그 녹패 안에 王命准賜라는 문구를 奉敎賜라고 改稱하게 하소서."
> 하니, 예조에 내렸다.29)

---

27) 『고려사』百官志 掌服署조에 의하면 고려 목종조에 尙衣局을 두었고, 충선왕 2년(1310)에 장복서로 관서명칭을 고쳤으며, 다시 공민왕 5년(1356)에 상의국이라 하였다가 공민왕 11년(1362)에 장복서로, 공민왕 18년(1369)에는 또다시 상의국, 공민왕 21년(1372)에 장복서로 바꾸었다. 공민왕 21년을 기준으로 할 때 장복서에는 정6품 令 1인과 정7품 直長 1인의 품관이 있었고, 吏屬으로는 문종 때 書令史 4인, 記官 2인, 注衣 1인을 두었다고 한다.

28) 김혁, 「朝鮮時代 祿牌 硏究」, 『고문서연구』 20, 2002, 199~202쪽.

29) 『세종실록』 14년(1432) 4월 25일 기사, 詳定所啓: "各品祿牌行使宣賜印文, 改以頒賜, 其體倣議政府印改鑄, 令吏曹仍舊用之. 其祿牌內王命准賜, 改稱奉敎賜." 下禮曹.

위의 세종 연간의 실록기사에서 보듯이 조선초에도 '왕명준사' 양식의 문서가 작성되었고, 이러한 사실은 현재 남아있는 <1394년 도응 녹패>를 통해서도 확인된다.[30] 고려로부터 사용된 "왕명준王命准"이라는 표현이 조선에 들어와 "봉교奉教"라는 표현으로 바뀐 것이다. 이는 조선초의 문서 작성에 사용된 어법이 기존의 고유 어법에서 중국식 어법으로 바뀌는 과정의 일면을 보여주는 것으로 판단된다. "王命"은 "教"로, "准"은 "奉"으로 대체되었고, 어순도 바뀌었다. 조선시대의 '봉교사' 양식의 문서는 『경국대전』 예전의 녹패식祿牌式에서 확인된다.

[祿牌式]
　　**某曹奉**
　**教賜**具官某某年第幾科祿者
　　年印月　日
　　判書臣某　參判臣某　參議臣某　正郎臣某　佐郎臣某

위의 녹패식에서도 확인할 수 있듯이 고려말로부터 조선초에 존재한 '왕명준사'와 '봉교사' 양식의 공통점은 왕명을 수명한 관사에서 관인을 찍어 발급한 문서라는 사실이다.

〈자료4-7〉 1389년 최광지 홍패

■■ {王旨}
　成均生員崔匡之, 丙科第三人及第者.
　洪武貳拾貳年玖月　日
　[高麗國王之印]

<자료4-7>은 1389년(창왕 1) 9월에 성균생원 최광지崔匡之에게

---

30) 보물 제724-5호, 성주도씨종중 소장(충남 논산).

발급된 문서로서 부안에 세거한 전
주최씨 문중에 전래되었다.31) 이 홍
패는 전래과정에서 문서의 가장자리
를 중심으로 손상이 발생하였고, 그
로 인해 문서의 첫머리에 적혀 있었
던 몇 글자가 떨어져나가 판독할 수
없는 상태가 되었다. 그러나 문서의
오른쪽 상단에 종이가 떨어져 나간 부
분을 자세히 보면 어떤 글자의 아랫부

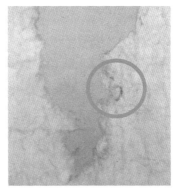

<도4-2> 최광지 홍패 글자 결락 부분

분으로 추정되는 일부 획이 남아 있음을 알 수 있다. 자세히 살펴본 결
과 이 글자는 '旨'자의 아래 부분인 '日'의 오른쪽 획으로 보인다. 고려
말 조선초 왕명문서의 첫머리에 놓인 다른 사례들을 고려할 때 이 부
분에 원래 "왕지王旨"라는 문구가 적혀 있었을 것으로 추정된다.

이어서 행을 바꾸어 "成均生員崔匡之丙科第三人及第者"라는 내
용이 기재되었다. 이러한 기재 방식은 조선시대 홍패의 본문 기재
방식과 큰 차이가 없다. 합격자의 '신분+성명+합격 등제+급제(출신)
자' 형식의 기재 방식은 고려말과 조선시대 홍패의 공통된 사항이다.

다시 행을 바꾸어 홍패의 발급 연월일을 적었다. 연호는 명 초대
황제의 연호인 "洪武"가 사용되었다. 주목할 점은 "武"자의 일부
획을 생략함으로써 피휘避諱한 점이다.32) 이것은 고려말 자료에서
보이는 특징 중에 하나로서 고려의 제2대 왕 혜종惠宗의 이름을 피
휘한 것이다. 연도와 월에 쓰인 숫자도 "貳, 拾, 玖"와 같이 갖은자

---

31) <1389년 최광지 홍패>에 대한 기술은 박성호, 「새로 발견된 고려말 홍패의 고문서학적 고찰과 사
　료서의 의의」, 『고문서연구』48, 2016에 수록된 내용을 요약 재정리하였다.

32) 고려말 洪武 연호에서 武자의 피휘 방식에 대해서는 황윤석의 『이재난고』에 고려말 朝謝文書를
　옮겨 적으면서 武자의 독특한 형태에 대하여 언급해 놓은 바 있다. 川西裕也, 자료소개 『齋亂亂藁』
　辛丑日曆 소재 麗末鮮初 고문서에 대하여, 『古文書研究』 36, 2010, 205쪽.

로 적었다.

발급연월일 부위에 붉은 색 인장이 찍혀 있는데, 그 인문은 '高麗國王之印'이다. 이 '고려국왕지인'은 고려 공민왕대에 명에서 내려 준 것으로서 현재까지 고려시대 문서에 '고려국왕지인'이 사용된 유일한 사례이다.

"병과 제삼인 급제"는 고려말 문과의 등제 구분에 있어 을과, 병과, 동진사로 구분된 제도 하에서의 병과에 해당한다. 하버드 옌칭 도서관에 소장된 『등과록전편登科錄前編』에 따르면, 전체 합격자 32인 가운데 을과에 3인, 병과에 7인, 동진사에 22인으로 등제가 나뉘어졌다. 이 때 김여지金汝知가 을과 제1인으로 장원을 차지하였고, 최광지는 전체 순위로는 6위에 해당하는 성적이었다.

문서사적 관점에서 볼 때 <최광지 홍패>를 통해 고려말의 홍패에도 '왕지' 양식의 문서가 이미 사용되었을 것을 추정할 수 있다. 한국 고문서의 양식 변화를 논할 때 왕지 양식의 문서가 과연 언제부터 출현했느냐에 대해서 그간 이견이 존재하였다. 『고려사』에서는 1276년(충렬왕 2)에 '선지宣旨'라는 용어를 '왕지王旨'로 바꾸어 사용하게 하였다는 내용이 보이지만,[33] 이 기사가 곧 당시의 문서에도 적용되었는지의 여부는 진본 문서의 존재가 확인되지 않는 한 확언하기 어려운 문제였다. 따라서 연구자에 따라서는 고려말에는 왕지 양식의 문서가 나타나지 않았고, 조선에 들어와서야 출현하였다고 보기도 하였다.[34] 이에 반해 1344년(충목왕 즉위)에 발급된 신우 왕지가 진본임을 근거로 고려말에 이미 왕지 양식의 문서가 출현했다는 견해가 제기되었다.[35] 이러한 상황에서 1389년(창왕 1)에 왕지 양식으

---

33) 『고려사』 권28, 世家 권28, 충렬왕 2년(1276) 3월, 甲申 達魯花赤詰之曰, "稱宣旨·稱朕·稱赦, 何僭也?" 王使僉議中贊 金方慶·左承宣 朴恒, 解之曰, "非敢僭也, 但循祖宗相傳之舊耳, 敢不改焉." 於是, 改宣旨曰王旨, 朕曰孤, 赦曰宥, 奏曰呈.

34) 박준호, 「고려후기와 조선초기의 인사 문서 연구」, 『고문서연구』 31, 2007, 123-125쪽.

로 작성되었을 것으로 추정되는 홍패의 등장이 갖는 의의는 매우 크다. 조선 초기 왕지 양식의 고신, 홍패, 사패 등의 연원이 고려말로부터 비롯되었음을 시사하는 중요한 근거가 될 수 있기 때문이다.

## 3. 조선초 홍패·백패의 현황과 문서 검토

1392년(태조 1) 7월 28일 태조 이성계는 즉위교서에서 과거제도를 개혁할 뜻을 천명하였다. 고려시대 과거제도의 폐단인 좌주문생座主門生 제도를 개혁할 뜻을 밝혔고, 무과도 문과의 예처럼 시험을 보여 최종적으로 33인을 선발하고 그 합격자에게 홍패를 주도록 하겠다는 것이었다.

> 문무 두 과거는 한 가지만 취하고 한 가지는 버릴 수 없으니 중앙에는 국학과 지방에는 향교에 생도를 더 두고 강학을 힘쓰게 하여 인재를 양육하게 할 것이다. 그 과거의 법은 본디 나라를 위하여 인재를 뽑았던 것인데, 그들이 座主니 門生이니 일컬으면서 공적인 천거로써 사적인 은혜로 삼으니, 매우 법을 제정한 뜻이 아니다. 지금부터는 중앙에는 성균 정록소와 지방에는 각도의 안렴사가 그 학교에서 경의에 밝고 덕행을 닦은 사람을 뽑아, 연령·본관·삼대와 경서에 통하는 바를 잘 갖추어 기록하여 성균관장이소에 올려, 경에서 통하는 바를 시강하되 사서로부터 오경과 ≪통감≫ 이상을 통달한 사람을, 그 통달한 경서의 많고 적은 것과 알아낸 사리의 정밀하고 소략한 것으로써 그 높고 낮은 등급을 정하여 제일장으로 하고, 입격한 사람은 예조로 보내면, 예조에서 표문·장주·고부를 시험하여 중장으로 하고, 책문을 시험하여 종장으로 할 것이며, 삼장을 통하여 입격한 사람 33명을 상고하여 이조로 보내면, 이조에서 재주를 헤아려 탁용하게 하고, 監試는 폐지할 것이다. 그 강무하는 법은 主掌한 훈련관에서 때때로 ≪무경칠서≫와 사어의 기술을 강습시켜, 그

---

35) 川西裕也, 「高麗末·朝鮮初における任命文書体系の再檢討」, 『朝鮮學報』 220, 2011; 『朝鮮中近世の公文書と國家』, 九州大学出版会, 2014, 71~100쪽. 이 논문의 큰 성과 중에 하나는 신우 왕지에 찍힌 인장이 원에서 내려준 팍파八思巴 문자로 새긴 '駙馬高麗國王印'이라는 사실을 밝혀낸 것이다.

통달한 경서의 많고 적은 것과 기술의 정하고 거친 것으로써 그 높고 낮은 등급을 정하여, 입격한 사람 33명을 문과의 법식에 의거하여 출신패를 주고, 명단을 병조로 보내어 탁용에 대비하게 할 것이다.[36]

즉위교서에 명시된 과거제도와 관계된 개혁은 곧바로 실행에 옮겨지지 않았다. 무과가 당장 설행되지도 않았고, 문과의 경우에도 고려시대의 방식을 유지하였으며, 좌주·문생의 관습도 그대로 이어졌다.[37] 그러나 이러한 과거제도 개혁에 관한 내용은 실질적으로 왕권강화와 직결되는 사안이었으므로 결국은 고려와는 달라진 조선의 과거제도가 자리 잡게 되었다.

결과적으로 조선에 들어와 문과와 무과 급제자에게 모두 홍패를 발급하게 되었고, 생원·진사시 합격자에게는 백패를 발급하게 되었다. 여기에서 주목해야 할 점은 같은 과거합격에 관한 문서이지만 조선시대의 홍패와 백패는 고려시대의 문서와는 그 위상이 달라졌다는 사실이다. 앞에서 살펴보았듯이 고려시대에는 관사에서 왕명을 받들어 관인을 찍어 문서를 발급하였지만, 고려말 <최광지 홍패> 발급을 전후한 시기와 조선시대에는 '왕지' 또는 '교지' 양식을 갖추어 보인을 찍어 발급하였다. 이하에서는 조선초에 발급된 홍패·백패의 실제 사례를 검토하면서 문서에 기재된 내용과 양식의 변화를 살펴보고, 아울러 그 변화의 요인이 된 제도 변화의 일면을 살펴보고자 한다.

## 3.1 문서의 전존 현황

홍패와 백패는 고신과 더불어 조선초기의 여타 문서에 비해 작성

---

36) 『태조실록』 1년(1392) 7월 28일 기사.

37) 尹薰杓, 「朝鮮初期 武科制度 硏究」, 『學林』 9, 1987, 17쪽.

양식이 일찍부터 정형화된 것으로 보인다. 『경국대전』 체제의 성립을 기준으로 그 전후에 양식상의 확연한 변화는 보이지 않고, 과거제의 변화에 따른 몇몇 용어 변화와 시기에 따른 보인의 변화가 보일 뿐이다. 여기서는 조선 개국 이후부터 1485년(성종 16) 『경국대전』(을사대전)이 전면적으로 반행된 직후까지의 홍패와 백패를 모두 살펴보고자 한다. 이 시기에 작성된 홍패와 백패의 현황은 책 뒤의 <부록3>과 같다.

<부록3>에서 보는 바와 같이 현재 남아 있는 조선시대 문서 가운데 발급시기가 가장 앞서는 홍패는 1401년(태종 1) 노혁에게 발급된 것이고, 백패는 1447년(세종 29년) 권징에게 발급된 것이다. 필자가 조사한 바로는 조선 개국으로부터 1485년(성종 16) 『경국대전』 반행 직후까지 발급된 홍패와 백패 가운데 지금까지 그 존재가 확인된 경우는 모두 30점이다. 문과 홍패가 14점, 무과 홍패가 8점, 생원·진사 백패가 8점이다.

## 3.2 개별 문서에 대한 검토

### ① 홍패

#### 1) 1401년 노혁 홍패

이 문서는 만경노씨 후손가에 소장되어 오다가 2009년 11월에서 2010년 2월까지 국립공주박물관에서 개최한 <公州의 名家> 특별전을 통해 공개된 것으로서[38] 1401년(태종 1) 4월 성균 생원 신분이

---

38) 『公州의 名家』 전시도록, 국립공주박물관, 2009, 126쪽.

던 노혁盧革이 동진사 제23인으로 합격하여 받은 홍패이다. 『태종
실록』에 의하면 동년 4월 9일에 윤회 등 33인을 선발하였고,[39] 『국
조문과방목』에도 해당연도에 노혁이 증광시 동진사 23인으로 합격
하였다는 내용이 수록되어 있다.

```
01  王旨
02      成均生員盧革. 爲同進
03      士第二十三人出身者.
04      建文三年四月 日
          [朝鮮王寶] 1顆
```

이 문서는 '왕지'라는 문구로 시작되었고, 동일시기의 왕지에 사
용되었던 '조선왕보'가 안보되어 있다.[40] 이때는 고려시대 과거제도
의 유제遺制가 적용되던 시기였으므로 등제等第에 따라 을과乙科,
병과丙科, 동진사同進士로 구분되었고, 노
혁은 동진사로 합격한 것이다. 기재내용 가
운데 별도로 "문과"라는 표기는 사용되지
않았고, 앞서 살펴본 고려말 양이시 홍패의
경우처럼 "出身"이라는 용어가 쓰였다. 또
"…爲…者"라는 구문이 사용되었는데, 이
는 고신에 사용된 구문과 유사하다. 조선
개국초의 홍패 양식은 고신의 구문과 유사
하였을 가능성을 보여준다.

<도4-3> 노혁 홍패

---

39) 『태종실록』 년(1401) 4월 9일 기사, 御無逸殿, 覆試知貢學河崙・同知貢學趙璞等所取尹淮等三十三
    人, 擢趙末生爲第一. 以末生爲料物庫副使, 第二名李迹長興庫直長, 第三名尹淮司宰直長. 擢用及第乙
    科三人, 載在 ≪六典≫, 然擧行自此年始.

40) '조선왕보'를 포함한 조선초기 문서에 사용된 보인에 대해서는 다음의 연구를 참고. 川西裕也, 「朝
    鮮初期における官教文書樣式の變遷」, 『朝鮮學報』, 2007; 유지영, 「조선시대 임명관련 敎旨의 문서
    형식」, 『古文書硏究』 30, 2007; 성인근, 「조선시대 인장 연구」, 한국학중앙연구원 한국학대학원 박
    사학위논문, 2008; 박성호, 「현재 전하고 있는 王旨의 眞僞 고찰」, 『정신문화연구』 통권120, 2010.

## 2) 1420년 이보정 홍패

이 문서는 전라북도 익산에 세거한 연안이씨 종중에 전해온 자료로서 1420년(세종 2) 3월 22일에 승사랑 의영고 부직장이던 이보정 李補丁이 을과 제2인으로 합격하여 받은 홍패이다. 『세종실록』에 의하면 1420년(세종 2) 3월 18일에 인정전에서 문과 복시가,[41] 21일에는 무과 복시가 실시되었고,[42] 22일에 방방放榜이 이루어졌다.[43] 『국조문과방목』에도 해당연도에 이보정이 식년시 을과 2인으로 합격한 내용이 수록되어 있다.

```
01  王旨
02    承仕郎・義盈庫副直長 李補
03    丁. 乙科第二人及第出身者.
04    永樂十八年三月二十二日
      [인문 : '朝鮮國王之印'으로 추정]
```

이 문서 또한 노혁 홍패와 마찬가지로 '왕지' 양식으로 작성되었고, 영락 연호 사이에 붉은색 인장이 찍혀 있다. 인문은 판독하기 어려우나 시기상 '조선국왕지인'이 안보되었을 것이다. '조선국왕지인'은 1401년(태종 1)부터 고문서에 사용된 사례가 확인되었고, 실물은 아니지만 문집에 수록되어 있는 <1432년 김길통 홍패>에도 '조선국왕지인'이 사용되었다는 사실이 확인된다.[44] 이보정 홍패에

---

41) 『세종실록』 2년(1420) 3월 18일 기사, 御仁政殿, 發策覆試金汶等三十三人, 恩賜三人・史科一人亦預焉. 讀券官李原・卞季良・許稠, 對讀官權蹈・藝文直提學成槪.

42) 『세종실록』 2년(1420) 3월 21일 기사, 上幸東郊, 覆試武科金自雄等二十八人. 三議政從, 上王亦來觀之, 置酒帳殿, 柳廷顯等及訓鍊觀提調鄭擢等, 侍衛將帥延嗣宗等入侍. 上王幸豐壤離宮, 上還宮.

43) 『세종실록』 2년(1420) 3월 22일 기사, 以文科第一人前監察安崇善爲司憲持平, 武科第一人副司直金自雄爲司僕判官, 其餘拜官出身有差. 上御仁政殿, 放文武科牓, 賜酒果・花蓋如儀.

44) 『知守齋集』卷之十五, 金文平公吉通紅牌跋, ...(생략)... 第一行, 書王旨二字, 第二行, 書成均生員金吉通乙科第一人及第出身者, 第三行, 書宣德七年四月十八日, 年月上, 安朝鮮國王之印六字.

도 노혁 홍패와 마찬가지로 "문과"라는 별도의 표기는 없지만, "급제출신及第出身"이라는 용어가 사용된 점에서 차이가 난다.

### 3) 1435년 이임 홍패

이 문서는 1435년(세종 17) 4월 20일에 '장사랑 김산 유학교도'이던 이임李臨이 무과에 응시하여 3등 제8인으로 합격하여 받은 홍패로서 경상북도 포항에 소재한 청안이씨 후손가에 전래되다가 울산박물관에 기증되었다. 『세종실록』에 의하면 1435년 4월 17일에 무과에 선발된 인원들을 대상으로 시험이 실시되었고,[45] 18일에는 또 격구 시험과 화포 방열 시범이 있었으며,[46] 20일에 문무과 방방이 이루어졌다.[47]

```
01 王旨
02    將仕郎・金山儒學教導
03    李臨, 武科三等第八人
04    及第出身者.
05    宣德十年四月卄日
      [國王信寶] 1顆
```

이 문서 또한 '왕지' 형식으로 작성되었다. 조선초 홍패 가운데 무과 홍패의 특징을 잘 보여주고 있다. 이 홍패보다 발급시기가 빠른 <1414년 배담 홍패>와 <1420년 남회 홍패>도 무과 홍패이지만, "무거 을과武擧乙科"가 표기되어 있는 등 기존에 거론되지 않은 조선초 무과 제도에 대한 검토가 필요하다. 태조는 즉위교서에서 무과

---

45) 『세종실록』 17년(1435) 4월 17일 기사, 御後苑, 試武擧人.

46) 『세종실록』 17년(1435) 4월 18일 기사, 上幸慕華館, 試武擧人擊毬, 仍觀放火砲.

47) 『세종실록』 17년(1435) 4월 20일 기사, 上御勤政殿, 放文武科牓如常儀. 文科李咸寧等三十三人, 武科薛孝祖等二十八人, 除職有差.

를 문과와 동일하게 정비할 의도를 밝혔고, 『태조실록』에서도 무과 출신자의 선발과 서용에 관한 병조의 수판受判이 확인된다.[48] 그리고 1402년(태종 2년) 1월 6일에는 무과법이 시행되고,[49] 4월 4일에는 윤하 등 28인을 무과 급제자로 최종 선발하였다.[50] 이렇듯 조선에 들어와 무과의 위상이 격상된 것은 분명하지만, 처음부터 문과와 제도적으로 동등하게 대우받지는 못하였다.[51] 급제자의 등제 표기에 있어서 문과의 경우는 을과, 병과, 동진사 혹은 정과로 구분한데 반해, 무과의 경우는 일등一等, 이등二等, 삼등三等으로 구분하여 문과와의 구별이 존재하였다. 이러한 상황은 이임 홍패와 조서경 홍패를 통해 명확히 확인된다. 이러한 표기상의 차이가 해소된 것은 1436년(세종 18)이다.

추가적으로 주목할 부분은 이 홍패에 찍힌 인장과 기재 사항이다. 이임 홍패에는 '국왕신보國王信寶'라는 보인이 찍혀 있다. '국왕신보'는 1433년(세종 15)부터 공거貢擧에 사용된 사실이 확인된다.[52] 그리고 이임 홍패에는 노혁 홍패, 이보정 홍패와는 달리 "武科"가 직접적으로 명시되어 있다. 이 문서 이후의 문서에서는 모두 "문과"와 "무과"가 기재되어 있다.

---

48) 『태조실록』 6년(1397) 5월 1일 기사, 兵曹受判: "武科出身者, 赴訓鍊觀, 試諸家兵書及武藝, 分爲三等, 依文科例, 以憑敍用."

49) 『태종실록』 2년(1402) 1월 6일 기사, 始行武科法.

50) 『태종실록』 2년(1402) 4월 4일 기사, 武科監校官判承樞府事趙英茂、同監校官安城君李叔蕃, 取尹夏等二十八人.

51) 윤훈표, 앞의 논문, 17쪽. 조선 개국 이후 무과는 바로 실시되지 않았고, 문과의 경우도 고려시대 방식을 답습하였으며, 좌주·문생제도도 존속되었다.

52) 『세종실록』 14년(1432) 10월 12일 기사, 禮曹啓: "…(생략)… 乞依古制鑄成國王信寶, 用之於事神教有貢擧等事; 國王行寶, 用之於冊封除授等事; 其帝賜大寶, 除事大文書外, 勿用." 從之.
『세종실록』 15년(1433) 3월 2일 기사, 行寶信寶成. 舊有傳國寶, 文曰國王信寶. 上命集賢殿, 稽古制改鑄此兩寶, 其制一依欽賜大寶, 皆用金, 信寶重一百六十四兩, 行寶重一百七十六兩. 信寶文曰國王信寶, 行寶文曰國王行寶. 信寶用之於事神教有等事, 行(寶) [寶]用之於冊命除授等事, 欽賜大寶, 則只用於事大文書.

### 4) 1435년 조서경 홍패

이 문서는 전수의부위 우군부사정이던 조서경趙瑞卿이 1435년(세종 17) 4월 20일에 무과 3등 제20인에 급제하여 받은 것이다. 풍양 조씨 후손가에서 전래된 것을 현재는 국립중앙박물관에 위탁 보관하고 있으며, 위의 이임 홍패와 동일연도 동일날짜에 발급된 문서이다.

```
01  王旨
02  前修義副尉·右軍副
03  司正 趙瑞卿, 武科
04  三等第二十人及
05  第出身者.
06  宣德十年四月卄日
    [國王信寶] 1顆
```

'왕지' 양식으로 작성되었고, 이임 홍패와 서체까지 동일한 것으로 보아 동일날짜에 동일인에 의해 작성된 것으로 보인다. 용어 및 인장도 이임 홍패에서 살펴본 사항과 동일하다.

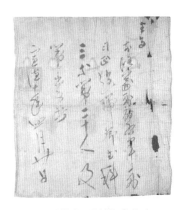

<도4-4> 조서경 홍패

### 5) 1438년 박중신 홍패

이 문서는 1438년(세종 20) 4월 17일에 선교랑 양양유학교도이던 박중신朴中信이 문과 정과 제3인으로 합격하여 받은 홍패로서 강릉 박씨 후손가에 소장되어 오다가 현재는 강원도 강릉에 소재한 오죽헌시립박물관에 소장되어 있다. 『세종실록』에 의하면 이해 4월 11

일에 근정전에서 시험이 거행되었고,[53] 17일에 문무과 급제자들에 대한 방방이 있었다.[54]

01 敎旨
02 　宣敎郞・襄陽儒學敎導 朴中信.
03 　文科丁科第三人出身者.
04 　正統三年四月十七日
　　[國王信寶] 1顆

박중신 홍패는 이상의 홍패와는 달리 '교지' 양식으로 작성되었다. 이는 1435년(세종 17) 9월 이후 모든 문서 작성에 있어 '왕지'라는 용어를 '교지'로 개칭하게 한 조치의 결과이다.[55] 따라서 이 문서는 현재까지 전하고 있는 홍패 가운데 '교지' 양식이 적용된 가장 이른 시기의 문서이다. 그리고 앞의 문과홍패와 달리 "문과"라는 용어가 명시되어 있고, "정과"라고 기재된 것으로 보아 당시 문과 합격자에 대한 분등分等에 변화가 있었음을 짐작할 수 있다. 이임 홍패에서 살펴보았듯이 1436년(세종 18) 5월 25일 문・무과를 모두 을과, 병과, 정과로 분등하게 하였다. 다만 정과에 합격한 경우 "출신"이라는 표현을 사용하고 있어 여전히 문서 작성 양식이 변화과정에 있음을 알 수 있다. 문서의 말미에 '국왕신보'가 안보되어 있다.

---

53) 『세종실록』 20년(1438) 4월 11일 기사, 御勤政殿策士.

54) 『세종실록』 20년(1438) 4월 17일 기사, 上以遠遊冠絳紗袍, 御勤政殿放文武科榜如儀. 文科河緯地等三十三人, 武科李元係等二十八人, 除職有差. 恩賜及第姜孟係對策, 優於正科所對, 特授從仕郞市京市錄事.

55) 유지영, 앞의 논문, 95쪽; 川西裕也, 앞의 논문, 101～103쪽.
『세종실록』 17년(1435) 9월 3일 기사, 史曹啓: "≪續典≫, 改判爲敎, 改王旨爲敎旨, 而官敎府牒及外史正朝安逸差貼, 仍稱王旨, 實爲未便, 請竝改以敎旨." 從之.

6) 1441년 권항 홍패

이 문서는 1441년(세종 23) 5월 18일에 성균생원 신분이던 권항
權恒이 문과 정과 제21인으로 합격하여 받은 홍패로서 경상북도 안
동에 소재한 안동권씨가에 전래되었다.『세종실록』에 의하면 이 해
5월 16일에 근정전에서 문과 시험이, 모화관에서 무과 시험이 실시
되었고,[56] 18일에 문·무과 합격자에 대한 방방이 거행되었다.[57]

> 01 敎旨
> 02 　成均生員 權恒. 文科丁科
> 03 　第二十一人出身者.
> 04 　正統六年五月十八日
> 　　[國王信寶] 1顆

권항 홍패 또한 '교지' 양식으로 작성되었고, "문과"라는 내용이
적혀 있으며, 정과로 합격하였으므로 "출신"이라는 용어가 사용되었
다. 문서의 말미에 '국왕신보'가 안보되어 있다.

7) 1444년 정종 홍패

이 문서는 1442년(세종 43) 8월 모일에 수의교위 행중군섭사정
신분이던 정종鄭種이 무과 병과 제5인으로 합격하여 받은 홍패로서
경상북도 고령에 소재한 동래정씨가에 전래되었다.『세종실록』에
의하면 이 해 8월 13일과 14일에 왕이 친히 광화문 밖으로 나가 무
과 응시생을 시험하였고,[58] 14일에 문·무과 합격자를 선발하였으

---

56)『세종실록』23년(1441) 5월 16일 기사, 御勤政門, 出策題試文科, 又幸慕華館試武科.

57)『세종실록』23년(1441) 5월 18일 기사, 取文科李石亨等三十三人, 武科權崇厚等二十八人. 御勤政殿
　　放榜, 以石亨爲司諫院左正言, 特授階承議, 以連魁三榜也. 以崇厚爲訓鍊參軍.

며,[59] 18일에 문무과 급제자에 대한 방방이 거행되었다.[60]

```
01  敎旨
02    修義校尉・行中軍攝司正
03    鄭種, 武擧丙科第五人
04    及第出身者.
05    正統七年八月 日
      [인문 : '科擧之印'으로 추정]
```

이 문서 또한 '교지' 양식으로 작성되었고, "무과"라는 용어 대신 "武擧"라는 용어가 사용되었으며, "급제출신"이라는 표현이 쓰였다. 인문을 정확히 판독할 수는 없지만, 시기상 '과거지인'이 안보되었을 것으로 추정된다. '과거지인'은 1443년(세종 25) 10월에 새로 제작하도록 하였고,[61] 이후 인조 연간까지 지속적으로 사용되었다.[62]

## 8) 1453년 이승원 홍패

이 문서는 1452년(단종 1) 4월 21일에 성균생원이던 이승원李崇元이 문과에 응시하여 을과 제1인(장원)으로 합격하여 받은 홍패로서 전라북도 익산에 소재한 연안이씨가에 전래되었다. 『단종실록』에 의하면 이 해 4월 15일에 이승원을 비롯한 40인이 급제하였고,[63] 21일에 문・무과 급제자에 대한 방방이 거행되었다.[64]

---

58) 『세종실록』 24년(1442) 8월 13일 기사, 上御勤政殿, 親策擧子, 出御光化門外帳殿, 親試武擧.; 8월 14일, 上御光化門外, 試武擧人.

59) 『세종실록』 24년(1442) 8월 14일 기사, 文科取前錄事李皎然等八人, 武科取護軍朴居謙等十七人.

60) 『세종실록』 24년(1442) 8월 18일 기사, 上御勤政殿, 放文武科榜.

61) 『세종실록』 25년(1443) 10월 2일 기사, 且前此行信之寶, 用之於擧人卷子, 而承旨稱臣緘封. 今旣親押隨封, 而印文俱改, 則不常用於貢擧. 乞別鑄科擧之印, 使承旨稱臣緘封, 藏之尙瑞司, 只用於殿試, 允合事宜." 從之.

62) 성인근, 앞의 학위논문, 96~97쪽.

```
01 敎旨
02    成均生員 李崇元, 親試文科乙科第
03    一人及第出身者.
04 景泰四年四月二十一日
05    [科擧之印] 1顆
```

이숭원 홍패도 '교지' 양식으로 작성되었고, "문과 을과"에 급제
한 사실이 기재되어 있으며, "及第出身"이라는 용어가 사용되었다.
이때 이숭원은 을과 제1인, 즉 문과 응시자 가운데서 장원으로 급
제하였다. 이 시기까지도 『경국대전』에 규정된 갑과甲科는 시행되
지 않았다. 1450년(세종 32) 윤1월 3일 기사에 의하면 조선에서 갑
과를 칭하지 않은 이유는 명 조정에서 갑과를 칭하고 있기 때문에
조선에서 감히 명과 동일하게 칭할 수 없다는 것이었다.[65] 이 홍패
에는 '과거지인'이 안보되어 있다.


9) 1459년 장말손 홍패


이 문서는 1459년(세조 5) 4월 1일에 성균생원 장말손張末孫이
문과에 응시하여 병과 3인으로 급제하여 받은 홍패로서 경상북도
영주에 소재한 인동장씨가에 전래되었다. 『세조실록』에 의하면 이
해 4월 1일 문과에 고태정 등 33인이 급제하였다.[66] 그러나 방방에
대한 기사는 수록되어 있지 않다. 이상에서 살펴본 바에 따르면 홍

---

63) 『단종실록』 1년(1453) 4월 15일 기사, 賜成均生員李崇元等四十人及第. 舊例,式年取文科三十三人·
   武擧二十八人, 別試則減其數.

64) 『단종실록』 1년(1453) 4월 21일 기사, 遣右承旨盧叔仝·左副承旨權踔詣景福宮, 放文武科榜於勤政殿.

65) 『세종실록』 32년(1450) 윤1월 3일 기사, 使臣曰: "爲魁者, 何以爲號?" 答曰: "乙科第一人." 使臣曰:
   "何不稱甲科, 而稱乙科乎?" 答曰: "朝廷稱甲科, 故不敢比擬也." 使臣曰: "然"

66) 『세조실록』 5년(1459) 4월 1일 기사, 取文科高台鼎等三十三人. 初, 試官以閔粹爲第一, 上覽台鼎策,
   批曰 "才豪可置第一." 僉知中樞院事權擥中丁科第五.

패에 기재된 발급날짜는 방방일과 일치하므로 이 해 문·무과의 방방은 4월 4일에 거행되었을 것으로 추정된다.

```
01  敎旨
02     成均生員 張末孫, 文科丙科第
03     三人及第出身者.
04     天順三年四月初四日
       [인문 : '科擧之印'으로 추정]
```

이 문서 또한 '교지' 양식으로 작성되었고, "문과 병과"로 급제한 내용이 기재되어 있으며, "及第出身"이라는 용어가 사용되었다. 문서에 찍힌 인문은 정확히 확인할 수 없지만, '과거지인'이 사용되었을 것이다.

## 10) 1468년 이숙황 홍패

이 문서는 1468년(세조 14) 4월 4일에 선교랑 행비안훈도 이숙황 李淑璜이 문과에 응시하여 병과 제18인으로 급제하여 받은 홍패로서 경상북도 김천에 소재한 연안이씨가에 전래되었다. 『세조실록』에 의하면 이 해 4월 3일에 이인형 등 33인이 최종적으로 문과 급제자로 선발되었고,[67] 4일에 문·무과 급제자에 대한 방방이 거행되었다.[68]

```
01  敎旨
02     宣敎郞·行比安訓導 李淑璜, 文科丙科第十八人及第出身者.
03     成化四年四月初四日
       [인문 : '科擧之印'으로 추정]
```

---

67) 『세조실록』 14년(1468) 4월 3일 기사, 取文科李仁亨等三十三人, 武擧鄭錫禧等二十八人.
68) 『세조실록』 14년(1468) 4월 4일 기사, 放文·武科牓.

이 문서는 『조선전기고문서집성-15세기편』에 문서의 내용이 수록된 것 외에 아직까지 실물이나 사진자료가 공개된 적이 없다.[69] 만약 이 문서가 원문서 상태 그대로 확인된다면, 이 문서는 1466년(세조 12) 이후 문·무과 급제의 분등이 최종적으로 갑과, 을과, 병과로 정해진[70] 이후에 작성된 사례로서 의의가 있다. 이 무렵부터 홍패의 양식이 비로소 『경국대전』 홍패식과 정확히 일치하기 시작했기 때문이다. 『경국대전』의 편찬 과정을 살펴보아도 1466년(세조 12)에 이르러 최초로 육전六典의 편찬이 완료된 사실을 확인할 수 있다.[71]

## 11) 1481년 권주 홍패

이 문서는 1481년(성종 12) 10월 11일에 성균진사 권주權柱가 문과에 응시하여 갑과 제2인으로 급제하여 받은 홍패로서 경상북도 안동에 소재한 안동권씨가에 전래되었다. 『세조실록』에 의하면 이 해 10월 2일에 윤달행 등 13인이 문과에 선발된 사실이 확인되고,[72] 11일에 문·무과 급제자에 대한 방방이 거행되었다.[73]

```
01  敎旨
02    成均進士 權柱. 文科
03    甲科第貳人及第出
04    身者.
```

69) 정구복 외, 『朝鮮前期古文書集成-15世紀篇』, 국사편찬위원회, 1997, 78~79쪽.
70) 『세조실록』 12년(1466) 5월 10일 기사, 鄭麟趾等考諸卷, 取禮曹參判姜希孟等六人. 通前牓爲四十人, 以金守溫爲甲科一人. 先是, 文科一等爲乙科, 二三等, 稱爲丙丁科. 至是, 一等稱爲甲科, 乙·丙科次之, 如中朝之制. 又命遊街, 文科用蓋, 武擧用旗.
71) 朴秉濠, 『韓國法制史攷』, 法文社, 1974, 408~411쪽.
72) 『성종실록』 12년(1481) 10월 2일 기사, 取文科尹達莘等十三人.
73) 『성종실록』 12년(1481) 10월 11일 기사, 上御仁政殿, 放文·武科牓, 仍受百官賀.

05    成化十七年十月十一日
      [科擧之印] 1顆


　권주 홍패는 조선초기 홍패 가운데 갑과가 기재된 유일한 사례이다. 앞서 언급한 바와 같이 조선 개국이후 문・무과 급제자에 대한 분등은 여러 차례 변화하였고, 문・무과 홍패에 사용된 용어를 통일시킨 이후에도 갑과는 명을 의식하여 함부로 칭하지 않았었다. 그러나 1466년(세조 12) 5월에 이르러 비로소 문・무과의 최상위 분등을 갑과라고 칭하게 되었다. 이러한 제도상의 변화과정을 거쳐『경국대전』의 홍패식이 규정된 것이다. 이 문서에도 "及第出身"이라는 용어가 사용되었고, 문서의 말미에는 '과거지인'이 안보되었다.


### 12) 1489년 손중돈 홍패

　이 문서는 1489년(성종 20) 4월 10일에 성균생원 손중돈孫仲暾이 문과에 응시하여 병과 제10인으로 합격하여 받은 홍패로서 경상북도 경주 소재 경주손씨가에 전래되었다.『성종실록』에 의하면 이해 4월 7일에 김전 등 33인이 문과에 최종 선발되었고,[74] 10일에 문・무과 급제자에 대한 방방이 거행되었다.[75]


01  教旨
02    成均生員 孫仲暾. 文科丙科第〈二〉
03    十人及第出身者.
04    弘治二年四月初十日
      [科擧之印] 1顆


---

74)『성종실록』20년(1489) 4월 7일 기사, 取文科金詮等三十三人. 詮之兄訢亦擢壯元, 時人榮之. 定山人金孝興年七十六居末第, 孝興雖老, 不衰耗, 耳目聰明, 無異壯者.

75)『성종실록』20년(1489) 4월 10일 기사, 御仁政殿, 放文武科榜. 世子率百官陳賀.

앞의 홍패들과 마찬가지로 '교지' 양식으로 작성되었고, "문과 병과"라는 내용이 기재되어 있으며, "급제출신"이라는 용어가 사용되었다. 문서의 말미에는 '과거지인'이 안보되어 있다. 이 문서는 1485년에 『경국대전』이 반행된 이후에 발급된 홍패로서 법전의 조문이 실제 문서에 적용된 정황을 확인할 수 있는 좋은 사례이다. 홍패의 외적 양식은 조선초기부터 『경국대전』에 규정된 홍패식과 큰 차이가 없다고 할 수 있지만, 실질적인 기재 내용에 있어서는 문과・무과의 표기, 갑・을・병과의 확정, 급제출신이라는 표기 등은 <1468년 이숙황 홍패>로부터 『경국대전』의 조문과 정확히 일치하고 있다.

13) 1492년 남거 홍패

이 문서는 1492년(성종 23) 9월 모일에 예차내금위 효력부위 남거南秬가 무과 별시에 응시하여 병과 제22인으로 합격하여 받은 홍패로서 경상북도 울진 소재 영양남씨 문중에 전래되었다.[76] 『성종실록』에 의하면 이 해 9월 6일에 왕이 모화관에 행차하여 무과를 시험 보여 황석건 등 33인을 선발하였고,[77] 18일에 문・무과 급제자에 대한 방방이 거행되었다.[78]

```
01  敎旨
02      預差內禁衛・效力副尉 南
03      秬. 武科別試丙科第二十
04  二人及第出身者.
```

76) 이 문서의 존재는 한국국학진흥원의 조사(『2004 일반 동산문화재 다량 소장처 실태 조사』, 울진군・한국국학진흥원, 2005)와 디지털울진문화대전(http://uljin.grandculture.net)을 통해 공개되었다.

77) 『성종실록』 23년(1492) 9월 6일 기사, 幸慕華館, 試武科, 取黃碩健等三十三人.

78) 『성종실록』 23년(1492) 9월 18일 기사, 上御仁政殿, 放文武科榜.

05    弘治五年九月 日
      [인문 : '科擧之印'으로 추정]


'교지' 양식으로 작성되었고, "무과 별시"에 합격한 사실이 기재되어 있으며, "병과", "급제출신" 등의 기재요소가 정확히 기재되어 있다. 『경국대전』의 홍패식이 무과 홍패에도 정확히 적용된 사실을 확인할 수 있다.


② 백패


1) 1447년 권징 백패


이 문서는 1447년(세종 29) 2월 18일에 유학 권징이 생원시에 응시하여 3등 제127인으로 합격하여 받은 백패로서 경상북도 안동의 흥해배씨 종가에 전래되었다. 『세종실록』에 의하면 이 해 2월 18일에 생원 탁중 등 2백인을 선발한 사실이 확인된다.[79]


      01  敎旨
      02    幼學權徵. 生員三等第一百二十七人入格者.
      03    正統十二年二月十八日
            [科擧之印] 1顆


이 백패는 현재까지 알려진 백패 가운데 발급시기가 가장 이른 것이다. 홍패는 <1401년 노혁 홍패>, <1414년 배임 홍패>, <1420년 이보정 홍패> 등의 예처럼 조선 개국초에 작성된 문서가 여러 점 알려져 있으나, 백패는 현재로서 이 문서가 가장 이른 시기의 것이

---

79) 『세종실록』29년(1447) 2월 18일 기사, 取生員卓中等二百人, 放榜于勤政門. 上不御殿, 侍臣侍衛如儀.

다. 『세종실록』에 의하면 1438년(세종 20) 3월에 이르러 생원·진사 입격자에게 패牌를 발급하자는 논의가 시작되었다.[80] 따라서 최소한 1438년(세종 20) 3월 이전에는 현재 확인되는 백패와 같은 양식의 문서는 존재하지 않았고, 세종 연간에 와서야 『경국대전』에 수록된 것과 같은 양식의 백패 양식이 제정되었음을 알 수 있다.

이 백패는 '교지' 양식으로 작성되었고, 생원 합격에 관한 내용이 한 행에 모두 기재되어 있다. 이러한 형태는 다른 백패에서도 확인된다. 1438년(세종 20) 3월 13일 실록 기사의 내용대로 문서의 형태는 홍패에 비해 세로로 긴 형태를 보이고 있다. 이것이 바로 홍패는 전폭全幅, 백패는 반폭半幅 용지를 사용하게 했다는 의미이다. 목록에 제시된 조선초기 홍패와 백패의 크기를 근거로 문서의 세로 대 가로 길이의 평균 비율을 산출해 보면, 홍패는 "1.2 : 1", 백패는 "2.2 : 1"의 비율을 보인다. 백패의 세로 길이가 가로 길이에 비해 평균적으로 2배 이상 길다. 문서의 말미에 찍힌 붉은색 인장은 '科擧之印'이다.

2) 1450년 이숭원 백패

이 문서는 1450년(문종 즉위) 9월 5일에 유학 이숭원이 생원시에 응시하여 3등 제18인으로 합격하여 받은 백패로서 전라북도 익산에 소재한 연안이씨 종중에 전래되었다. 『문종실록』에 의하면 이 해 9월 5일에 생원 홍숙부 등 1백인을 선발한 사실이 확인된다.[81]

---

80) 『세종실록』 20년(1438) 3월 13일 기사, 議政府據禮曹呈啓: "自設科擧以來, 及第賜紅牌, 用全幅, 雜科亦令有司給紅牌, 用半幅, 獨生員進士無牌. 參詳古制, 唯及第稱賜及第出身, 然生員進士於入仕之時, 實與門蔭同, 不可不給牌. 其制不可與雜科同, 宜用白紙半幅, 書曰第幾人某姓名, 又塡日月, 仍安大寶, 庶合事理." 從之.

81) 『문종실록』 즉위년(1450) 9월 5일 기사, 取生員洪叔阜等百人. 叔阜, 本無學術, 竊取古作, 偶中狀頭, 時人笑之.

01 敎旨
02　　幼學 李崇元. 生員三等第十八人入格者.
03　　景泰元年九月初五日
　　　[科擧之印] 1顆

　<1447년 권징 백패>와 같이 '교지' 양식으로 작성되었고, 본문의
내용이 한 행에 모두 기재되었으며, 문서의 말미에 '과거지인'이 선
명하게 찍혀 있다.

　3) 1451년 오극창 백패

　이 문서는 1451년(문종 1) 2월에 유학 오극창吳克昌이 생원시에
응시하여 3등 제5■인으로 합격하여 받은 백패로서 현재 서울역사
박물관에 소장중이다. 『문종실록』에 의하면 이 해 2월 10일에 생원
손순효 등 1백인을 선발한 내용이 확인되고 있어 이 문서의 발급일
은 1451년(문종 1) 2월 10일로 추정된다.82)

01 敎旨
02　　幼學 吳克昌. 生員三等第五〈十■人入格者.〉
03　　景泰二年二月〈初十日〉
　　　[科擧之印] 1顆

---

82) 『문종실록』 1년(1451) 2월 10일 기사, 取生員孫舜孝等一百人, 放榜于勤政殿庭.

<도4-5> 과거지인

<도4-6> 오극창 백패

'교지' 양식으로 작성되었고, 문서의 하단부가 결락되었지만 본문
의 내용이 한 행에 모두 기재되었다는 것을 확인할 수 있으며, '과
거지인'이 선명하다.

4) 1453년 장말손 백패

이 문서는 1453년(단종 1) 2월 12일에 성균유학 장말손이 진사시
에 응시하여 2등 제7인에 합격하여 받은 백패로서 현재 경상북도
영주에 소재한 인동장씨가에 소장중이다. 『단종실록』에 의하면 이
해 2월 10일에 진사 100인, 생원 100인을 선발하여 계문啓聞한 사
실이 확인되고,[83] 12일에 생원・진사 입격자에 대한 방방이 거행되
었다.[84]

---

83) 『단종실록』 1년(1453) 2월 10일 기사, 禮曹判書李承孫・參判鄭陟等, 取進士崔漢輔等百人・生員金
湘等百人以啓.

84) 『단종실록』 1년(1453) 2월 12일 기사, 左承旨朴仲孫・右承旨盧叔仝, 詣景福宮, 放生員・進士榜,
侍臣及三館皆侍衛.

01 敎旨
02　成均幼學 張末孫, 進士二等第七人入格者.
03　景泰四年二月十二日
　　[科擧之印] 1顆

'교지' 양식으로 작성되었고, 문서의 기재 방식 및 '과거지인'의 사용 등 모든 요소가 권징, 이숭원, 오극창 백패와 동일하다. 그런데 장말손 백패는 앞의 두 백패가 생원시 입격에 대한 백패인 것과 달리 진사시 입격에 대한 백패라는 차이가 있다. 조선이 개국한 후 『경국대전』에 규정된 생원시와 진사시 제도가 정립되기까지는 수차례 제도의 폐지와 복설이 반복되었다. 특히 진사시는 폐지와 복설 과정을 반복하다가 1453년, 즉 단종 연간에 이르러서야 지속적인 시행이 확정된다.[85]

## 5) 1453년 손소 백패

이 문서는 1453년(단종 1) 2월 12일에 손소가 생원시에 응시하여 3등 제17인에 합격하여 받은 백패로서 경상북도 경주에 소재한 경주손씨가에 전래되었다. 앞의 장말손 백패에서 확인한 바와 같이 1453년(단종 1) 2월 10일에 진사 100인, 생원 100인을 선발하여 계문한 뒤 12일에 생원·진사 입격자에 대한 방방이 거행되었다.

01 〈敎旨〉
02　〈幼學〉孫昭, 生員三等第十七人入格者.
03　景泰四年二月十二日
　　[인문 : '科擧之印'으로 추정]

85) 조좌호, 앞의 책, 170~177쪽; 崔珍玉, 『朝鮮時代 生員進士 硏究』, 집문당, 1998, 31~33쪽.
　　『단종실록』 즉위년(1452) 12월 26일 기사, 議政府據禮曹呈啓: "今復立進士試, 請依甲子年例, 漢城試取二百人, 京圻七十人, 忠淸·全羅道各七十五人, 慶尙道一百人, 江原·黃海·咸吉道各四十五人, 平安道六十人, 會試一百人, 其擧子分所及試取時, 詩賦等第分數, 亦依生員試例." 從之.

이 문서는 전래과정에서 문서의 상단부를 비롯하여 문서 전반이 훼손되었다. 만약 이 문서가 경주손씨가에 그대로 전래되지 않았다면 인물 고증이 어려웠을 것이고, 보인이 찍혀 있는 부분도 손상을 입었기 때문에 진본으로 확증하기에 무리가 있었을 것이다. 그러나 경주손씨가에 전래되어 온 여타 문서들의 존재를 통해 미루어 보건대 이 문서는 당시에 발급된 원본으로 판단된다.

### 6) 1483년 손중돈 백패

이 문서는 1483년(성종 14) 2월 25일에 효력부위 손중돈이 생원시에 응시하여 2등 제20인에 합격하여 받은 백패로서 경상북도 경주에 소재한 경주손씨가에 전래되었다. 『성종실록』에 의하면 이 해 2월 25일에 인정전에서 생원·진사에 대한 방방이 거행되었다.[86]

```
01 敎旨
02    效力副尉 孫〈仲〉暾, 生員二等
03    第二十人入格者.
04    成化十九年〈二月〉十二五日
       [科擧之印] 1顆
```

앞의 손소 백패와 더불어 경주손씨가에 전래된 문서이다. 앞서 살펴본 백패들과 같이 '교지' 양식으로 작성되었고, '과거지인'이 안보이었다. 앞의 백패들과 한 가지 차이가 있다면 본문의 내용이 2행으로 기재되어 있다는 점이다. 손중돈 백패가 발급된 시기는 『경국대전』 체제가 거의 확정된 단계였고, 조선시대 백패는 『경국대전』

---

86) 『단종실록』 1년(1453) 2월 12일 기사, 左承旨朴仲孫·右承旨盧叔仝, 詣景福宮, 放生員·進士榜, 侍臣及三館皆侍衛.

체제 성립 이전부터의 문서식이 조선후기까지 그대로 유지된 사실을 알 수 있다.


## 4. 문서 양식의 변화와 의의

### 4.1 문서 양식의 변화

① 홍패

이상에서 살펴본 고려말 조선초의 홍패를 근거로 홍패 양식의 변화를 살펴보고자 한다. 먼저 고려말의 '왕명준사' 양식의 홍패식을 복원하면 아래와 같다.


<pre>
            准
    王命        某職某
            賜
                某科及第或出身者
                年 月 日
            同知貢擧 具官 姓(押)
          知貢擧 具官 姓(押)
                [官印]
</pre>


조선초기 홍패식은 『경국대전』의 홍패식으로 정립되기까지 시기별로 약간의 차이가 있으므로 한 가지 문서식으로 정형화할 수 없다. 따라서 『경국대전』홍패식의 표기방식에 맞추어 시기별 홍패식을 추정해 보면 다음과 같다.

<표4-1> 조선초 홍패식의 변천

| 조선 개국초 | 1420년 전후 |
|---|---|
| 王旨<br>　具官某某科(稱乙丙同進士)第幾人及第(同進士則出身)者<br>　年　月　日<br>　[寶] | 【문과】<br>王旨<br>　具官某某科(稱乙丙同進士)第幾人及第出身(同進士則出身)者<br>　年[寶] 月　日<br><br>【무과】<br>王旨<br>　具官某武科幾等(稱一二三)第幾人及第出身者<br>　年[寶] 月　日 |

| 1436년 이후 | 1466년 이후 |
|---|---|
| 教旨<br>　具官某文科(武科則稱武科)某科(稱乙丙丁)第幾人及第(丁科則出身)者<br>　年[寶] 月　日 | 教旨<br>　具官某文科(武科則稱武科)某科(稱甲乙丙)第幾人及第出身者<br>　年[寶] 月　日 |

| 1485년 『경국대전』 홍패식 |
|---|
| 教旨<br>　具官某文科(武科則稱武科)某科(稱甲乙丙)第幾人及第出身者<br>　年[寶] 月　日 |

② 백패

다음으로 백패 양식의 변화를 살펴보고자 한다. 앞서 검토한 바대로 생원시와 진사시 입격자에게 백패를 발급하게 된 것은 1438년(세종 20) 이후의 일이었고, 생원·진사시 입격자에 대한 백패식은 다음과 같다.

| 1438년 이후 | 1485년 『경국대전』 백패식 |
|---|---|
| 敎旨<br>　具官某生員(進士則稱進士)幾等第幾人入格者<br>　年[寶] 月 日 | 敎旨<br>　具官某生員(進士則稱進士)幾等第幾人入格者<br>　年[寶] 月 日 |

→

　　생원·진사시 입격자에 대한 백패식은 첫 시행단계로부터 『경국
대전』 백패식이 확정될 때까지 변화가 없었던 것으로 추정된다. 추
가로 조선초 잡과雜科 백패에 대하여 살펴볼 필요가 있다. 잡과의
경우는 잡과홍패를 발급하였다는 내용이 실록에 여러 번 기재되어
있고, 문서 양식을 추정할 근거도 있다. 『태조실록』의 기사를 근거
로 조선초 사역원에서 발급한 잡과홍패의 양식을 복원하면 다음과
같다.87)


　　　　司譯院敬奉
　　　王旨
　　　　某人可賜通事第幾科幾人出身者
　　　　年印月上
　　　　提調以下具銜署名


　　이렇듯 잡과홍패는 조선초부터 독자적인 양식으로 작성되다가
『경국대전』의 잡과백패식으로 정착되었다. 그러나 현재까지 조선초
기 잡과홍패 또는 잡과백패는 발견되지 않았다.88)

---

87) 『태조실록』 3년(1394) 11월 19일 기사, 司譯院提調偰長壽等上書言: 臣等竊聞, (생략) 一, 考試中選
　　者, 人給紅牌. 一, 通上寫 "司譯院敬奉王旨, 某人可賜通事第幾科幾人出身者." 年月上, 行使本院印
　　信, 提調以下具銜署名. 下都評議使司, 擬議施行.

88) 조선초기 잡과백패가 남아 있지 않기 때문에 본고에서 구체적으로 다루지 못하지만, 조선초기 잡
　　과 합격자에게 발급한 문서는 결과적으로 관인을 찍어 발급하는 백패식으로 유지되었고, 생원·진사
　　시 합격자에게 발급한 문서는 보인을 찍어 발급하는 백패식으로 정착되었다. 이는 기본적으로 신
　　분제에 기인한 차별적 제도화의 결과로 판단된다.

## 4.2 인장 사용의 변화

필자는 고려말의 '왕명준사' 양식의 홍패를 검토하면서 고려말의
홍패에는 관인이 사용되었을 것으로 추정하였다. 그러나 해당 인장
의 인문은 정확히 밝혀내지 못하였다. 이와 달리 <1389년 최광지
홍패>와 조선초의 홍패·백패에는 보인이 사용되었고, 시기별로 사
용한 보인이 달랐다. 조선초기부터 과거의 경우는 교서, 고신 등과

구별하여 별도의 보인을 제작하여 사용하는 방향으로 제도화되었기 때문에 조선초기의 여타 왕명문서에 사용된 보인의 변화 양상보다는 변화가 심하지 않은 편이다. 세종 연간까지는 문서 종류별 구별 없이 모든 왕명문서에 동일한 보인을 사용하였다. <1401년 노혁 홍패>에서 확인되듯이 초기에는 '조선왕보'가 사용되었고, 태종 연간 이후에는 명으로부터 사여 받은 '조선국왕지인'이 사용되었을 것으로 추정되며, 1433년(세종 15)부터는 '국왕신보'가 사용되었다가 1443년 (세종 25)에 '과거지인'이 제작된 이후부터 인조 연간까지 '과거지인' 이 지속적으로 사용되었다.

<표4-4> 고려말 조선초 홍패·백패에 사용된 보인

| 보인 | 사용시기 | 문서 |
|------|---------|------|
| 高麗國王之印 | 1370년 이후 ~ | 1389년 최광지 홍패 |
| 朝鮮王寶 | 1393년 3월 이후 ~ | 1401년 노혁 홍패 |
| 朝鮮國王之印 | 1401년 6월 이후~ | 1420년 이보정 홍패 |
| 國王信寶 | 1433년 3월 이후 ~ | 1435년 이임 홍패 ~ 1441년 권항 홍패 |
| 科擧之印 | 1443년 10월 이후 ~ | 1444년 정종 홍패 등, 1450년 이승원 백패 등 |

## 4.3 문서양식 변화의 의의

고려말의 홍패는 '왕명준사'로 시작하여 문서의 말미에 해당 과거 에서 지공거와 동지공거를 맡았던 관원의 관직명, 성, 서명이 기재 되는 양식을 갖추고 있었다. 이러한 홍패 양식은 고려 왕조가 막을 내려가던 시기와 조선초에 이르러 '왕지'와 '교지' 양식으로 바뀌어 간략화 되었다. 홍패 양식이 '왕명준사'에서 '왕지' 또는 '교지' 양식으로 변화한 것은 단순히 외적 형태의 변화만을 나타내는 것이 아니라, 문서의 위상 변화를 나타낸 것이다. '왕명준사', 곧 조선시대의 '봉교사' 양식에 해당하는 문서 양식은 관사에서 왕명을 받들어 관인을 찍어 발급한 문서였고, '왕지' 또는 '교지' 양식의 문서는 왕명을 직접적으로 문서화하여 보인을 찍어 발급한 문서였다.

백패의 경우는 조선초에 정립된 생원·진사시 입격에 대한 문서로서 1438년(세종 20) 이후에 그 양식이 제정되었고, 이 또한 홍패와 같이 '교지' 양식으로 발급되었다. 이와는 달리 잡과에 대한 문서는 조선 개국초에는 '경봉왕지' 양식으로 작성되었고 '잡과홍패'로 지칭되었다. 이 양식은 고려말의 '왕명준사' 양식의 연장선상에 있는 양식이다. 이후 조선초의 잡과홍패는 『경국대전』에서 '잡과백패'로 정립되었다. 결과적으로 고려말의 '왕명준사' 홍패 양식은 양식론적으로는 조선의 잡과백패로 이어졌다고 볼 수 있다.

이렇듯 고려말 조선초의 홍패와 백패의 양식은 고문서의 양식 변화 과정을 살펴볼 수 있는 중요한 근거이자 조선초기 과거제에 대한 실증적인 사료가 된다. 지공거와 동지공거에 대한 기재사항을 삭제하면서 고려시대 이래 관행적으로 이어져 온 좌주·문생제도에 대한 개혁의지를 표명한 것으로 판단되고, 홍패와 백패를 '왕지' 및 '교지' 양식의 문서로 격상하면서 관료의 선발에 대한 왕권 행사 의지를 직접적으로 나타낸 것으로 보인다.


## 5. 맺음말

이상에서 현재까지 전하고 있는 고려말 조선초의 홍패 및 백패를 근거로 문서에 대한 개별 검토, 문서 양식의 변화와 그 의의에 대하여 살펴보았다. 고려말 조선초에 발급된 홍패와 백패의 양식에 대한 검토를 통해 조선시대 『경국대전』의 문서식이 정립되기까지의 문서 양식 변화 과정을 고찰할 수 있었고, 아울러 당시 정치 및 제도 변화의 일면까지 살펴볼 수 있었다.

문서 양식을 면밀히 검토하는 과정에서 고려말의 홍패는 관사에서 왕명을 수명하여 발급한 문서였으나, 조선 개국 몇 해 전부터 '왕지' 양식의 직접적인 왕명문서로 바뀌었음을 확인하였다. 그리고 조선시대의 백패는 1438년(세종 20) 이후에 처음 등장하여 해당 양식이 지속적으로 유지된 사실도 확인하였다.

마지막으로 향후 고려말 '왕명준사' 양식으로 작성된 홍패 이전에 발급된 문서에 대한 문서사적 고찰이 면밀하게 이루어져야 함을 강조하고자 한다. 지금으로서는 <1205년(희종 1) 장량수 홍패> 외에는 확인되는 문서가 없지만, 이 문서를 포함한 고려시대 홍패에 대한 보다 진전된 논의가 이루어져야 한다.

제5장

고려말 조선초의 사패

# 1. 머리말

사패賜牌는 글자의 뜻을 그대로 풀어보면 '사여賜與하는 패牌' 또는 '패를 사여하다'라는 의미를 가진다. 그러나 『고려사』나 『조선왕조실록』등의 편년사 자료에서 사용된 용례를 살펴보면 대부분 '왕이 토지나 노비를 사여하다'라는 의미의 서술어로 사용되고 있다. 즉 '사패'라는 용어 자체가 '사패하다'라는 서술어 내지 '사패한 ○○'라는 관형어로서 쓰였다. 이에 따라 선행연구에서도 '사패'라는 문서에 대한 직접적인 연구보다는 '사패전賜牌田'을 대상으로 한 제도사적 연구가 주로 이루어졌다.[1] 이렇듯 역사학계에서는 토지제도의 변화와 그에 따른 정치·경제사적 연구 주제로서 '사패전'이 다루어졌을 뿐 문서로 존재하는 사패에 대한 직접적인 연구는 거의 이루어지지 않았다.

앞서 살펴본 바와 같이 '사패'라는 용어가 '사패하다'라는 서술어적 용법 내지 '사패한 ○○'라는 관형어적 용법으로 주로 사용되었더라도 이 용어의 근원은 문서에서 찾아야 한다. '사패하다'라는 행위는 결국 그것을 증빙하는 문서의 발급에서 비롯되었기 때문이다. 그런데 문서로서의 사패도 크게 두 가지로 나누어 살펴볼 필요가 있다. 하나는 이 장에서 다루고자 하는 조선시대 법전에 명시된 향리의 면역免役 또는 노비·토전을 사여할 때 발급한 문서의 경우이고, 다른 하나는 문헌자료에서 홍패, 백패, 공패 등의 각종 패를 사여한 경우에 "사패賜牌"라고 표기한 경우이다. 넓은 의미에서는 두

---

1) 이숙경, 『고려말 조선초 사패전 연구』, 2007, 일조각; 「조선초기 賜牌田의 확대와 전제의 변화」, 『韓國史學報』11, 2001; 「고려말 開墾賜牌田의 분급과 개간정책」, 『實學思想研究』15·16합집, 2000; 「고려말 冒受賜牌田과 兼幷」, 『實學思想研究』10·11합집, 1999; 「高麗後期 賜牌田의 분급과 그 변화」, 『國史館論叢』49, 1993. 이상의 연구는 '사패전'이라는 용어를 사용하였다는 점에서 주목되지만, 이미 공신전, 사급전 등에 관한 선행연구와 맥락을 같이 한다.

경우 모두 '왕이 사여한 패'라는 측면에서 사패라고 할 수 있다. 그러나 홍패, 백패 등의 문서와는 확연히 구분되는 문서이므로 '왕이 사여한 패'라는 포괄적인 범주가 아닌 특정 문서를 지칭하는 협의의 정의를 적용할 필요가 있다.

조선초기 특정 문서로서의 사패는 『경국대전』 예전禮典에 수록된 '사패식賜牌式'이 중요한 근거가 된다.[2] 이 법전의 규정을 근거로 하면 사패는 '왕이 향리의 역을 면제하거나 노비 및 토전을 사여할 때 발급한 문서'로 정의할 수 있다. 이를 좀 더 구체적으로 표현하면 사패는 왕이 발급의 주체가 되고, 향리의 면역이나 노비·토전 등을 사여하는 용도로 쓰였으며, 최종적으로 보인寶印이 날인되어 발급된 문서였다.

## 2. 고려말 조선초의 사패 발급 제도

왕명으로 면역 또는 노비·토전 등을 사여할 때 별도의 사패 문서를 발급한 제도가 한국사에서 정확히 어느 시기부터 행해졌는지는 알 수 없다. 다만 조선초기에 편찬된 『고려사』에는 사패전에 대한 기사가 여러 건 수록되어 있어 고려시대에도 토지를 사여한 제도가 있었고, 이 때 문서를 함께 발급했을 가능성이 높다.

> 첨의부가 말하기를, "공주의 겁령구 및 내료가 좋은 땅을 넓게 차지하여 산천으로써 그 경계를 표지하고, 사패를 많이 받아 조세를 바치지 아니하니 원하건대 사패를 회수하여 주십시오."라고 하니 허락하지 않았다.[3]

---

2) 『經國大典』「禮典」鄉吏免役賜牌式, 奴婢土田賜牌式.

3) 『고려사』世家 卷28, 忠烈王 3년 2월 己巳조, 僉議府言, "公主怯怜口及內僚, 廣占良田, 標以山川, 多受賜牌, 不納租稅, 請還賜牌." 不聽.

충렬왕11년 3월에 늡를 내리기를, "제왕 재추 및 호종신료와 제궁원사사가 곤전閑田을 망점望占한 것을 국가도 또한 농업을 힘쓰고 곡穀을 중히 여기는 뜻에서 사패를 주었던 것이다. 그러나 사패를 빙자하여 비록 주인이 있고 전적田籍에 올라 있는 전토라 할지라도 아울러 다 이를 빼앗아 그 폐가 적지 않으니 사람을 가려 보내어 사실을 철저히 가려내어 무릇 사패한 것 가운데 전적에 오른 것은 기진起陳을 물론하고 본주가 있으면 모두 환급케 할 것이며, 또한 본래는 비록 한전이었으나 백성이 이미 일찍이 개간한 것은 아울러 이를 탈점奪占함을 금하라."고 하였다.4)

(충숙왕)12년 10월에 하교하기를,
"권세가가 남의 토전을 빼앗아 토전은 세기勢家에 속하고 세는 그대로 본주에게 받으니 심히 백성의 해가 되는지라 지금으로부터 사전賜田을 받음은 비록 공신이라 할지라도 100결을 넘지 말게 할 것이니 식목도감은 조사하여 사패하고 그 나머지 수를 깎으라."고 하였다."5)

그러나 고려시대에도 『경국대전』체제에서 정립된 것과 같은 형태의 사패가 존재했을지는 의문이다. 고려시대의 공신문서에 노비와 토지 등에 대한 사여 내용이 기재된 사실은 전사본 형태로 남아있는 몇 건의 공신문서에서 확인할 수 있으나 실물로 전하고 있는 사패 문서는 아직까지 발견되지 않았기 때문에 고려시대 사패 문서의 존재 여부에 대하여는 확언할 수 없다.6)

그렇다면 조선 개국초기에는 사패가 독자적인 문서로 발급되었을까? 조선왕조실록에는 공신들에게 공신교서, 녹권과 더불어 사패를 함께 발급하였다는 기사가 수록되어 있고, 또 특정 인물에게 발급한 사패의 본문 내용을 옮겨 적어 놓은 경우가 보인다.

4) 『高麗史』志 卷32, 食貨 一, 田制, 經理조, 忠烈王十一年三月, 下旨, "諸王・宰樞・及扈從臣僚, 諸宮院・寺社, 旱占閑田, 國家亦以務農重穀之意, 賜牌. 然憑藉賜牌, 雖有主付籍之田, 並皆奪之, 其弊不貲, 擇人差遣, 窮推辨覈. 凡賜牌付田, 起陳勿論, 苟有本主, 皆令還給. 且本雖閑田, 百姓已曾開墾, 則並禁奪占.

5) 『高麗史』志 卷32, 食貨 一, 田制, 功蔭田柴조, (忠肅王)十二年十月 下敎, "權勢之家, 奪人土田, 田屬勢家, 稅仍本主, 甚爲民害. 自今, 受賜田, 雖功臣, 毋得過百結, 式目都監, 考覈賜牌, 削其贏數.

6) 노명호 외, 『韓國古代中世古文書硏究』(上), 서울대학교출판부, 2000, 22~34쪽.

① 宴佐命功臣于北亭. 召義安大君和等四十七人, 手授教書錄券及**賜牌**.[7]

② 賜倭醫平原海奴婢二口. 其**賜牌**曰 : 爾乃慕義來投, 自予潛邸, 以至于今, 不離予側, (胗侯) [診候]劑藥, 日加謹愼, 未嘗少怠. 且國人有疾, 隨卽醫療, 頗有其效, 功勞可賞.[8]

③ 賜藝文館提學卞季良田二十結. 其**賜牌**曰 : "予於丁亥四月, 親試儒臣, 第其高下, 取十人焉. 卿擢居乙科第一人, 予嘉乃才, 賜田二十結·奴一·婢一, 卿其子孫相傳." 第二人以下, 皆受牌, 田數有差. 此田與奴婢, 當初擢第時已賜矣, 厥後凡例賜田還收, 故有是命也.[9]

④ 辛酉/各司奴婢刷卷色上疏 : …(생략)… 一, 功臣受賜奴婢**賜牌**內, 不許子孫相傳, 則身後竝令還屬, 賜牌內雖許子孫相傳, 若無子孫身歿, 則亦令還屬.[10]

⑤ 賜平安道監司趙瑞安·刑曹參判安完慶等, 奴婢及田, 其**賜牌**曰 : "王世子冕服, 曾已奏請, 未得蒙賜, 卿等, 承先王之命, 赴京奏請, 得蒙兪允, 齎奉勑諭及冕服以還, 予嘉乃功, 今將奴婢竝三口·田三十結, 賜卿等以賞之, 可傳永世." 完慶, 外飾春溫, 內懷狐巧, 偏毀譽多淫欲, 入家則常脫裙弄妾.[11]

---

7) 『태종실록』1년(1401) 2월 25일 기사.

8) 『태종실록』3년(1403) 5월 11일 기사.

9) 『태종실록』11년(1411) 9월 27일 기사.

10) 『태종실록』17년(1417) 윤5월 6일 기사.

11) 『태종실록』즉위년(1450) 9월 21일 기사.

①에는 1401년(태종 1) 2월 25일에 좌명공신들을 위하여 연회를 베푼 자리에서 의안대군 등 47인에게 공신교서, 녹권, 그리고 사패를 발급한 사실이 기재되어 있다. 조선초기에는 정훈공신에게 공신교서와 녹권을 모두 발급하였다.[12] 이와 아울러 노비와 토지를 사여한다는 내용을 담은 사패를 별도로 발급한 사실을 확인할 수 있다. ②·③·⑤는 각각 평원해, 변계량, 조서안, 안완경 등에게 발급한 사패의 본문 내용을 옮겨 놓은 경우이다. ④의 경우는 사패의 본문 가운데 '(사여받은 노비나 토지를) 자손에게까지 이어 전하는 것[子孫相傳]'을 허용하는 사안에 대한 당시의 쟁론 과정의 일면을 보여 주는 기사이다. 이상의 실록 기사는 모두 태종대의 기사이고, 문서로서의 사패를 직접적으로 거론한 대표적인 사례이다.

다음으로 실록에 수록된 기사 외에 조선 건국이후 『경국대전』의 사패식이 적용되기 이전 시기에 발급된 실물로 전해지고 있는 사패에 대하여 살펴보자. 현재까지 고문서 형태로 확인되는 조선초기 사패는 모두 6점이다. 1392년(태조 1) 태조가 진안군 방우에게 발급한 문서로부터 1458년(세조 4) 세조가 이징석에게 발급한 문서까지 6점으로 파악된다.

이 시기의 사패는 아직까지 사패의 작성에 관한 엄격한 법식이 정립되기 이전에 작성된 것이기 때문에 용어, 서식 등이 서로 엄격하게 일치되지는 않으나 어느 정도 체제의 공통점을 가지고 있기 때문에 『경국대전』의 법식이 정착되기 이전에도 사패 작성에 대한 소정의 문서식이 있었고, 이에 따라 사패가 작성되었을 것으로 추정된다.

『경국대전』 예전에서 법제화된 조선시대 사패식은 아래와 같다.

---

12) 정구복 외, 『朝鮮前期古文書集成-15世紀篇』, 국사편찬위원회, 1997, 85쪽.

【鄕吏免役賜牌式】

敎旨

　　惟爾某道某邑鄕吏某有某功　特命爾

　　免役　以及永世者

　　年　月　日

　　　寶

【奴婢土田賜牌式】

敎旨

　　惟爾某　有某功　將臧獲幾口土田幾結

　　特賜賞爾　可傳永世者

　　(只賜己身則可傳永世者　改爾其受之)

　　年　月　日

　　　寶

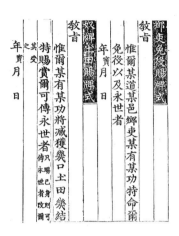

　　이 사패식은 조선후기까지 그대로 준용되었다. 그러나 조선초기 사패는 그 작성 방식이 『경국대전』의 사패식과는 차이를 보이고 있다. 문서의 기두가 "賜" 또는 "王旨"로 시작되는 점, 문서에 이두吏讀가 사용된 점, 문서의 말미에 왕명을 받든 도승지나 지신사의 관직명과 서명이 기재된 점 등이 대표적인 예이다. 그러나 이러한 특징은 『경국대전』 사패식과 약간의 차이를 보일 뿐 전체적인 체제는 『경국대전』 사패식이 정립되어 가는 과정을 유추할 수 있게 해주는 중요한 단서를 제공하고 있다.

## 3. 조선초 사패의 현황과 문서 검토

### 3.1 전존 문서 현황

조선 개국후 『경국대전』체제가 확립된 시기에 작성된 사패 가운데 현재까지 알려진 문서 현황은 다음과 같다.

<표 5-1> 조선초 사패의 전존 현황

| 연번 | 발급연도 | 발급월일 | 수취자 | 크기(cm) | 비고 |
|---|---|---|---|---|---|
| 1 | 1392년(태조1) | 8월 일 | 李芳雨 | 63.9×101.4[13] | 유리필름 |
| 2 | 1399년(정종1) | 2월 8일 | 趙溫 | 82.4×80.7 | |
| 3 | 1401년(태종1) | 3월 일 | 曹恰 | 80.0×71.7 | |
| 4 | 1433년(세종15) | 6월 27일 | 李澄石 | 80.4×85.7 | |
| 5 | 1458년(세조4) | 4월 20일 | 李澄石 | 73.0×83.2 | |
| 6 | 미상 | 미상 | 李澄石 | 24.5×60.0 | |

1392년(태조1) 8월에 태조가 진안군 방우芳雨에게 발급한 문서는 이제까지 대체로 태조가 아들 방우에게 작성해 준 분재문서로 다루어졌으나,[14] 필자는 이 문서를 문서 양식상 사패의 범주에서 다루어야 한다고 판단한다. 이 외에 1399년(정종 1) 조온에게 발급된 사패, 1401년(태종 1) 조흡에게 발급된 사패, 1433년(세종 15)·1458년(세조 4)·미상연도에 각각 이징석에게 발급된 사패까지 총 6점이 알려져 있다.

---

13) 『朝鮮史料集眞』에는 일제시대에 측정한 측정치가 "2尺 1寸 3分×3尺 3寸 8分"로 기재되어 있다. 일제시대의 曲尺은 대략 1척을 30.3cm, 1촌을 3cm, 1푼을 0.3cm로 환산하였다.

14) 이영훈,「太祖賜給芳雨土地文書」,『古文書研究』1, 1991, 1쪽, "1392년 8월에 조선 이태조가 장자인 진안군 방우에게 삭방도·함주·고주에 소재한 토지를 허여할 때 작성된 분재기의 일종이다." ; 노명호 외, 앞의 책(上), 134쪽, "승지를 명기한 점에서는 賜牌와 유사하나 대상토지가 '조상전래 전답'이며 왕이 직접 수결하고 있다는 점에서는 민간의 別給文記와 유사하여 문서의 성격을 단정하기 어렵다"

## 3.2 개별 문서에 대한 검토

### 1) 1392년 진안군 방우 사패

이 문서는 일제시대에 촬영된 도판을 제외하고는 현재까지 그 소장처가 알려져 있지 않다. 따라서 이 문서에 대한 제반 선행연구도 도판을 근거로 이루어졌다. 이 문서의 성격에 대하여는 일제시대 일본학자의 연구로부터 최근 한국 학자들에 이르기까지 대부분 태조 이성계의 분재문서로 거론되었으며, 주로 토지 경작 방식에 대한 구명에 집중하였다. 이에 따라 이 문서에 기재된 "田出", "收齊", "作介" 등의 용어에 대한 의미 해명이 주목을 받았다.[15]

그러나 필자는 이 문서의 성격을 태조 이성계가 아버지의 자격으로 아들에게 작성해준 분재문서류로 보기보다는 국왕으로서 장남 진안군 방우에게 부조전래父祖傳來의 전답을 사급하는 과정에서 작성된 사패로 보는 것이 타당하다고 생각한다. 왜냐하면 이 문서는 엄연히 중추원 도승지인 안경공安景恭이 왕명을 받들어 발급하는 형식을 취하고 있고, 문서의 기두에도 왕이 사여한다는 의미의 "賜" 자가 사용된 점 등을 고려할 때 단순히 아버지가 아들에게 사적인 분재를 행하는 것이 아니라 왕인 아버지가 아들 진안군에게 전답을 사급하는 사패 문서로 판단되기 때문이다. 이는 태조가 조선을 개국한 1392년(태조 1) 8월 자신의 아들들을 군君으로 봉한 시기와도 일치하며,[16] 왕좌에서 물러난 1401년(태종 1) 숙신옹주 며치旀致에

---

15) 小田省吾, 「李朝太祖の親製親筆と稱せらる古文書に就いて」, 『靑丘學叢』第十七號, 1934, 198~200쪽; 旗田巍, 「新羅・高麗の田畬」, 『朝鮮中世社會史の硏究』, 1972, 196~200쪽; 이영훈, 앞의 논문.

16) 『태조실록』1년(1392) 8월 7일 기사, "封王子諸君: 芳雨曰鎭安君; 【上王舊諱】曰永安君, 爲義興親軍衛節制使; 芳毅曰益安君; 芳幹曰懷安君; 【今上諱】曰靖安君; 庶子芳蕃曰撫安君, 爲義興親軍衛節制使; 駙馬李濟曰興安君, 爲義興親軍衛節制使; 庶兄元桂子良祐曰寧安君."

게 작성해 준 문서와 형식적인 면에서 확연한 차이를 보이고 있기 때문이다.[17)]

그렇다면 이 문서를 <1392년 진안군 방우 사패>라는 관점에서 문서의 양식을 중심으로 그 특징을 검토해 보겠다.

```
01  賜 子·鎭安君 方雨,
02  父祖傳來田畓等乙良. 各村各庫員伏. 四標內. 日耕數爻乙用良. 子孫傳
03  持鎭長喫持是乎矣. 此亦中. 朔方道叱段. 田出收齊爲臥乎所無去有等以.
04  奴屬以. 作介耕作爲於. 標內作介■■乙良. ■…■陳損乙用良. 其
05  界例以. 稅捧上喫持是乃敎.
06  洪武貳拾伍年 捌月 日. 中樞院·都承旨 安 景恭 次知
07  安印

08  王 (押)

09 後
10 高州地 沙朴只員伏
11    田柒日耕
12    畓柒石落只 東道 南西禿豆等 北渠
13 咸州地 厚籠耳員伏
14    田壹朔貳拾伍日耕
15    畓貳拾石落只 東化尙廻安山 南大海 西河大山 北仇只餘於古介

16 已上田貳朔貳日耕
17    畓貳拾柒石落
      [行信之印] 4顆
```

01행에 기재된 "賜 子鎭安君 方雨"는 '賜+수취자'의 형식으로서 이후에 작성된 사패에서도 동일하게 나타나는 형식이다.

02행부터 05행까지는 전답을 사급해 주는 구체적인 내용이 기재

---

17) 1401(태종 1) 왕위에서 물러난 이성계가 숙신옹주 며치에게 작성해 준 문서는 일반 분재문서의 작성 방식을 취하고 있어 당시에도 사패와 분재문서는 엄밀히 구별되었음을 짐작할 수 있다.

되어 있다. 문장에 이두가 사용되었으며, 마지막 문구는 "是乃教"로 끝을 맺고 있다. <1399년 조온 사패>에는 "是良於爲教", <1433년 이징석 사패>에는 "是良如教"라고 기재되어 있는데 이 부분은 국어학적으로 보다 정밀한 검토가 필요하다.

06행과 07행에는 문서발급 연월일과 왕명을 받들어 시행한 담당 관원의 성명이 기재되어 있다. 작성 연월일에 기재된 숫자는 "貳, 拾, 伍, 捌"과 같이 갖은자로 표기되었다. 이어 "中樞院 都承旨 安景恭 次知安印"을 기재하였는데, 이는 "중추원 도승지 안경공이 사패를 발급하는 일의 담당 승지로서 왕의 인장을 찍음"이라는 의미이다. 안경공(1347~1421)은 고려말에 관직에 나아간 이후 이성계가 조선을 개국하기까지 중요한 역할을 하였고, 개국을 공식적으로 선포하는 순간에 도승지로서 태조의 즉위교서를 읽는 등 개국 초기 도승지로서 태조를 보좌한 사실이 『태조실록』에서 여러차례 확인된다.[18] "次知"는 우리 고유어로서 '담당하다'라는 의미를 가지고 있으며,[19] "安印"은 문서에 왕의 인장을 찍는 행위를 말한다.

09행 이하는 모두 후록後錄 부분으로서 태조가 진안군 방우에게 사급한 전답의 현황이 구체적으로 기재되어 있다.

지금부터는 문서 양식론의 측면에서 주목할 만한 특징을 몇 가지 살펴보고자 한다.

첫째, 01행에 기재된 방식은 이후에 발급된 사패와 공통점을 가지고 있으면서도 약간의 차이점을 보이고 있다. 문서의 시작을 "賜" 한 글자로 시작하고 있고, 수취자의 인적 사항이 연이어 기재되어

---

18) 『태조실록』1년(1392) 7월 28일 기사 참조. 이후 안경공은 1393년(태조2) 2월 11일에 '사헌부대사헌 검도평의사사'에 제수되기까지 도승지 자리를 유지한 것으로 확인된다.

19) 朴秉濠, 『韓國法制史攷』, 法文社, 1974, 208~216쪽. 박병호는 『大明律直解』의 용례를 근거로 '次知'는 '當該', '管', '主', '提調'와 같은 의미라고 밝혔다. 특히 이 문서에 사용된 '…安景恭次知安印'의 '차지'는 '擔當主管'의 의미로 풀이하였다.

있다. "賜"라고 기재된 사패는 <1401년 조흡 사패>와 <1433년 이징석 사패>에서도 확인할 수 있다. 그러나 조온 사패, 조흡 사패, 이징석 사패에서는 "王旨", "賜", "敎旨"라는 용어를 쓴 다음에 행을 바꾸어서 수취자의 관직명과 성명이 기재되어 있는 것에 반해 진안군 방우 사패에서는 행을 바꾸지 않고 연이어 수취자의 인적 사항이 기재되어 있다.

둘째, 06~07행에 기재된 "중추원 도승지 안경공 차지 안인" 또한 이후의 사패와 비교할 부분이 있다. 이후의 사패에서는 사패 발급 연월일 다음에 "伏奉王旨 安印", "伏奉敎旨"라고 적은 다음 행을 바꾸어서 담당 도승지 또는 지신사의 관직명, 성명, 착명着名이 순서대로 기재되어 있고, 『경국대전』의 사패식에서는 담당 관원에 대한 기재사항을 적지 않는 것으로 정해졌다. 이것은 『경국대전』의 사패식이 확정되기 전까지의 사패식의 변화를 살펴볼 수 있는 중요한 부분 가운데 하나이다.

셋째, 이 문서에 찍혀 있는 '行信之印'의 의미를 검토해 보아야 한다. 이 문서에는 총 4군데에 '행신지인'이 찍혀 있다. 몇몇 선행 연구에 의해 조선 개국초에 '고려국왕지인'과 '조선왕보'가 왕의 보인寶印으로 사용된 사실이 확인되었다.[20] '고려국왕지인'의 경우는 조선이 개국했음에도 불구하고 명으로부터 새로운 보인을 사여받기 전까지 폐기할 수 없었고, 현재까지 남아 있는 자료 가운데서는 1392년(태조 1) 10월 이제李濟에게 발급된 개국공신교서에 사용된 사례가 확인되었다. 그렇다면 1392년 8월에 작성된 진안군 방우 사패에 사용된 '행신지인'은 어떻게 이해해야 할까? '행신行信'이라는 문구는 私印으로 사용된 것으로 보기에는 무리가 있고, 조선 개국초에 임시

---

20) 川西裕也,「朝鮮初期における官教文書樣式の變遷」,『朝鮮學報』, 2007; 박성호,「조선초기 功臣教書의 文書史的 의의 검토」,『전북사학』36, 2010, 67쪽.

적으로 사용된 태조의 보인에 준하는 인장으로 생각된다. 이후 세종 연간에 제작된 보인 가운데 '국왕행보國王行寶', '국왕신보國王信寶' 가 있는 것을 봐도 '행신지인'은 왕이 사용하는 인장으로 볼 수 있다.

그러나 이상의 검토에도 불구하고 한 가지 유의해야 할 사항이 있다. 이 문서는 분명 조선 개국초 사패의 양식론적 특징을 살피는 데 유용한 면이 있지만, 진본 여부에 대해서는 좀 더 면밀히 검토해 보아야 한다. 실록에 보면 조선초기에 태조의 어압御押이 있는 위조 사패에 대한 기사가 몇 건 보이기 때문이다.21) <1392년 진안 군 방우 사패>에도 태조의 어압이 있는 것으로 볼 때 태조 당시에 는 사패에 어압이 들어가는 것이 양식상 맞는 것으로 보인다. 그러 나 실록에서 언급한 바와 같이 위의 문서 또한 당대 또는 후대에 임의적으로 작성되었을 가능성을 염두에 두어야 한다.

2) 1399년 조온 사패

이 문서는 현재 실물로 전하고 있는 사패 가운데 작성 연대가 가 장 앞선 것이다. 1399년(정종 1) 2월 8일에 작성된 문서로서 정사공 신에 봉해진 한천군 조온趙溫(1347~1417)에게 발급된 사패이다. 현 재 한국학중앙연구원에 소장되어 있고, '정종하사문권定宗下賜文券' 이라는 표제가 적힌 절첩본 형태를 띠고 있다. 후대에 보관의 편의 를 위하여 표지를 입힌 후 표제까지 써 둔 것으로 보인다.

---

21) 『세종실록』7년(1425) 3월 28일 기사, 司憲府啓: "鄭千寶·宋惟景二次壓膝, 吐實云: '僞造太祖親押賜牌時, 義平君元生亦與知'" 下元生于義禁府, 命提調, 同委官·臺諫雜治之. 初, 元生與人訟臧獲, 傳來契券不明, 勢將不勝, 書面宋惟景謀曰: "若僞造太祖賜恭靖王奴婢券, 庶可得也." 遂與奸人鄭千寶摸寫太祖署押僞造文契, 而元生亦與知之, 至是事覺.
  『세조실록』10년(1464) 12월 27일 기사, 義禁府啓: "咸自尙·盧孟習·李堅發·全自順·鄭孝孫·僧處中等謀奪永膺大君婢德藏·本宮奴芭蕉等, 僞造文券, 咸自尙則敎誘處中·自順, 僞造太祖賜牌, 度祖傳係僞著御押, 竊造御寶, 請勿論敍前, 依律科斷, 爲首咸自尙·處中處斬, 其知情隨從全自順·鄭孝孫·盧孟習·李根發杖一百流三千里." 從之.

01 王　旨

02 　　　　　推忠協贊開國定社功臣・資憲大夫・商議門下府事・同
判都評議使司事・義興〈三〉軍府左軍・同知節制使・漢川君 趙 溫,

03 　　　　　卿矣段, 推誠協謨, 定難反〈正〉, 載安

04 宗社爲平, 功勞重大, 可賞是去有等以, 功臣錄券付, 楊州府土, 古漢
陽業(今彩)字丁, 五結肆束, 古見州土, 文(今積福寶)字丁, 拾陸結參拾參負參

05 　　　　　束, 人字丁, 拾結肆拾貳負玖束, 交河土, 習(今志眞)字丁, 拾
結, 開城留後司土, 古開城第肆, 位今兵字丁, 肆結拾肆負, 廣州土(今見機朝)
簾字丁, 貳

06 　　　　　拾結壹束, 招字丁內始面, 拾結壹負柒束, 延安府土, 草字丁,
拾結參拾肆負玖束, 利川土, 禍(今閑處沉)字丁, 拾伍結, 江華土, 歲(原內服衣
朝)字丁, 拾肆

07 　　　　　結玖拾貳負參束, 瑞原地, 皇原平(今扉恃)字丁, 拾結, 麻田土,
月今盈字丁, 伍結捌負伍束, 盈(今辰)字丁, 伍結玖負玖束, 水原任內永新土,
臣(今甲帳對)字丁, 拾結, 水

08 　　　　　原任內松莊土, 張(今罪伐)字丁, 伍結, 合田畓, 幷壹佰伍拾壹
結參拾捌負乙, 賜與爲臥乎事是等, 子孫傳持鎭長喫持是良於爲敎.

09 　　　　　建文元年 貳月 初八日, 伏奉

10 王旨安印

11 　　　　　都承旨・通政大夫・經筵參贊官・兼尙瑞尹・修文殿
直學士・知製 敎・充藝文春秋館修撰官・知吏曹事 臣 李 (着名)

[朝鮮王寶] 3顆

01행에는 "왕지王旨"라는 글자가 기재되어 있다. 고려말 조선초
에는 왕명을 문서화하여 내릴 때 '왕지' 형식의 문서를 작성하여 발
급하였다. 따라서 이 문서 또한 왕명으로 시행된 문서이므로 왕지로
작성된 것으로 보인다. 그러나 이 문서의 전후에 발급된 사패들의
경우 "왕지"가 아닌 "賜"라는 글자가 적혀 있어 추가적인 검토가
요구된다. 다만 "왕지"라는 글자 위에 보인이 안보된 사실이 확인되
므로 "왕지"라는 글자가 후대에 추기되었을 가능성은 없어 보인다.

02행은 사패의 수취자를 기재하는 행으로서 이 사패의 수취자인
조온의 공신호와 관직명 등이 모두 기재되어 있다. 조온은 1398년

(태조 7)에 '정사 2등공신'에 봉해졌고, 당시 관직은 '상의문화부사'였다.[22] 이러한 사실은 이 사패에 기재된 내용에서도 확인된다.

03행에서 08행에는 조온에게 사여된 151결 38부의 전답 내역이 일일이 기재되어 있다. "卿矣段"으로 시작하여 "是良於爲敎"로 끝맺었고, 문장 전반에 이두가 혼용되었다. 토지의 자호字號를 기재한 부분에는 첨지를 붙여 내용을 기재한 곳이 있는데, 이는 후대에 변경된 자호를 적어 놓은 것이다.[23]

09행에서 11행에는 사패의 발급 연월일과 사패의 발급을 담당한 관원에 대한 사항이 기재되어 있다. 이 부분의 기재 방식은 앞서 살펴본 <1392년 진안군 방우 사패>와는 다소 변화된 점이 있다. 문서의 작성 연월일 다음에 "伏奉王旨安印(엎드려 왕지를 받들어 보인을 찍음)"이라는 문구를 적은 후 담당 관원의 관직명 및 성명을 기재하고 착명着名을 하였다. <1392년 진안군 방우 사패>에는 '작성 연월일+중추원 도승지 안경공 차지안인' 형식으로 적은 것과 대비된다. <1399년 조온 사패> 이후에 발급된 조선초기 사패는 모두 조온 사패와 동일한 양식을 보이고 있다. 당시 이 사패의 발급을 담당한 관원은 도승지 이문화李文和(1358~1414)였다. 이문화는 고려말(우왕 6)에 문과에 급제하였고, 조선 개국시 좌간의대부에 등용되었으며, 1398년(태조 7) 2월 17일에 도승지가 되었다.[24] 같은 해 9월 1일에는 상서윤尙瑞尹을 겸직하게 되었고,[25] 1400년(정종 2)까지 도승지의 직임을 유지하였다.

이 문서 또한 문서 양식론의 측면에서 몇 가지 살펴볼 사항이 있다.

---

22) 『태조실록』태조 7년(1398) 10월 1일 기사. 功臣都監上言 : …(생략)… 商議門下府事趙溫 …(생략)… 請以定社二等功臣爲稱, 立閣圖形, 樹碑紀功.

23) 노명호 외, 앞의 책, 37쪽.

24) 『태조실록』태조 7년(1398) 2월 17일 기사, 以慶尙道觀察使李至爲中樞院使, 以林敬代之; 以江原道都觀察使吳蒙乙爲寶城君, 以崔龍蘇代之; 李文和爲都承旨.

25) 『태조실록』태조 7년(1398) 9월 1일 기사, 李文和仍都承旨, 兼尙瑞尹.

첫째, 문서의 첫머리에 "왕지"라는 문구가 사용된 것에 대한 검토가 필요하다. 주지하듯이 왕지라는 용어는 이미 고려에서부터 사용된 것이고, 조선초기 고신, 홍패 등의 문서에도 사용되었다. 그러나 사패의 경우에는 현재까지 이 문서 외에는 왕지가 사용된 사례가 발견되지 않았다. 다른 사패와 달리 이 문서에만 왕지가 사용된 것은 일차적으로 이 문서의 진위에 대한 논란을 불러일으킬 수 있다. 그러나 이 문서는 문서에 등장하는 조온, 이문화라는 인물의 역사성에 문제가 없고, 1393년부터 1401년 사이에만 사용되었던 '조선왕보'가 왕지라는 글자와 발급연월일이 적힌 위에 안보되어 있으며, 이 문서 이후의 여타 조선초기 사패들과 기재 방식에서 동일한 특징을 보이고 있기 때문에 조선초기 사패 작성 양식이 정착되어 가는 한 과정을 잘 보여주고 있는 것으로 판단된다.

둘째, 문서의 말미에 도승지 이문화가 서명(착명)한 것을 주목하여야 한다. 엄밀히 말해 이 문서의 작성자는 따로 있었을 것이고, 도승지 이문화는 왕명으로 발급되는 사패의 발급 책임자에 해당한다. 이렇듯 조선초기 사패에는 사패 발급을 주관한 도승지, 지신사 등이 문서에 직접 서명을 하는 문서행정 체제를 갖추고 있었다. 그러나 결국 『경국대전』의 사패식이 정립되어 가는 과정에서 다른 왕명문서와 마찬가지로 이러한 서명 행위는 사라지게 되었다.

셋째, 문서에 찍혀 있는 보인에 대한 검토가 필요하다. 이 사패에는 세 군데에 '조선왕보'가 찍혀있다. 선행연구에 의하면 '조선왕보'는 조선 개국후인 1393년(태조 2) 4월 이후부터 1401년(태종 1) 6월 명으로부터 '조선국왕지인'이 사여되기 전까지 조선에서 자체적으로 제작하여 사용한 인장이다.[26] <조온 사패>도 1399년(정종 1) 2월

---

26) 앞장에서 언급한 바와 같이 '朝鮮王寶'를 포함한 조선초기 문서에 사용된 寶印에 대해서는 川西裕也, 유지영, 성인근, 박성호의 연구가 참고된다. (川西裕也, 「朝鮮初期における官教文書樣式の變遷」, 『朝鮮學報』, 2007; 유지영, 「조선시대 임명관련 教旨의 문서형식」, 『古文書研究』30, 2007; 성인근,

에 발급된 것이므로 '조선왕보' 사용시기와 일치함을 알 수 있다. 인문의 외적 형태 또한 여타 '조선왕보'와 비교해 볼 때 특이점이 없다.

### 3) 1401년 조흡 사패

이 사패는 1401년(태종 1)에 작성된 문서로서 당시 중훈대부 지안산군사였던 조흡曹恰(생몰년 미상)에게 발급된 것이고, 현재 동국대학교에 소장되어 있다. 조흡은 조선초기 태종 연간을 전후하여 활동한 무관이었으며, 『태종실록』과 『세종실록』에 15차례 관직명과 성명이 수록되어 있다. 그러나 모두 1405년(태종 5) 이후의 기사이고, 조흡에 대한 다른 연대기 자료가 남아 있지 않기 때문에 이 사패를 받을 당시 조흡의 행적 등에 대한 확실한 고증은 어렵다. 다만 1411년(태종 11) 이형李衡에게 발급된 좌명원종공신녹권에 '節制使 曹恰'이 3등공신에 봉해진 내역이 기재되어 있어 태종의 집권과정에서 조흡이 무관으로서 기여했음을 알 수 있다.

```
01  賜
02      中訓大夫·知安山郡事 曹恰.
03      汝矣段. 其在庚辰. 捍衛寡躬, 以至今日爲乎. 功勞
04      可賞是去有良尒. 水原任內楡梯地, 天字丁, 伍結, 貞
05      松地, 玄字丁, 伍結, 川寧地, 雲字丁末, 伍結, 廣州地, 鉅字
06      丁, 伍結, 奉常屬婢亐斤伊, 完山府官婢福婢, 爲等如. 賜給
07      爲臥乎事是等, 子孫傳持者.
08      建文三年 三月 日, 伏奉
09  王旨安印
10          知申事·翊戴佐命功臣·通政大夫·經筵參贊官·修文殿直提
        學知製 敎·春秋館修撰官·兼判奉常寺事·知吏曹內侍藥房事 臣 朴
```

「조선시대 인장 연구」, 한국학중앙연구원 한국학대학원 박사학위논문, 2008; 박성호, 「현재 전하고 있는 王旨의 眞僞 고찰」, 『정신문화연구』통권120, 2010.)

(着名)
　　[朝鮮國王之印] 3顆

　01행에는 "賜"자가 단독으로 기재되어 있다. 이는 앞서 살펴본 <1392년 진안군 방우 사패>에서 이미 사용되었고, 1433년(세종 15) 과 1458년(세조 4) 이징석 사패에서도 사용되고 있다. 현재로서는 고려시대 사패의 존재유무와 양식에 대하여 정확히 말할 수 없으나, 최소한 조선초기 사패의 양식이 정착되어 가는 과정에서 문서의 시작부분에 "賜"자가 사용되었던 사실을 알 수 있다.

　02행은 사패 수취자의 관계官階, 관직官職 및 성명이 기재되어 있다. 앞서 잠시 언급한 바와 같이 이 당시 조흡의 관직이나 행적에 대한 사실을 살펴볼 수 있는 사료는 이 문서 외에 남아 있지 않다.

　03행에서 07행까지는 조흡에게 토지와 노비를 사급하는 이유와 구체적인 지급 내역이 기재되어 있다. 조선초기 여타 사패와 마찬가지로 문장에 이두가 사용되었다. 그러나 다른 사패의 경우 대개 "卿 矣段"으로 시작하여 "是良於爲敎", "是良如敎"으로 끝맺는 것과 달리 이 사패는 "汝矣段"으로 시작하여 "～者"로 끝맺고 있다. "卿"이 사용되지 않고 "汝"가 사용된 것은 관품에 따라 용어를 구분하여 사용했기 때문이다. 조흡은 당시 종3품 중훈대부였으므로 '경'이라는 칭호 대신 '여'라고 지칭되었다.[27] 그리고 문서의 말미에 "～者"가 사용된 것은 당시 고신과 홍패에서는 전형적인 종결 양식이었으나 사패에서는 <조흡 사패>의 경우가 유일한 사례이므로 하나의 특수 사례 내지 사패 양식의 정착과정에서 나타난 과도기적 특징으로 이해해야 할 것이다. 『경국대전』의 사패식에는 조흡 사패

---

[27] 『세조실록』 11년(1465) 10월 8일 기사, 承政院奉旨馳書黃海道觀察使南倫曰: "卿妻得病, 可速來 見." 在前於有旨, 通政堂上稱爾, 二品以上稱卿. 時倫階通政, 故以爾書啓, 御書卿字, 又書紙尾曰: "今後勿用爾."

의 경우처럼 '~者'가 문서의 종결어로 확정되었다.

08행에서 10행까지는 사패의 발급 연월일과 사패 발급에 관계된 담당 지신사의 관직, 성, 서명이 기재되어 있다. 이 부분은 앞의 <1399년 조온 사패>에 기재된 방식과 동일한 형태를 취하고 있다. 그러나 이 부분은 면밀히 검토해야 할 부분이 있다. 사패의 작성 연월일인 '건문3년 3월 일'이라는 기록, '지신사 …… 신 박'이라는 부분, 그리고 '조선국왕지인'이 세 가지 요소가 역사적 사실과 서로 상충되는 부분이 있기 때문이다. '지신사 …… 신 박'에 해당하는 인물은 연대기 자료를 검토할 때 박석명朴錫命(1370~1406)으로 판단된다. 박석명은 1400년(정종 2) 9월 8일에 도승지가 되었고,[28] 정종이 태종에게 보위를 선양하는 과정에서도 도승지로서 주된 역할을 하여 태종 즉위후 좌명공신에 책록되었다. 이후 1401년 (태종 1) 7월 13일에 관제를 개편하면서 기존의 '도승지'가 '지신사'로 바뀌었고,[29] 박석명 또한 도승지에서 지신사로 그 직책이 바뀌었다. 따라서 박석명이 지신사로 재직하고 있을 시기는 1401년(태종 1) 7월 18일 이후인데 이 사패의 작성 일자는 1401년(태종 1) 3월로 기재되어 있어 문제가 되는 것이다. 또한 '조선국왕지인'도 1401년(태종 1) 6월에야 명으로부터 조선에 사여되었으므로[30] 사패에 기재된 월과 부합하지 않는다. 그러나 작성 월에 대한 의문점을 제외하고는 문서의 양식적 측면에서 진본이 아니라고 볼 만한 근거는 부족하다.

---

28) 『정종실록』2년(1400) 9월 8일 기사, 成石璘以母老, 乞辭甚切. 以石璘封昌寧伯, 李居易判門下府事, 閔霽左政丞, 河崙右政丞, 禹仁烈判三司事, 李茂判三軍府事, 李舒判承寧府事, 趙英茂門下侍郎贊成事, 趙溫三司左使, 鄭矩大司憲, 朴錫命都承旨.

29) 『태종실록』1년(1401) 7월 13일 기사, 司憲中丞爲執義, 侍史爲掌令, 雜端爲持平, 都承旨爲承樞府知申事, 承旨爲代言 ...(생략)...

30) 『태종실록』1년(1401) 6월 12일 기사에 명 황제의 고명과 금인이 함께 온 것으로 기록되어 있다. 이 때 내려진 금인이 바로 '조선국왕지인'이다.

이 사패는 문서의 양식론적 관점으로 볼 때 두 가지 주목할 만한 특징이 있다.

첫째, <1401년 조흡 사패>가 작성될 시점에 비로소 조선초기 사패의 작성 방식이 어느 정도 정형화되었다는 사실을 추정할 수 있다. <1433년 이징석 사패>와 비교해 보았을 때 작성 방식이 거의 동일하다는 것을 알 수 있다. 따라서 <1401년 조흡 사패>의 작성 방식은 세종 연간까지 큰 변화 없이 유지되었을 것으로 판단된다.

둘째, <1401년 조흡 사패>는 현전하는 고문서 가운데 '조선국왕 지인'이 사용된 최초의 사례이다. 조선 개국후 약 10여년이 지난 시점에야 비로소 명으로부터 공식적으로 국왕의 인장을 사여 받았고, 그것을 실제 문서에 사용한 사례를 보여주고 있다.

### 4) 1433년 이징석 사패

이 사패는 1433년(세종 15) 6월 27일에 작성된 문서로서 자헌대부 지중추원사 이징석李澄石(?~1462)에게 발급된 것이다. 이징석은 조선초기 무장으로서 무과에 장원 급제후 여러 무관직을 역임하였고, 이 사패가 발급된 1433년(세종 15)에는 지중추원사에 제수되었다.[31] 지중추원사에 제수되기 전 이징석은 최윤덕을 보좌하여 조전절제사助戰節制使로 북방 변경지역에 출정하여 파저강의 야인들을 평정하였고, 그 공을 인정받아 노비 6구를 사여 받았다.[32] 이러한

---

[31] 현재 실물로 남아 있는 고문서 가운데 1433년(세종15) 3월 24일에 이징석에게 내려진 고신(왕지)에는 '同知中樞院事'에 제수된 사실이 기재되어 있고, 『세종실록』15년(1433) 5월 16일에 '中樞院使'에 제수된 기록이 있으며, 동 실록 5월 28일에는 '知中樞院事 이징석'이라고 기재되어 있다. 또한 실록에는 이 사패가 발급된 6월 27일에 이징석을 '慶尙道兵馬都節制使'로 삼은 사실이 수록되어 있다.

[32] 『세종실록』15년(1433) 5월 16일 기사, 賜崔閏德奴婢共十口, 李順蒙奴婢共八口, 李恪·<u>李澄石奴婢共六口</u>, 洪師錫奴婢共五口, 金孝誠奴婢共四口, 賞功也.

사실이 『세종실록』의 세종 15년 5월 16일자 기사에 수록되어 있으나, 사패의 작성 일자는 6월 27일이므로 왕의 하명이 있은 후 실제 문서가 작성되기까지는 다소 시일이 소요된 것으로 보인다.

```
01  賜
02              資憲大夫·知中樞院事 李 澄石,
03      卿矣段, 邊境入侵, 軍民擄掠殺害爲在, 婆猪江野人等
04      乙, 都節制使崔閏德, 指揮聽從, 同心協力, 有能斬獲爲乎,
05      其功可尙是乎等用良, 都官婢初生, 年三十八, 龍仁接, 同司婢
06      仍邑莊, 年十七, 梁山郡婢於衣加, 年二十六, 昌原府婢, 菊花
07      年三十二, 安城接, 典農寺奴小斤吾未, 年十八, 利川接, 同寺婢
08      佛明, 年二十一, 并六口乙, 賜給爲臥乎事是等, 後所生, 并以,
09      子孫傳持, 永永使用爲良如敎,
10      宣德八年 六月 二十七日, 敬奉
11  敎旨
12  知申事·通政大夫·經筵參贊官·兼尙瑞尹·修文殿直提學·知製_
敎·充春秋館修撰官·兼判奉常寺事·知吏曹內侍茶房事 臣 安 (着名)
        [國王行寶] 2顆
```

01행에는 왕이 사여한다는 의미의 "賜"자가 단독으로 기재되어 있다. 앞서 언급한 바와 같이 조선초기 사패의 전형적인 기재 방식이다.

02행에는 사패 수취자의 관계, 관직, 성명이 기재되어 있다. 자헌대부는 정2품에 해당하는 관계이고, 중추원은 조선초기 왕명출납을 맡은 기관으로서 판사判事, 사사, 지사知事, 동지사同知事 등의 직제로 구성되어 있었으며, 지중추원사는 중추원 지사를 의미한다.

03행부터 09행까지는 이징석에게 사패를 발급하는 사유와 노비 사여 내역이 기재되어 있다. 이 사패 역시 문장에 이두가 사용되었고, "卿矣段"으로 시작하여 "爲良如敎"로 끝맺고 있다. 이징석이 변경지역의 야인들을 토벌한 공로로 노비 6구를 사여받은 내용은 세종15년 5월 16일자 실록 기사에서도 확인할 수 있는데, 그 구체적인 내역은 이 사패를 통해 확인할 수 있다.

　10행부터 12행까지는 사패 발급 연월일과 사패 발급에 관계된 담당 지신사의 관직, 성, 서명이 기재되어 있다. 연대기 자료를 참고할 때 당시의 "知申事 … 臣 安"에 해당하는 인물은 안숭선安崇善(1392～1452)이다. 안숭선은 조선초기의 문신으로서 앞서 소개한 <1392년 진안군 방우 사패>에 기재된 중추원 도승지 안경공安景恭의 손자이다. 1431년(세종 13) 2월 29일자 실록 기사에 지신사에 제수된 내용이 수록되어 있으며,33) 1433년(세종 15) 9월 왕명에 의해 '지신사'를 '도승지'로 바꾸기까지 지신사의 직임을 계속 수행하였다.34) 이 부분의 기재사항 가운데 이전의 사패와 작성방식에 있어 변화된 부분이 있다. <1399년 조온 사패>와 <1401년 조흡 사패>에는 "伏奉王旨 安印"라고 기재되던 부분이 <1433년 이징석 사패>에서는 "敬奉敎旨"로 바뀌었고, 이후의 사패에서도 이러한 기재 방식을 따르고 있다.

　앞에서와 같이 문서의 양식론적 관점에서 살펴볼 만한 특징을 몇 가지 검토하고자 한다.

　첫째, 이 문서의 발급 연월일에 연이어 기재된 "敬奉敎旨"라는 문구를 주목하여야 한다. 실록의 본문 가운데에는 이미 『태조실록』에서도 왕명을 '교지敎旨'라고 사용한 예가 보이지만, 이는 실록의 특성상 후대에 편찬되는 과정에서 용어가 엄격하게 구별되지 않았기 때문일 것이다. 조선초기 고문서 형태로 남아 있는 고신, 홍패, 그리고 앞서 살펴본 사패의 경우에는 왕명을 '왕지王旨'라고 지칭

---

33) 『세종실록』13년(1431) 2월 29일 기사, 以李明德爲兵曹判書, 鄭招工曹判書, 盧閈判漢城府事, 徐選都摠制, 崔士康兵曹參判, 金孟誠吏曹參判, 姜籌禮曹參判, 金益精仁順府尹, 金尙直兵曹參議, 安崇善知申事, 李竤同副代言, 羅得康右獻納, 蔡倫左正言.

34) 『세종실록』15년(1433) 9월 22일 기사, 改知申事爲都承旨, 諸代言爲承旨. 以南陽德爲左正言.

한 사실을 확인할 수 있다. '왕지'가 '교지'로 바뀌게 된 시기는 세종 연간이다. 『세종실록』에 따르면 1425년(세종 7) 7월에 예조에서 왕에게 아뢴 계啓에 중외中外의 각 아문에서 왕에게 계문하여 시행하는 문서는 모두 '교지'라고 칭하게 하겠다는 내용이 보인다.[35] 따라서 이 사패에 기재된 '경봉교지'라는 문구는 당시에 이루어진 이러한 변화를 그대로 반영한 것이다.

둘째, 문서에 '國王行寶'가 찍힌 점을 주목하여야 한다. 조선초기에는 시기에 따라 사용된 보인이 달랐다. 1401년(태종 1) 명으로부터 '조선국왕지인'을 사여 받은 이후 왕명으로 발급되는 문서에는 '조선국왕지인'이 사용되었으나, 1432년(세종 14)에 '조선국왕'이라고 새겨진 인장을 조선 경내에서 사용하는 것은 마땅하지 않기 때문에 고제古制에 의거하여 국왕신보와 국왕행보를 별도로 제작하여 사용해야 한다는 예조의 계啓가 있었고, 이에 따라 1433년(세종 15) 3월 2일에 '국왕신보'와 '국왕행보'의 제작이 완료되어 신보는 사신事神, 교유敎宥 등에, 행보는 책명冊命, 제수除授 등에 쓰게 하였다.[36] 따라서 이 사패에 사용된 '국왕행보'는 이 때 새로 제작된 보인이며, 사패에는 국왕행보가 사용되었음을 알 수 있다.

### 5) 1458년 이징석 사패

이 사패는 1458년(세조 4) 4월 20일에 이징석에게 발급된 문서이다. 이징석은 세조가 집권하는 과정에서 공을 세워 1455년(세조 1)

---

35) 『세종실록』7년(1425) 7월 7일 기사, 禮曹啓: "謹按中朝之制, 各衙門奏聞欽奉文書, 皆稱聖旨勅旨. 今本朝各司於啓聞取旨之事, 皆斥言王旨, 未便. 請自今凡中外各衙門啓聞奉行文書, 皆稱敎旨." 從之.

36) 『세종실록』15년(1433) 3월 2일 기사, 行寶信寶成. 舊有傳國寶, 文曰國王信寶. 上命集賢殿, 稽古制改鑄此兩寶, 其制一依欽賜大寶, 皆用金, 信寶重一百六十四兩, 行寶重一百七十六兩. 信寶文曰國王信寶, 行寶文曰國王行寶. 信寶用之於事神敎宥等事, 行寶用之於冊命除授等事, 欽賜大寶, 則只用於事大文書.

9월에 좌익공신 3등에 녹훈되었고, 이 문서는 이징석이 공신에 봉해진 이후에 발급된 문서이다.

01　敎旨
02　　　推忠佐翼功臣・崇祿大夫・梁山君・奉朝請 李澄石,
03　　　卿左右效力, 共濟艱難, 予嘉乃功, 特賜錄券付, 梁〈山〉濟用監婢莫德所生婢召史,
04　　　年二十九, 次所生奴■■小, 年二十七, 次所生奴小老, 年二十■, 次所生婢甘莊, 年十五, 宗
05　　　親府婢內隱伊所生奴長命, 年二十三, 次所生婢心方, 年十八, 梁山官婢甘音加伊所生
06　　　婢玉今, 年二十一, 星州接戶曺婢四文伊所生奴加知, 年十六, 以賞之, 可傳永世.
07　　　天順二年四月二十日, 敬奉
08　　　敎旨
09　　　左承旨・推忠佐翼功臣・通政大夫・經筵參贊官・集賢殿直提學・知製 敎・兼判軍器
　　　　監事・知刑曺事 臣 尹 (着名)
　　　　[昭信之寶] 2顆

01행에는 "교지"라는 문구가 기재되어 있다. 세종 연간 이후 이미 '왕지'가 '교지'로 바뀌었고, 그 영향이 이 문서에 그대로 반영되었다.

<도5-1> 昭信之寶

02행에는 이 문서의 수취자인 이징석의 공신호, 관계, 봉군호, 성명 등이 기재되어 있다. '추충좌익공신'은 이미 언급한 바와 같이 세조의 집권을 도운 공로로 공신호를 부여받은 것이다. '숭록대부'는 종1품의 관계이며, '양산군'은 이징석이 부여받은 군호이다. '봉조청'은 세조대에 마련된 일종의 친공신・공신적장자・동서반 당상관 치사자致仕者를 예우하기 위해 마련된 제도로서 후에 '봉조하'

제도로 이어졌다.[37] 실록에도 이징석을 '양산군 봉조청'에 제수하는 사실이 수록되어 있다.[38]

03행에서 06행에는 왕이 이징석에게 사여한 노비의 현황이 구체적으로 기재되어 있다. 이 때 이징석은 총 8구의 노비를 사여 받았는데, 이는 실록에 기재된 이징석의 공신교서의 내용과도 일치한다.[39] 여기에서 주목해야 할 부분은 이전의 사패와 달리 본문 작성시 이두 사용이 배제되었다는 사실이다. 따라서 이전과는 달리 문장의 서식이 "卿"으로 시작하여 "可傳永世"로 끝맺고 있다.

07행에서 09행에는 사패 발급 연월일과 사패 발급에 관계된 담당좌승지의 관직명, 성, 서명이 기재되어 있다. 문서에 기재된 "左承旨 … 臣 尹"은 연대기 자료에 의거할 때 윤자운尹子雲(1416~1478)으로 판단된다. 윤자운은 조선전기 문신으로서 세조의 집권과정에 기여하여 좌익공신에 녹훈되었다. 1457년(세조 3) 8월에 좌승지에 제수된 사실이 실록에 수록되어 있다.[40] 앞서 살펴본 사패들에는 모두 지신사나 도승지의 성과 서명이 기재되어 있는데, 이 문서에는 좌승지의 성과 서명이 기재되어 있다는 차이가 있다. 이 당시 도승지는 조석문曹錫文(1413~1477)이었다.

이 문서 또한 문서의 양식론적 관점에서 살펴볼 만한 몇 가지 특징을 검토하고자 한다.

첫째, 이 사패에서 가장 주목해야 할 특징은 바로 이두 사용이

---

37) 『경국대전』이전, '봉조하'조; 『세조실록』3년(1457) 7월 5일 기사.

38) 『세조실록』3년(1457) 7월 5일 기사, 以申叔舟爲議政府左贊成, …(생략)… <u>李澄石梁山君奉朝請</u>, 延慶谷山君奉朝請, 南景祐宜山君奉朝請.

39) 『세조실록』4년(1458) 6월 29일, 教李澄石曰 : …(생략)… 仍賜田八十結·奴婢八口·白銀二十五兩·表裏一段·內廐馬一匹, 至可領也. 於戲! 終始一心, 母忘帶礪之誓, 子孫萬世, 永保金石之堅.

40) 『세조실록』3년(1457) 8월 14일 기사, 以尹師路領中樞院事, 權孥判中樞院事, 韓明澮吏曹判書, 洪達孫兵曹判書, 金光晬開城府留守, 金淳吏曹參判, 魚孝瞻戶曹參判, 沈決, 奉石柱同知中樞院事, 金連枝司憲府大司憲, 曹錫文都承旨, <u>尹子雲左承旨</u>, 韓繼美右承旨, 權摯左副承旨, 金礩右副承旨, 鄭軾同副承旨, 金吉通, 金智僉知中樞院事, 趙瑾, 姜子平司憲掌令.

배제되었다는 점이다. 고려시대 문서로부터 지속되어 온 이두의 사용이 이 사패가 작성될 무렵을 기점으로 관문서에서 배제되기 시작한 것이다. 이러한 사실은 현재까지 남아 있는 고려말 조선초의 조사문서朝謝文書에서도 확인되었고,[41] 『세조실록』에서도 이와 관련된 논의를 찾을 수 있다. 1457년(세조 3) 실록 기사에 의하면 동서반 5품이하의 고신에 여전히 사용되고 있는 이두를 더 이상 쓰지 말고 이문吏文, 즉 중국 공문서에 사용된 문투로 문서를 작성하도록 해야한다는 이조의 계문이 보인다.[42]

둘째, 사패에 사용된 국왕의 인장에 또 한번의 변화가 보인다. <1433년 이징석 사패>에 찍혀 있던 '국왕행보'가 <1458년 이징석 사패>에 와서는 '소신지보'로 바뀐 것이다. 이는 1443년(세종 25) 10월에 기존의 '국왕행보'와 '국왕신보'를 각각 '시명지보'와 '소신지보'로 바꾸고 그 용도를 구분한 결과이다.[43] 실록에 기재된 바와 같이 '소신지보'는 사신事神, 발병發兵, 사물賜物 등의 용도로 작성된 문서에 찍게 된 것이다. 따라서 사패의 경우 왕명으로 노비나 토지를 사여하는 것이기 때문에 '소신지보'가 사용되었다.

---

41) 심영환·박성호·노인환, 『변화와 정착-여말선초의 조사문서』, 민속원, 2011.

42) 『세조실록』3년(1457) 7월 13일 기사, 史曹啓: "史科及承蔭出身封贈府牒等項文牒, 皆用吏文, 獨於東西班五品以下告身, 襲用吏讀, 甚爲鄙俚. 請自今用吏文." 從之.

43) 『세종실록』25년(1443) 10월 2일 기사, 議政府據禮曹呈啓: "...(생략)... 施命之寶, 用之於冊封除授常行敎書等事; 昭信之寶, 用之於事神發兵賜物等事 ...(생략)..." 從之.

## 6) 발급연도 미상의 이징석 사패

이 사패는 양산이씨가에 전해지고 있는 문서로서 문서 전반에 걸쳐 훼손이 심하여 문서 내용 가운데 후반부의 노비 현황의 일부와 문서 발급 담당 관원의 관직명, 성, 서명 부분만 식별할 수 있다. 그러나 마지막에 기재된 관원의 인적 사항이 기재된 부분이 <1458년 이징석 사패>에 기재된 것과 동일하기 때문에 이 문서의 경우도 윤자운이 좌승지로 재직할 시기에 이징석에게 발급된 사패로 추정된다.

```
01  ■…■ 戶婢仇叱加所生婢三德. 年
02  ■…■ 戶婢將未所生婢今音珎. 年
03  ■…■ 同, 年二十, 星州接, 同戶婢, 仁
04  ■…■ 〈可〉傳永世.
05  ■…■ 器監事·知刑曹事 臣 尹(着名)
    [昭信之寶] 1顆
```

이 문서는 훼손이 심하여 상세한 설명은 생략한다. 다만 앞서 밝혔듯이 이 사패의 발급 담당 관원이 좌승지 윤자운으로 판단되고, 문서에 '소신지보'가 찍혀 있는 점을 미루어 볼 때 1458년(세조 4)을 전후한 시점에 이징석에게 발급된 사패로 추정할 수 있다.

## 4. 조선초 사패의 양식과 변화 추이

### 4.1 문서식의 복원

<1392년 진안군 방우 사패>로부터 <1458년 이징석 사패>에 이르 기까지 현재까지 전해지고 있는 실물 사패를 근거로 조선초기 사패 의 문서식을 복원해 보면 다음과 같다.

賜(或王旨敎旨)
　　具官姓名
　卿(或稱汝) 云云
年 月 日 伏奉(或敬奉) 王旨(或敎旨) 安印
　　[寶]
　　　承旨具官姓 (着名)

문서의 처음에 "賜", "王旨", "敎旨" 등의 왕명임을 뜻하는 글자 가 기재되고, 이어서 사패를 수취하는 인물의 관계, 관직, 공신호 및 성명 등이 기재된다.

다음으로 사패의 본문에 해당하는 부분이 시작되는데 "卿" 또는 "汝"로 시작하여 사패 발급의 사유와 구체적인 노비 또는 토지의 사여 현황이 기재된다. 본문에는 한문과 이두가 혼용되다가 세조 연 간을 기점으로 이두는 사용되지 않고 한문투로만 작성되었다.

문서의 말미에 발급연월일이 기재되고 해당 문서의 발급에 관계 된 승정원(중추원) 승지(지신사)의 '구관具官+성姓'과 함께 서명이 기재된 뒤 최종적으로 왕의 보인이 날인되었다. 이로써 사패의 작성 이 완료되었다.

## 4.2 보인 사용의 변화

사패는 왕명을 기재하여 수취자에게 직접 발급하는 문서이므로 특정 관부의 인장이 아닌 왕의 보인이 사용되었다. 이처럼 보인이 사용되었다는 사실은 사패의 성격이 왕명문서임을 명확히 말해주는 단서가 된다. 그런데 앞서 살펴보았듯이 조선초기 사패에는 모두 각기 다른 인문의 보인이 사용되었기 때문에 시기에 따른 보인 사용의 정확성 여부를 고증해 보아야 한다.

1392년(태조 1) 진안군 방우에게 내려진 사패에 '행신지인'이 찍혀 있는데, '행신지인'은 정식으로 운용된 보인이라기보다는 개국초기에 임시적으로 사용된 인장으로 판단된다.

이후 <1399년 조온 사패>에서는 당시 교서, 고신 등의 조선초기 왕명문서에 보이는 것과 같이 '조선왕보'가 사용되었고, 1401년(태종 1) 명으로부터 '조선국왕지인'이 사여된 이후부터는 '조선국왕지인'이 사용되었다.

1433년(세종 15)부터 문서의 성격에 따라 '국왕행보'와 '국왕신보'가 구별되어 사용되었는데, 사패에는 '국왕행보'가 사용되었다. 당시 고신에도 사패와 마찬가지로 '국왕행보'가 사용되었다. 반면 교서와 홍패에는 '국왕신보'가 사용되었다.

1443년(세종 25)에 '소신지보'가 새로 제작되면서 이때로부터 사패에는 '소신지보'가 사용되었고, 이후 어느 시점부터는 '조선국왕지인'이 사용되다가 1493년(성종 24)부터 '시명지보'가 지속적으로 사용되게 되었다.[44]

---

44) 『성종실록』24년(1493) 3월 28일 기사, 傳旨議政府曰: "人主命令, 莫重於爵賞, 而舊例政批官敎, 用施命之寶; 賜土田臧獲用大寶, 輕重失宜, 有乖事體. <u>自今月二十八日政批官敎, 用大寶; 一應賜牌, 用施命之寶.</u>"

이상에서 살펴본 조선초기 고신에 사용된 보인의 변화를 표로 정리하면 아래와 같다.

〈표 5-2〉 조선초 사패에 사용된 보인

| 보인 | 사용시기 | 문서 |
|------|---------|------|
| (行信之印) | 1392년~? | (1392년 진안군 방우 사패) |
| 朝鮮王寶 | (1393년 3월 이후)~ | 1399년 조온 사패 |
| 朝鮮國王之印 | 1401년 6월 이후~ | 1401년 조흡 사패 |
| 國王行寶 | 1433년 3월 이후~ | 1433년 이징석 사패 |
| 昭信之寶 | 1443년 10월 이후~ | 1458년 이징석 사패 |
| 朝鮮國王之印 | ?~? | - |
| 施命之寶 | 1493년 9월 이후~ | - |

## 4.3 문서 양식 변화의 추이

앞서 살펴본 바와 같이 조선초기 사패식은 『경국대전』에 규정된 사패식과 약간의 차이를 보이고 있다. 그러나 이것은 단순히 『경국대전』의 사패식이 규정된 시점을 기준으로 정확히 그 전후의 변화가 양분되는 것이 아니라 『경국대전』 사패식이 제정된 이후에도 변화 과정을 겪었다. 이 사실을 살펴보기 위해 현재 확인할 수 있는 15~16세기의 사패를 추가적으로 검토해 보고자 한다.

<1458년 이징석 사패> 이후 고문서 형태로 남아 있는 사패로는 <1508년 정미수 사패>가 발급연대가 가장 앞서고, 이후 <1509년 백수장 사패>, <1540년 권벌 사패>, <1604년 권응수 사패> 등이 남아 있다.

성종 연간에 작성된 사패가 남아 있지 않아 변화의 추이를 정확히 따져보는 데에 제한이 있지만, <1508년 정미수 사패>, <1509년 백수장 사패>, <1540년 권벌 사패>의 양식에서 여전히 『경국대전』

사패식 이전의 사패에서 보이는 특징이 나타나기 때문에 『경국대전』 사패식이 정착되기까지의 변화 과정을 살펴보는데 의의가 있는 것으로 판단된다.

〈자료5-1〉 1509년 백수장 사패

```
01  敎旨
02        秉忠奮義靖國功臣, 通訓大夫・行珍島郡守 白壽長,
03      頃者, 國祚中否, 神器將傾, 爾能奮義, 翊予興運, 以靖邦國,
04      予嘉乃功, 特賜罪人時羅孫, 南部薰陶坊瓦家壹坐, 以賞
05      之, 可傳永世者.
06      正德四年十二月 日
        [施命之寶] 1顆
```

〈자료5-2〉 1540년 권벌 사패

```
01    敎旨
02    正憲大夫・知中樞府事 權橃,
03    惟卿於己亥年, 爲
04  宗系改正
05  奏請使, 得奉
06 允勅而回, 其功可嘉, 將天安官奴茂生贖身代奴戒從年二十二, 同郡官
07    婢思今二所生婢心種年十九, 芮城軍器寺婢於里婢五所生婢■
08    春年二十四, 丹陽官婢召史二所生婢平丁年二十一, 星州官婢
09    卯乙今三所生婢都致年三十六, 特賜賞爾, 可傳永世者.
10    嘉靖十九年七月二十四日
        [施命之寶] 1顆
```

<1509년 백수장 사패>는 중종반정의 공을 인정받아 정사공신에 녹훈된 백수장(1469~1543)이 1509년 행진도군수에 제수되어 그 일대의 민란을 안정시킨 공로로 노비와 가옥을 상으로 받을 당시에 작성된 문서로서 국사편찬위원회에 유리필름 형태로 전해지고 있고, <1540년 권벌 사패>는 1539년 7월 종계변무와 관련하여 주청사奏

請使의 임무를 띠고 명에 다녀온 권벌(1478~1548)에게 그 공을 가상히 여겨 노비를 상으로 내리면서 발급한 것으로서 현재 경북 봉화에 소재한 안동권씨 충재종택에 전해지고 있다.

이 두 사패는 첫째 행에 "교지"라는 문구로 시작되고 있으며, 둘째 행에 사패 수취자의 관계, 관직, 성명이 기재되어 있다. 셋째 행부터 사패 발급 사유와 구체적인 포상 내역이 기재되고 있으며, 마지막 행에 사패 발급 연월일이 적혀 있다. 사용된 보인은 '시명지보'로서 각각 발급 연호 부분에 찍혀 있다.

이러한 특징은 <1458년 이징석 사패>와 약간의 차이를 보이고 있다. 발급 연월일 다음에 기재되었던 "敬奉敎旨"라는 문구와 사패 발급을 담당한 승지에 대한 기재사항이 생략되었다. 그리고 『경국대전』 사패식과도 차이를 보인다. 『경국대전』 사패식에서는 "교지" 다음 행에 별도로 사패 수취인의 관계, 관직, 성명 등을 별도로 기재하지 않음에 반해 위의 두 사패에는 각각 백수장과 권벌에 대한 인적 사항을 별도로 기재한 다음 행을 바꾸어 본문 내용을 기재하였다.

이와 달리 <1604년 권응수 사패>, <1605년 류근 사패>, <1606년 류성룡 사패> 등은 모두 『경국대전』의 사패식을 그대로 적용하고 있어 『경국대전』의 사패식이 사패 작성에 정확히 반영되기까지 상당기간이 소요되었음을 추정할 수 있다. 최소한 <1540년 권벌 사패>를 작성할 때까지만 해도 여전히 『경국대전』의 사패식이 온전히 정착되지는 않았음을 알 수 있다.45)

이상의 내용을 바탕으로 조선초기 사패의 양식이 나타나기까지의 변화 추이를 도식화 하면 다음과 같다.

---

45) 박성호, 「조선시대 賜牌의 발급과 문서양식」, 『고문서연구』 41, 2012.

<表 5-3> 사패 양식의 변화 추이

| 고려말 | [賜牌] |
|---|---|
| | 미상 |

↓

| 조선초 | [賜牌] |
|---|---|
| | 賜(或王旨敎旨)<br>　具官姓名<br>　卿(或稱汝) 云云<br>年 月 日 伏奉(或敬奉) 王旨(或敎旨) 安印<br>　[寶]<br>　　承旨具官姓 (着名) |

↓

| 경국대전 | 【鄕吏免役賜牌】<br>敎旨<br>　惟爾某道某邑鄕吏某有某功 特命爾<br>　免役 以及永世者<br>　年　月　日<br>　　[寶]<br><br>【奴婢土田賜牌】<br>敎旨<br>　惟爾某 有某功 將臧獲幾口土田幾結<br>　特賜賞爾 可傳永世者<br>　年　月　日<br>　　[寶] |
|---|---|

## 5. 맺음말

조선초기 사패의 연원이 되었을 것으로 추정되는 고려시대 문서는 아직까지 명확히 지목되지 않았다. 그러나 고려시대에도 사패전이 존재하였고, 사패 문서도 별도로 존재하였을 가능성이 높다. 조선에 들어와 『경국대전』에 이르러 '향리면역사패식'과 '노비토전사패식'이 제정되었는데, 조선초기에 작성된 사패의 양식과 『경국대전』에 수록된 사패 양식은 여러 가지 면에서 차이가 난다. 조선초기 사패는 문서의 첫머리에 '사', '왕지', '교지'라는 문구가 시기에 따라 바뀌었고, 문서 수취자에 대한 관직명과 성명이 별도의 행으로 구분되어 기재되었으며, 문서의 마지막 행에 문서 발급에 관계된 승지 또는 지신사의 관직명, 성, 서명이 기재되어 있었다. 『경국대전』에 수록된 사패식을 통해서는 사패의 발급을 담당한 관원이나 관사에 대한 사항을 확인할 수 없지만, 조선초기 사패의 양식을 통해 사패의 발급에 승정원이 관계되었음을 알 수 있고, 이러한 사실은 조선후기에 간행된 『은대편고』에서도 확인된다. 따라서 조선시대 전반에 걸쳐 사패의 발급은 승정원을 통해 이루어졌음을 알 수 있다.

사패의 양식은 성종대에 이르러 『경국대전』이 완성되었음에도 불구하고 법전에 규정된 양식이 정확히 적용되지 않다가 1500년대 중반을 지나서야 법전의 사패식이 준수되었다. 이러한 현상이 나타난 원인을 정확히 밝힐 수는 없으나, 사패는 다른 왕명문서에 비해 상대적으로 발급 빈도가 낮았기 때문에 법전의 규정과 기존의 문서 작성 관행이 일정기간 동안 혼착을 보인 것으로 볼 수도 있을 것이다.

제6장

고려말 조선초의 녹패

## 1. 머리말

고려와 조선에서는 관료에게 법에 따라 일정한 녹봉祿俸을 지급하였다. 관료에게 녹봉을 지급하는 제도는 관료제를 기반으로 하는 국가운용체제에 있어서 관료 선발을 위한 과거科擧 제도, 관직 임명을 위한 고신告身 제도와 더불어 매우 중요한 제도적 장치였다.

일반적으로 녹봉제라는 용어는 토지에 대한 수조권收租權과 현물로 지급된 녹봉祿俸을 아우르는 개념으로 사용되었다. 그러나 본고는 이 가운데 관료의 녹과祿科에 따른 현물 지급과 관계된 문서인 녹패祿牌를 연구 대상으로 하기 때문에 녹봉제 가운데서도 주로 현물로 지급된 녹봉에 대한 연구 성과와 관련이 있다.[1]

본고에서 다루는 녹패는 '고려와 조선의 법제에서 녹과에 따라 왕실・종친・관료 등에게 녹봉을 지급해 주기 위해 발급한 공문서' 정도로 정의할 수 있다. 아직까지 녹패라는 용어를 동시대 중국이나 일본에서 사용한 사례를 찾지 못하였고, 전존하는 실물 문서 또한 조선시대 법제에 따라 작성된 것들이므로 시기 및 국가의 범주를 고려와 조선으로 한정한다.

녹패의 실물은 이미 소장기관 및 문화재 자료집 등을 통해서 다수가 공개되었다. 학계에서는 먼저 최승희가 고문서에 대한 분류학적 접근을 통해 녹패에 대한 정의와 문서식을 소개한바 있고,[2] 김혁은 『이재난고頤齋亂藁』의 내용 분석을 토대로 조선시대 녹패 제

---

1) 본고에서는 녹봉제에 대한 기본적인 이해를 위해 최정환, 『高麗 朝鮮時代 祿俸制 硏究』, 경북대학교 출판부, 1991을 주로 참고하고, 이후에 발표된 여러 연구자들의 논문들을 부분적으로 참조하였다.

2) 최승희, 『(增補版)韓國古文書硏究』, 지식산업사, 1989(1쇄). "祿牌 : 吏・兵曹에서 왕명을 받들어 宗親・文武官員에게 祿科를 정하여 내려주는 祿科證書이다. 녹과는 제1과로부터 제18과로 구분되어 있어 科에 따라 祿俸에 차이가 있다. 조선초에는 三司에서 왕명을 따라 祿牌를 발급했으나 경국대전 전후에는 이・병조에서 발급했다. 경국대전에는 일년에 4차례 녹봉을 지급하도록 되어 있으나 1671년(현종12)부터는 매월 지급하였다. (이하 생략)"

도에 관한 전반적인 부분에 대하여 검토하였다.3) 전형택은 전남 나
주의 설재서원雪齋書院에 소장되어 있던 고문서 조사 결과를 공개
하였는데 그 가운데 조선초기 녹패가 포함되어 있었고,4) 가와니시
유야川西裕也는 『이재난고』에 전사되어 있는 여말선초의 녹패 전
사본을 학계에 최초로 알렸으며,5) 남권희 또한 문집에 전재되어 있
는 조선초기 녹패를 찾아서 소개한 바 있다.6) 최근 한국학중앙연구
원에서 발간한 『한국고문서정선』에는 기존에 알려지지 않았던 조선
초기 녹패의 실물이 몇 점 더 추가로 수록되어 있어 이전보다 논의
를 진전시킬 수 있게 되었다.7)

　이 연구에서 고려말 조선초라는 시기에 주목한 이유는 고려말로
부터 조선초에 해당하는 시기는 국가의 흥망에 따라 제도가 변하였
고, 이에 따라 문서제도에도 적지 않은 변화가 있었기 때문이다. 필
자는 이러한 사례를 이미 몇 차례 연구한 바 있고,8) 녹패 또한 당
시 문서제도의 변화를 살펴볼 수 있는 좋은 사례이므로 기존 연구
의 연장선상에서 이 연구에 착수하게 되었다. 이에 더하여 고려말
조선초의 고문서에 대한 연구는 대부분 당시에 작성된 원본 문서를
대상으로 하기 때문에 원문서에 대한 기초적인 문서학적 연구 성과
를 여타 학술 분과에서도 유용하게 활용할 수 있을 것이다. 고려시
대나 조선초기에 대한 연구에서 관찬 편년자료나 문집 등의 2차 자
료가 주로 이용되고 있는 점을 생각할 때 비록 수량은 많지 않더라

---

3) 김혁, 「朝鮮時代 祿牌 硏究」, 『고문서연구』 20, 2002.

4) 전형택, 「雪齋書院 소장의 조선초기 羅州鄭氏 고문서 자료」, 『고문서연구』 26, 2005.

5) 川西裕也, 자료소개 「『頤齋亂藁』 辛丑日曆 소재 麗末鮮初 고문서에 대하여」, 『고문서연구』 36, 2010.

6) 남권희, 「柳觀, 辛克敬, 鄭津 朝鮮開國原從工臣錄券 연구」, 『영남학』 15, 2009.

7) 『韓國古文書精選』 1・2, 한국학중앙연구원 장서각, 2012.

8) 심영환・박성호・노인환, 『변화와정착: 여말선초의 조사문서』, 민속원, 2011; 박성호, 「여말선초 紅
　牌・白牌 양식의 변화와 의의」, 『고문서연구』 40, 2012; 박성호, 「조선시대 賜牌의 발급과 문서양
　식」, 『고문서연구』 41, 2012.

도 1차 자료가 지니고 있는 사료적 가치는 매우 크다.


## 2. 고려말 조선초 녹패의 현황과 문서 검토

지금까지 알려진 고려말과 조선초의 녹패는 모두 9점으로 확인되었다. 고문서학에서는 주로 원본 고문서를 대상으로 기초적인 외적 특징, 판독, 내용과 관련된 제도 등을 연구하지만, 경우에 따라 전사본 가운데서도 원본을 토대로 전사했을 신빙성이 클 경우 사료적 가치가 있다. 따라서 본고에서는 고려말 조선초의 녹패로 파악된 원본과 전사본을 모두 검토하고자 한다.

〈표 6-1〉 고려말 조선초 녹패 현황

| 연번 | 문서명 | 발급연대 | 크기(cm) | 비고 |
|---|---|---|---|---|
| 1 | 金云寶 녹패 | 1361년(공민왕10) | 미상 | 전사본, 『이재난고』 |
| 2 | 都膺 녹패 | 1394년(태조3) | 45.3×31.2 | 성주도씨(논산) |
| 3 | 金云寶 녹패 | 1398년(태조7) | 미상 | 전사본, 『이재난고』 |
| 4 | 柳觀 녹패 | 1414년(태종14) | 미상 | 전사본, 『하정선생유고』 |
| 5 | 裵衽 녹패 | 1449년(세종31) | 미상 | 흥해배씨 |
| 6 | 裵衽 녹패 | 1452년(단종즉위) | 미상 | 흥해배씨 |
| 7 | 鄭軾 녹패 | 1463년(세조9) | 60.0×80.0 | 설재서원(도난) |
| 8 | 鄭軾 녹패 | 1467년(세조13) | 미상 | 나주정씨종친회 |
| 9 | 金宗直 녹패 | 1491년(성종22) | 89.0×74.0 | 선산김씨 |

김운보 녹패 2점은 『이재난고』에 전사된 자료인데, 각각 고려 공민왕대와 조선 태조대에 발급된 것을 전사한 것이다. 도응 녹패는 성주도씨가에 세전된 자료로서 전존하는 원본 녹패 가운데 발급시기가 가장 이른 자료이고, 류관 녹패는 문집에 수록되어 있는 자료

로서 비록 원본은 아니지만 발급 시기상 도응 녹패와 배임 녹패의
간극을 보충해 줄 수 있다. 배임 녹패 2점은 최근에 알려진 자료로
서 2점 모두 원본이지만, 현재 공개된 도판 외에 소장처는 알 수
없는 상태이다. 정식 녹패 2점 또한 모두 원본이지만, 1점은 나주에
소재한 설재서원에 소장되어 오다가 2008년에 도난당하였고, 1점은
나주정씨종친회를 통해 도판만 공개되었을 뿐 소장처는 알려지지
않고 있다. 마지막으로 김종직 녹패는 선산김씨가에 세전되어 온 녹
패로서 원본 그대로 현재까지 보전되고 있다.

  이하에서는 9점의 녹패에 대한 정서, 표점 및 기초적인 분석을
제시하고자 한다.

<자료 6-1> 1361년 김운보 녹패

| |
|---|
| [배면] 忽只左一番左右衛保勝・中郎將 金芸寶, 今辛丑年(祿).9) |

01 宣命 龍劒下左右衛保勝・中郎將 金云寶.
02    今辛丑年祿, 壹佰拾陸石內, ■米玖拾肆石柒斗■升.
03    ■米拾壹石, 糙米伍石, 麥拾壹石, 給京倉者.
04    至正二十一年十一月日.
05         朝請郎・尙書右司員外郎 柳[着押]
     [印文: 未詳]
(※ 전사본이므로 행 구분과 글자의 위치는 필자 임의로 복원하였음)

  이 녹패는 1361년(공민왕 10) 11월에 김운보에게 발급된 녹패이
다. 김운보金云寶(생몰년 미상)는 본관이 상산商山이고, 고려말 조
선초의 무관으로서 조선조에 들어와서는 영중추부사에 이른 것으로
전하고 있다.10) 위의 녹패는 『이재난고』에 수록되어 있는 내용을

9) 기왕의 성과에서는 "今辛丑第■"로 보았으나, 필자는 '今辛丑年(祿)'으로 추정하였다. 조선시대 녹패
   의 배면에 기재된 용례를 살펴본 결과 "今某年祿"의 형식이 사용되었을 것으로 추정되기 때문이다.
10) 『約軒集』, 『圃巖集』, 『頤齋遺藁』 등에 수록된 묘갈명, 행장 등에 근거함.

토대로 원문서의 형태를 복원한 것이다. 『이재난고』에 수록되어 있던 본문은 아래와 같다.

○忽只左一番左右衛保勝中郞將金芸寶.　今辛丑第■.　○祿牌外面大書. (주: 芸寶, 亦曰云寶, 亦曰文捧, 亦曰文寶, 初曰代大, 在丁酉年.) 宣命, 龍劍下左右衛保勝‧中郞將 金云寶, 今辛丑年祿, 壹佰拾陸石內, ■米玖拾肆石柒斗■升, ■米拾壹石, 糙米伍石, 麥拾壹石, 給京倉者. 至正二十一年十一月日. 朝請郞‧尙書右司員外郞 柳 (주: 押). ○是年十月, 紅賊東槍, 十一月, 恭愍王幸福州.[11]

이 원문에 대해서는 가와니시 유야川西裕也의 선행연구에서 이미 인물, 제도 고찰, 문서형태의 복원 등이 이루어졌다. 그는 "忽只左一番左右衛保勝中郞將金芸寶 今辛丑第■" 부분은 녹패의 배면 기록이라는 점, "忽只"는 당시 원元의 관제를 수용하여 설치된 관직명이라는 점, "宣命"은 공민왕 시기 반원정책의 결과 "王命"이 아니라 "宣命"이 쓰였을 것이라는 점, 이 시기에는 상서성尙書省의 우사右司에서 녹봉 지급을 담당하였다는 점 등을 지적하였다. 이 외에도 실제 원본 문서에서는 "王命准賜"의 경우처럼 "宣命" 앞뒤로 "准"과 "賜"가 있었을 수도 있다고 추정하였다.[12]

위에서 복원한 녹패를 토대로 몇 가지 사항을 더 살펴보고자 한다.

먼저 이 녹패에는 조선시대 녹패와 달리 녹과가 표기되어 있지 않다. 조선초기 녹패에는 18등급으로 구분된 녹과와 함께 미米 또는 맥麥의 수량을 함께 기재했던 것과 대비된다. 선행연구에 의하면 고려시대에는 문무반의 녹과가 문종 때는 47과, 인종 때는 28과로 구분되어 있었다.[13] 그렇다면 조선초기 녹패와 달리 녹과가 기

11) 한국학자료총서3-『頤齋亂藁』, 한국정신문화연구원, 1994; 장서각 디지털아카이브(http://yoksa.aks. ac.kr)에 수록된 원문을 근거로 교감을 하였다.

12) 川西裕也, 앞의 논문, 195~196쪽.

재되지 않은 이유는 무엇일까? 그 이유는 고려시대 문무반의 녹과는 조선시대와 같이 일률적인 기준으로 녹과를 구분하여 지칭되지 않았기 때문일 것이다. 『고려사』에는 조선시대처럼 녹과를 숫자로 구획하여 그에 따른 녹봉액을 명시하고 있지 않을 뿐만 아니라, 고려시대의 녹과는 조선시대처럼 관품과 녹봉의 등급이 일률적으로 일치하지도 않았다.14)

둘째, 녹봉의 수령액이 총 116석으로 기재되어 있다. 구체적으로는 ■米 94석 7두 ■승, ■米 11석, 조미糙米 5석, 맥麥 11석이다.15) 『고려사』 식화지食貨志에 따르면 인종 때에 경정된 녹봉 지급 기준으로 중랑장中郎將은 120석을 지급받은 것으로 기재되어 있어 수치상 다소 차이가 있다.16) 이 문제는 이하의 녹패에서도 계속 관찰된다.

셋째, 여기에 경창京倉이라고 적힌 곳은 개경에 있던 경창을 가리킨다. 구체적으로는 고려시대의 좌창左倉, 광흥창廣興倉으로 불리던 곳이다.

넷째, 녹봉 지급을 관장한 관서는 상서성의 우사였고, 문서에는 원외랑員外郎이 서명을 하였다. 이 서명을 황윤석은 압押이라 지칭하였다.

---

13) 최정환, 「高麗 祿俸制의 運營實態와 그 性格」, 『慶北史學』 2, 112~128쪽.

14) 최정환, 앞의 논문, 115~116쪽.

15) 총액 116석과 개별 녹봉의 합계가 일치하지 않는다. 이 부분은 원본을 확인하였으나 해당 부분의 상태가 좋지 못하여 기존의 正書本의 내용을 그대로 따랐다. 차후 재검토가 필요하다.

16) 『高麗史』 食貨志三, 祿俸조. 仁宗朝 更定. ...(생략)..., 一百二十石. 【司天·軍器少監, 閣門副使, 諸曹郎中, 起居舍人, 起居郎, 秘書·殿中丞, 諸中郎將, 試太醫監·司業少卿·將作·少府·秘書·殿中少監·閣門引進使·閣門使, 攝將軍.】

〈자료 6-2〉 1394년 도응 녹패

```
01      准
02   王命  宣節將軍・興威衛・左領將軍 都 膺,
03      賜
04   今甲戌年祿, 第玖科, 壹佰柒拾石, 給京倉者.
05   洪武貳拾柒年拾月 日
06                  奉正大夫・三司右咨議 朴[着押]
     [宣賜之印] 3顆
```

    1394년(태조 3) 10월에 발급된 이 녹패는 현재까지 원본이 전하고 있고, 전존하는 녹패 가운데 발급 시기가 가장 앞서는 자료이다. 이 문서를 발급받은 도응都膺(생몰년 미상)은 고려말에 문하찬성사를 지냈으나 조선이 개국하자 수차례 발급된 직첩職諜과 녹봉을 모두 거부한 채 충절을 지켰다는 일화가 전하고 있다. 충남 논산의 성주도씨가에는 당시의 고신(왕지) 4점과 녹패 1점이 전하고 있다.[17)

    이 문서에서 주목할 부분은 다음과 같다.

    첫째, "王命准賜"를 포함하여 제반 양식적 특징들을 주의 깊게 살펴보아야 한다. <자료6-1>을 통해 고려말의 녹패도 "왕명준사" 양식으로 작성되었을 것으로 추정할 수 있지만 실물이 아니라는 한계가 있고, 다음의 <자료6-3>도 역시 원본이 아니다. 따라서 <자료6-2>는 고려말 조선초 녹패의 외형을 복원하는 중요한 기준이 된다. 문서에 사용된 인장도 이 문서를 통해 조선초기 녹패에 "선사지인"이 사용된 사실을 확인할 수 있다.

    둘째, 녹과와 녹봉액에 대한 기재 방식에 변화가 보인다. <자료6-1>에서는 전체 녹봉액을 먼저 기재한 뒤 세부적으로 수령물의 명

---

17) 보물 제724호, 1393년(태조2), 1394년(태조3), 1395년(태조4), 1397년(태조6)에 발급된 고신(왕지) 4점과 여기 소개된 녹패 1점이 포함되어 있다.

칭과 수령액을 다시 기재하였는데, 여기서는 녹과와 전체 수령액만
기재되고 있다. 이런 기재방식은 이후의 녹패에도 동일하게 나타난다.
　셋째, 조선 개국후 삼사三司에서 녹봉 지급업무를 관장한 사실을
실증적으로 확인할 수 있다. 이 문서에는 삼사의 우자의右咨議였던
박모朴某의 서명, 즉 압押도 선명하게 남아 있다. 그리고 녹봉의 실
제 수령처는 고려시대와 마찬가지로 경창으로 기재되어 있는데, 이
경창 역시 광흥창을 가리킨다.

〈자료 6-3〉 1398년 김운보 녹패

| [배면] 嘉靖大夫・檢校中樞院副使・兼判司僕寺事 金云寶, 今戊寅年(祿). |
|---|

```
01        准
02   王命      嘉靖大夫・檢校中樞院副使・兼判司僕寺事 金云寶,
03      賜
04        今戊寅年祿, 第九科, 一百七十石, 給京倉者.
05        洪武三十一年正月   日.
06              朝散大夫・三司右咨議 閔[着押]
        [宣賜之記]
```

　이 자료는 1398년(태조 7) 정월에 김운보에게 발급된 녹패이다.
이 자료 또한 『이재난고』에 수록된 것으로서 원래 기록은 아래와
같다.

　　嘉靖大夫檢校中樞院副使・兼判司僕寺事金云寶, 今戊寅年■. (○祿牌外
　　大書) 王命准賜, 嘉靖大夫・檢校中樞院副使・兼判司僕寺事金云寶, 今
　　戊寅年祿, 第九科, 一百七十石, 給京倉者. 安宣賜之記. 洪武三十一年正
　　月日. 朝散大夫・三司右咨議閔押 (○太祖七年)

　이 녹패도 '왕명준사' 양식으로 작성되었다. 전체적으로 4년 앞서

작성된 <자료6-2>와 동일한 형태로 판단된다. 그러나 인장의 글자 가운데 한 글자가 도응 녹패와 차이가 난다. <자료6-2>에는 '선사지 인'이 답인된 것을 확인하였는데, 황윤석은 당시 이 인문을 "宣賜之 記"로 적었다. 이 점에 대해서는 두 가지 추정을 해 볼 수 있다. <자료6-2>가 발급된 이후 어느 시점에 공식적으로 인장이 바뀌었거 나 황윤석의 판독 또는 전사에 실수가 있었을 것이라는 가정이다. 지금으로서는 조선초기 녹패의 인장 변화를 빠짐없이 확인할 수는 없지만, 실록의 1403년(태종 3)과 1432년(세종 14)의 기사에서 당시 녹패의 인장이 '선사지인'이었다는 내용이 보이므로 『이재난고』 기 사의 오기로 보는 것이 타당하다고 생각한다. 이 녹패의 발급도 삼 사에서 담당하였고, 우자의右咨議 민모閔某의 서명, 즉 압押이 있 었던 것으로 보인다.

〈자료6-4〉 1414년 류관 녹패

```
01      準
02 王命 資憲大夫・司憲府大司憲・寶文閣提學・兼判典祀寺事 柳(觀),
03      賜      今甲午年祿, 第三科, 二百九十石, 給京倉者.
04           永樂十二年六月　日.[18]
05              推忠翊戴開國功臣・正憲大夫・吏曹判書・集賢殿大提
學・世子左賓客・西原君 韓[着押]
         [印文: 宣賜之印으로 추정]
```

이 문서는 1414년(태종 14) 6월에 류관柳觀(1346～1433)에게 발 급된 녹패이다. 남권희에 의해 문집에 수록되어 있는 개국원종공신 녹권과 함께 알려진 자료이다. 류관의 문집인 『하정선생문집夏亭先 生文集』에 수록되어 있는 자료로서 문집에 수록된 본문을 토대로

---

18) 원래 문집에는 "永樂十二年甲午六月 日"로 발급연도의 간지가 함께 기재되어 있었다. 그러나 이것 은 문집에 수록하면서 편찬자가 해당 연도의 간지를 임의로 삽입한 것으로 추정되므로 복원한 문 서에서는 생략하였다.

문서의 원래 형태를 복원한 결과는 위에 제시한 바와 같다. 문서
양식은 앞서 살펴본 조선초기의 녹패 양식과 동일하다.

제도상의 변화를 하나 지적하면, 앞서 살펴본 <자료6-2>와 <자료
6-3>과는 달리 녹봉 지급을 관장하는 부서가 삼사에서 이조로 바뀌
었다는 점이다. 문서의 마지막 행에 기재된 이조판서吏曹判書 한모
韓某[19]의 관직명과 서명이 기재된 부분이 이 사실을 확인시켜주는
단서이다. 실제 1405년(태종 5) 3월에 육조六曹의 업무를 새롭게
분장한 사실이 확인되고, 이때 이조의 문선사文選司의 업무 가운데
녹사祿賜가 포함되어 있다.[20]

문서 양식 또한 여전히 '왕명준사'의 형태를 유지하고 있고, 인장
에 대한 내용은 기재되어 있지 않지만 시기상 '선사지인'이 사용되
었을 것으로 추정된다. 문집에는 이조판서가 "着押"을 했다고 기재
되어 있어 원문서에 실제로 서명이 있었고, 그 서명을 압押으로 지
칭한 것으로 보인다. 이 부분은 앞서 『이재난고』의 경우와 함께 조
선초기 녹패에 사용된 관원의 서명을 '압押', 그 행위를 '착압着押'
이라고 지칭한 좋은 사례이다.

〈자료 6-5〉 1449년 배임 녹패

```
01    奉
02  教賜. 進義副尉・右軍攝司勇 裵衽.
03    今己巳年祿, 第拾捌科, 貳拾石. 給京倉者.
04    正統拾肆年拾月 日.
05         宣敎郎・守吏曹佐郎 李[着押]
      [頒賜之印] 1顆
```

---

19) 이 문서에 기재된 이조판서는 연대기 자료를 참고할 때 西原君 韓尙敬(1360~1423)으로 추정된다.
20) 『태종실록』 5년(1405) 3월 1일 기사. 禮曹詳定六曹分職及所屬以聞: 吏曹掌文選・勳封・考課之政,
    以德行才用勞效, 較其優劣而定其留放, 爲之注擬等事. 其屬有三, 一曰文選司, 二曰考勳司, 三曰考功
    司. 文選司, 掌文官階品告身祿賞之事, 正郎一人・佐郎一人. 考勳司, 掌宗親官吏勳封內外命婦告身及
    封贈之事, 正郎一人・佐郎一人. 考功司, 掌內外文武官功過善惡考課及名謚碑碣之事, 正郎一人・佐
    郎一人.

〈자료 6-6〉 1452년 배임 녹패

01　奉

02　敎賜, 修義副尉・右軍攝副司正 裵衽,

03　　今壬申年祿, 第拾陸科, 參拾石, 給京倉者.

04　　景泰參年柒月 日.

05　　　　　承議(郞)・吏曹佐郞・知製 敎・兼承文院副校理 尹[着押]

　　[頒賜之印] 1顆

　위의 <자료6-5>와 <자료6-6>은 최근에 알려진 자료이다. 이 두 녹패는 각각 1449년(세종 31) 10월과 1452년(단종 즉위) 7월에 배임裵衽에게 발급된 것이다. 배임(생몰년 미상)은 조선초기의 무관으로 본관이 흥해興海이고, 황해도관찰사를 지낸 배삼익裵三益(1534~1588)의 고조高祖이다.[21]

　이 녹패에서 주목할 점은 문서 양식의 변화이다. <자료6-4>가 발급된 시기로부터 약 35년이 경과한 시점에 발급된 이 녹패에서 더 이상 "王命准賜"라는 표기를 찾아 볼 수 없다. "왕명준사"가 있던 자리에는 "奉敎賜"라는 문구가 사용되었다. 이러한 문서 양식의 변화는 세종실록에 수록된 다음의 기사를 통해 그 배경을 알 수 있다.

> 상정소에서 아뢰기를,
> "각종 녹패에 사용하는 선사宣賜라고 새긴 인장의 글자를 반사頒賜라는 글자로 고치고 그 체제는 의정부인議政府印을 모방하여 고쳐 주조하여서 이조에서 전과 같이 쓰게 하며, 그 녹패 안에 왕명준사王命准賜라는 문구를 봉교사奉敎賜라고 개칭하게 하소서."
> 하니, 예조에 내렸다.[22]

---

21) 배임의 관력은 당시 배임에게 발급된 조선초기 조사문서 11점을 통해 확인할 수 있다(심영환・박성호・노인환, 앞의 책 참조).

22) 『세종실록』 14년(1432) 4월 25일 기사. 詳定所啓: "各品祿牌行使宣賜印文, 改以頒賜, 其體倣議政府印改鑄, 令吏曹仍舊用之. 其祿牌內王命準賜, 改稱奉敎賜." 下禮曹.

위 기사에서 당시에 결정된 사항 가운데 두 가지 중요한 변화를 확인할 수 있다. 하나는 인장의 변화이고, 다른 하나는 녹패에 기재된 문구의 변화이다. 인장은 기존의 '선사지인'을 '반사지인'으로 바꾸도록 하자는 것인데, <자료6-5>와 <자료6-6>에 사용된 인장의 인문을 자세히 판독해 보면 '반사지인'이 사용되었음을 알 수 있다. 녹패에 기재된 문구 또한 "왕명준사"에서 "봉교사"로 바뀌었다.

하나 더 주목할 부분은 배임의 경우 무관직임에도 불구하고 녹패 발급을 이조에서 담당하였다는 것이다. <자료6-5>와 <자료6-6>에는 각각 이조좌랑吏曹佐郎 이모李某와 윤모尹某23)의 장함長銜(품계와 겸직을 포함한 관직명을 기재)과 서명이 보인다. 이를 통해 조선초기 특정 시기까지는 문무관의 녹봉 지급을 이조에서 모두 관장하였음을 알 수 있다.

그리고 이 녹패는 1439년(세종 21)부터 녹봉제가 기존 연 2회 지급하던 것에서 연 4회, 즉 사맹삭제로 바뀐 이후에 발급되었다는 점도 기억해 두어야 한다.

〈자료6-7〉 1463년 정식 녹패

```
01      奉
02  敎. 資憲大夫·知中樞院事·慶尙道左道兵馬都節〈制使·〉
03      知招討營田事 鄭軾.
04      今癸未年祿, 第參科, 貳佰玖拾石, 給京倉〈者〉.
05      天順柒年正月 日
06      推忠左翼功臣·崇政大夫·吏曹判書·世子左賓客·延城君〈朴
    [着押]〉
        [頒賜之印] 1顆
```

---

23) 실록과 연대기 자료에 의거하면 윤모尹某는 윤자운尹子雲(1416~1478)으로 추정된다.

<자료6-8> 1467년 정식 녹패

```
01    兵曹奉
02  〈敎賜〉, 正憲大〈夫・中〉樞府同知事・兼五〈■…■ 鄭軾〉,
03    今丁亥年, 第肆科祿者.
04    成化三年正月 日.
05    參判臣朴[着押]          行正郎
       [印文: 未詳] 1顆
```

    <자료6-7>과 <자료6-8>은 각각 1463년(세조 9)과 1467년(세조 13)에 정식鄭軾(1407~1467)에게 발급된 녹패의 원본이다. 정식은 본관이 나주이고, 정가신鄭可臣의 6세손으로 우승지・형조참판・지중추원사 등의 관직을 역임하였다. 이 두 자료는 동일 인물에게 발급된 것이지만, 소장처는 각각 다르다. <자료6-7>의 경우 일제강점기에도 조사가 되어 그 유리필름자료가 현재까지 남아있고, 최근까지도 전라남도 나주의 설재서원에 소장되어 오다가 2008년 도난 신고가 된 상태이다. <자료6-8>은 일제강점기를 비롯하여 설재서원 소장 고문서 가운데에도 포함되지 않은 것으로서 나주정씨종친회의 홈페이지를 통해 사진자료가 공개되었을 뿐 소장처는 명확히 확인되지 않고 있다.[24)

    이 두 녹패에서 주목할 사항은 다음과 같다.

    첫째, <자료6-7>에 "奉敎"라고만 적혀 있는 것에 대한 의문이다. 앞서 "奉敎賜"로 문구가 변경된 사실을 확인했는데, 이 문서에서는 단순 실수로 "賜"자를 빠뜨린 것인지 이 무렵에 와서 "奉敎"로만 기재하는 것으로 바뀐 것인지 확실히 알 수 없다.

    둘째, <자료6-8>에 "兵曹奉(敎賜)"가 기재된 점을 주목해야 한다.

---

24) 나주정씨종친회(http://www.najujeong.com)에는 이 녹패와 더불어 정식에 발급된 고신 7점, 기타 문서 몇 점이 함께 공개되어 있다. 설재서원 소장 자료와 중복되지 않는 자료로서 전존 과정에서 자료가 분산되었을 것으로 추정된다.

결과적으로 이 무렵부터 조선후기까지의 모든 녹패에 문관에게는 "이조", 무관에게는 "병조"가 기재된 녹패가 발급되었다. 앞서 <자료6-6>에서도 거론했듯이 조선초기에는 문무관 구분 없이 모두 이조에서 녹봉에 관한 업무를 관장해 오다가 특정 시기를 지나면서 이조와 병조에서 각각 업무를 분장하였기 때문에 나타난 현상이다. 이에 대해서는 다음 절에서 자세히 다루고자 한다.

셋째, <자료6-7>과 <자료6-8>의 말미에 기재된 담당 관사의 관원에 대한 기재 방식이 달라진 점을 주목해야 한다. <자료6-7>에는 이조판서 모某[25])의 구함具銜이 기재되어 있는데, <자료6-8>에는 병조참판과 행정랑의 단함單銜이 함께 기재되었고 참판 박모朴某[26])가 서명을 하였다. 이를 통해 문서 양식이 또 한번 변화한 사실을 알 수 있다.

넷째, <자료6-7>과 <자료6-8>에는 표기상 몇 가지 변화가 더 관찰된다. <자료6-7>에는 녹과와 녹봉액이 함께 기재되었고, <자료6-8>에는 녹과만 기재되어 있다. 그리고 <자료6-8>을 시작으로 본문의 말미에 "給京倉者"라는 문구가 사라지고 "第某科祿者"로 끝맺게 되었다. 이런 점에서 <자료6-8>은 『경국대전』 녹패식에 매우 근접한 문서 양식을 보여주고 있다.

다섯째, <자료6-7>에는 '반사지인'이 사용된 것을 확인할 수 있지만, <자료6-8>에는 정확히 무슨 인장이 사용되었는지 사진자료만으로는 확인할 수 없다. 그러나 <자료6-8>의 첫부분에 "병조"라는 문구가 처음 사용된 것을 고려할 때 이 무렵부터 녹패에도 '吏曹之印'과 '兵曹之印'이 사용되었을 것이라는 추정이 가능하다. 그러나 이 부분은 인장제도 변화에 관한 보다 충분한 근거가 확보되어야만

---

25) 이조판서 연성군은 朴元亨(1411~1469)으로 추정된다.
26) 병조참판 朴은 朴仲善(1435~1481)으로 추정된다.

확신할 수 있다.


〈자료6-9〉 1491년 김종직 녹패

```
01    兵曹奉
02 敎賜, 資憲大夫・知中樞府
03    事 金宗直, 今辛亥年,
04    第三科祿者.
05    弘治四年正月 日.
06              參議 臣
07 判書臣李[着名] 參判        正郎 臣 郭[着名]
08              參知
      [兵曹之印] 1顆
```


　〈자료6-9〉는 1491년(성종 22) 정월에 병조에서 김종직金宗直에게 발급한 녹패이다. 김종직(1431～1492)은 본관이 선산善山이고, 함양 군수・도승지・이조참판 등의 관직을 역임하였다. 이 문서가 발급 된 때는 『경국대전』이 최종적으로 완성 반포된 1485년(성종 16) 이 후이므로 법전의 녹패식을 준용한 전형적인 사례이다. "兵曹"에서 "奉敎賜"한다는 문구로 시작하여 "第三科祿者"의 형태로 녹과만을 표기하였다. 문서의 마지막에는 병조의 판서, 참판, 참의, 참지, 정 랑의 단함이 기재되었고, 그 가운데 판서 이모李某[27]와 정랑 곽모 郭某가 '착명'을 하였다. 사용된 인장은 '병조지인'이다.

　기존의 녹패와 다른 점은 녹패의 하단에 작은 크기의 소편지小片 紙[28]가 부착되어 있는 점이다. 앞서 살펴본 녹패에도 원래 이러한 소편지가 있었을 가능성을 배제할 수는 없지만, 실물로 남아 있는 것으로서는 김종직 녹패가 가장 이른 사례이다. 이 소편지는 녹패를

---

27) 병조판서 이李는 李克墩(1435～1503)으로 추정된다.

28) '小片紙'라는 용어는 최승희와 김혁이 이미 연구에서 언급하였다. 이는 『典律通補』 別篇의 문서식 부분에 "소편지"가 사용된 용례에 근거한다.

근거로 실제 광흥창에서 녹봉을 수령할 때 지급받은 것으로서 여기에는 광흥창 현장에서 녹봉 지급을 관리 감독한 감찰과 광흥창 관원이 각각 착명着名, 착압着押을 하였다.

## 3. 고려말 조선초의 녹봉제와 녹패의 발급

고려와 조선의 녹봉제에 대해서는 이미 역사학계에서 여러 주요한 성과를 축적해 왔다. 지금까지 밝혀진 녹봉제에 관한 주요 내용을 잠시 살펴보자. 녹봉제의 정비는 고려 문종대에 본격적으로 이루어졌고, 인종대에 경정更定을 통해 고려전기 녹봉제가 실질적으로 완비되었다. 그러나 이후 전시과 체제의 붕괴, 국가 재정 곤란 등이 지속되면서 고려후기 무인정권기 이후에는 녹봉 지급이 제대로 이루어지지 못하는 상황에 직면하였다. 공민왕의 녹봉제 쇄신 노력도 성과를 거두지 못한 것으로 보이며, 결국 이른바 이성계의 위화도 회군 이후 전제田制 개혁이 추진되면서 과전법의 시행을 통해 녹봉 지급의 해법을 모색하였다. 그 핵심은 권세가들이 겸병한 토지를 몰수하여 공전公田으로 삼고, 관원을 1품으로부터 9품까지 18과로 나누어 그들에게 과전을 지급하는 방안이었다.

고려의 18과등 전시과와 연 2회(정월과 7월) 반록하는 초이심반록제初二審頒祿制는 고려말의 과전법 시기를 거쳐 조선초로 이어졌다. 조선에 들어와서는 1407년(태종 7)에 경정녹과更定祿科가 마련되었고, 초이심반록제는 1439년(세종 21) 정월부터 사맹삭반록제四孟朔頒祿制로 바뀌어 『경국대전』에까지 그대로 반영되었다.[29]

---

29) 고려와 조선초기 녹봉제의 주요 내용은 최정환의 『高麗 朝鮮時代 祿俸制 硏究』, <제7장 고려 녹봉제의 변천>과 <제8장 조선전기 녹봉제의 정비와 그 변동>을 참고하여 주요 내용을 요약하였다.

이하에서는 이상의 기본적인 녹봉제 연구 성과와 고려말 조선초의 녹패에 관한 검토 내용을 중심으로 기존 연구에서 주목하지 못했던 새로운 사실을 위주로 녹봉제의 일면을 살펴보고자 한다.

## 3.1 녹봉 및 녹패 발급 담당 관사

공문서는 국가제도를 기반으로 하는 행정의 산물이라고 할 수 있다. 따라서 녹패에는 녹봉 지급에 관련된 제도와 그 행정의 흔적이 남아 있다. 기왕의 녹봉제 연구에서는 문헌자료에 근거하여 녹봉제의 큰 틀을 위주로 한 제도사 연구가 진행되었기 때문에 실질적인 행정 등에 대해서는 다소 규명이 덜 된 면이 있다. 김혁의 연구에서는 이 부분에 대한 의미 있는 성과가 있었으나, 지금보다 실물자료가 덜 공개된 상황이었으므로 고려말 조선초에 대해서는 확언하지 못한 부분이 있었다.[30]

따라서 여기서는 앞서 <자료6-1>~<자료6-9>를 검토하면서 확인한 녹패 발급 관사들을 여타 문헌에 수록된 관련 내용과 더불어 살펴보자.

먼저 <자료6-1>에 보이는 상서尚書 우사右司는 고려 문종대에 상서성尚書省 좌左·우사右司에 원외랑員外郎 1인씩을 두었고, 충선왕대에는 좌·우사에 낭중郎中, 원외랑員外郎, 도사都事를 각 2인씩 두었으며, 1362년(공민왕 11)에는 상서성을 혁파하고 삼사三司를 설치하였다고 『고려사』에 기재되어 있다.[31] 여기서 확인할 수 있는 사실은 최소한 <자료6-1>이 발급된 1361년(공민왕 10)에는 상

---

30) 김혁, 앞의 논문, 187~189쪽.

31) 『고려사』百官志一, 尚書省.
  太祖仍泰封之制, 置廣評省, 摠領百官, 有侍中·侍郎·郎中·員外郎 ...(생략)... 恭愍王五年, 革三司, 復置尚書省, 並復文宗舊制, 唯不置知省事, 陞都事正七品. 十一年, 罷尚書省, 復置三司.

서성의 우사에서 녹봉 지급과 녹패 발급에 관한 업무를 관장했고, 1362년(공민왕 11) 상서성 혁파 이후에는 삼사에서 해당 업무를 담당했을 것으로 추정된다는 것이다.

1362년(공민왕 11) 이후 고려말에 발급된 녹패는 아직까지 확인된 바가 없기 때문에 문서를 근거로 삼사에서 녹봉 관련 업무를 관장했다고 확언할 수는 없다. 그러나 <자료6-2>와 <자료6-3>을 통해 조선 개국초에는 삼사에서 해당 업무를 맡은 사실이 확인된다. 조선 개국 당시에 제정된 문무백관의 관제에도 삼사가 늠봉廩俸의 지급을 관장한다고 명시되어 있고,[32] 정도전이 편찬한 『조선경국전』에도 삼사에서 녹패를 발급하고 광흥창에서 이를 근거로 반록頒祿한다는 내용이 보인다.[33]

이후 1401년(태종 1)에 삼사는 사평부司平府로 개편되었다.[34] 사평부는 1405년(태종 5) 관제 개혁에 의해 호조로 귀속되었다. 이때의 관제 개혁을 통해 조정의 주요 실무는 육조를 중심으로 재편되었다.[35] 그런데, 기존에 사평부에서 맡았을 것으로 추정되는 녹봉에 관한 업무는 호조로 승계된 것이 아니라 이조가 관장하게 되었다.[36]

이조에서 발급한 녹패는 <자료6-4>~<자료6-7>을 통해 확인하였다. 여기서 한 가지 의문은 이조는 문관의 인사를 맡고, 병조는 무관의 인사를 맡았으니 무관의 녹봉 지급과 녹패 발급에 관한 업무

---

32) 『태조실록』 1년(1392) 7월 28일 기사. ...(생략)... 三司: 掌授廩俸計支用等事. 領司事一, 正一品; 判司事一, 從一品; 左右僕射各一, 正二品; 左右丞各一, 從三品; 左右諮議各一, 正四品; 左右長史各一, 正五品; 都事二, 正七品; 掾吏六, 七品去官, 都史廩俸, 其外權知.

33) 『三峰集』, 朝鮮經國典, 祿俸.
人君之與賢者所共者. 天職也. 所治者. 天民也. 故厚之以天祿. 使之免仰事俯育之累. 而專力乎供職也. 傳曰. 忠信重祿. 所以勸士也. 國家頒祿之制. 自一品至九品分爲十八科. 三司給牌. 廣興倉以其科而頒之

34) 『태종실록』 1년(1401) 7월 13일 기사. ...(생략)... 三司爲司平府, 義興三軍府爲承樞府, 學士爲提學. 分藝文春秋爲二館, 藝文爲祿官, 春秋爲兼官.

35) 『태종실록』 5년(1405) 1월 15일 1번째 기사. 改官制. ...(생략)... 至是革司平府, 歸之戶曹.

36) 『태종실록』 5년(1405) 3월 1일 기사. 禮曹詳定六曹分職及所屬以聞. ...(생략)... 文選司, 掌文官階品告身祿賜之事, 正郎一人·佐郎一人.

는 병조에서 하지 않았겠느냐는 것이다. 그러나 이 의문점은 <자료
6-8>과 더불어 다음의 실록 기사를 통해 명확히 해소된다.

전교하기를,
"동반·서반의 녹패는 이조와 병조에서 나누어 관장하도록 하고, 또 여러 관
사의 상직上直 생기省記는 아뢰지 말도록 하되, 다만 대궐 안의 여러 관사
로서 전일에 이조에서 아뢰던 생기는 병조로 하여금 이를 아뢰도록 하라."
하였다.[37]

이러한 결정이 이루어진 것이 1466년(세조 12) 11월 18일이므로
이전까지는 이조에서 문무관의 녹봉 지급과 녹패 발급에 관한 업무
를 모두 관장한 것으로 봐야 할 것이다. 결정적으로 1467년(세조
13) 정월에 정식에게 발급된 녹패에서 처음으로 병조라는 문구가
기재된 것이 확인되고 있어 이러한 변화에 대한 하나의 중요한 근
거가 된다.[38]
　고려말 조선초에 녹봉 지급과 녹패 발급 업무를 관장한 관사를
표로 정리하면 아래와 같다.

〈표 6-2〉 고려말 조선초 녹패 발급 담당 관사

| 시기 | 관사명 | 비고 |
|---|---|---|
| 고려말 | 尙書省 右司 | 상서성은 문종대 이후 수차례 개편이 있었으나 여기서는 "상서성 우사"로 표기함 |
| 1362년(공민왕11) 이후 ~ | 三司 | |
| 1401년(태종1) 이후 ~ | 司平府 | |
| 1405년(태종5) 이후 ~ | 吏曹 | |
| 1466년(세조12) 이후 ~ | 吏曹, 兵曹 | |

37) 『세조실록』 12년(1466) 11월 18일 기사. 傳曰: "東·西班祿牌, 吏·兵曹分掌. 且諸司上直省記勿啓.
但闕內諸司, 在前吏曹啓省記者, 令兵曹啓之."

38) 김혁의 선행연구에서 이미 1466년(세조12)년 녹패 발급을 이조와 병조에서 분장한 사실을 지적하
였다. 그러나 三司가 혁파된 이후 吏曹에서 녹패 발급을 담당한 시점에 대해서는 태종대 중엽으로
추정하였다. 위의 주에 보이는 1405년(태종5) 3월 1일 기사와 <자료6-4>~<자료6-7>을 통해
1405년(태종 5)을 기점으로 이조에서 문무관의 녹패 발급을 전담했음을 확신할 수 있다.

## 3.2 반록제와 녹패 발급 시기

앞서 언급한대로 고려시대에는 원칙적으로 연 2회, 즉 정월과 7월에 정기반록이 행해졌다. 그러나 명종대를 지나면서 제때에 녹봉을 지급하지 못하는 사례가 발생하였고, 이러한 사례는 무인정권기에 더 심해졌다. 선행연구에 의하면 1329년(충숙왕 16)에는 10월, 1334년(충숙왕 복위3)에는 5월, 1357년(공민왕 6)에는 9월에 반록이 행해진 경우도 있었다.[39]

이렇게 정월과 7월 두 차례 반록하는 제도는 조선초까지 지속되다가 1438년(세종 20)에 이르러 일 년에 네 차례 정월, 4월, 7월, 10월에 반록하는 사맹삭반록제가 시행되었다.[40]

기본적으로 녹패는 이상에서 살펴본 반록 시기에 맞춰 발급되었고, 발급된 녹패를 가지고 광흥창에 가야만 현물을 지급받을 수 있었다. 그렇다면 <자료6-1>~<자료6-9>에 기재된 내용을 토대로 실제 녹패의 발급 시기를 다시 한번 확인해 보자.

〈자료6-1〉 김운보 녹패 : 1361년(공민왕10) <u>11월</u>
〈자료6-2〉 도응 녹패 : 1394년(태조3) <u>10월</u>
〈자료6-3〉 김운보 녹패 : 1398년(태조7) **1월**
〈자료6-4〉 류관 녹패 : 1414년(태종14) <u>6월</u>
〈자료6-5〉 배임 녹패 : 1449년(세종31) **10월**
〈자료6-6〉 배임 녹패 : 1452년(단종즉위) **7월**
〈자료6-7〉 정식 녹패 : 1463년(세조9) **1월**
〈자료6-8〉 정식 녹패 : 1467년(세조13) **1월**
〈자료6-9〉 김종직 녹패 : 1491년(성종22) **1월**

---

39) 최정환, 앞의 논문, 129~130쪽.
40) 최정환, 「朝鮮初期 祿俸制의 整備와 그 變動」, 『慶北史學』 5, 1982, 61쪽.

위 사례 가운데 <자료6-1>, <자료6-2>, <자료6-4>를 제외한 나머지 녹패는 모두 발급시기가 제도에 부합한다. <자료6-1>은 11월, <자료6-2>는 10월, <자료6-4>는 6월에 발급되었는데, 이에 대한 합리적인 해명은 선행연구에서 언급된 국가 재정 곤란으로 인한 불규칙적인 반록으로 보거나 신규 관직에 임명된 경우로 볼 수 있을 것이다. 관직 임명에 따른 수시 반록은 법전이나 실록에서 관련 내용을 찾아볼 수 있다.

## 3.3 녹과와 녹봉 수령액

고려시대 녹과는 『고려사』에 수록된 내용을 근거로, 조선시대 녹과는 실록과 『경국대전』을 근거로 녹과별 녹봉수령액을 확인할 수 있다. 이 부분은 이미 여러 연구자들에 의해 정리가 되었다. 그러나 여기서는 문서에 기재된 녹과별 수령액과 『고려사』와 실록 등에 기재되어 있는 녹과별 수령액을 비교해 보고자 한다. 앞서 녹패를 하나하나 분석하면서 규정과 문서에 기재된 수령액 사이에 차이가 있음을 언급한 바 있다.

먼저 <자료6-1>은 1361년(공민왕 10)에 발급된 녹패이므로 고려 인종대의 경정녹과更定祿科를 기준으로 비교할 수 있다.

〈자료6-1〉1361년(공민왕10) 김운보 녹패 : 중랑장(정5품), 116石
『고려사』食貨志, 祿俸條 : 중랑장 120石[41]

이때는 문서에도 구체적인 녹과는 기재되어 있지 않고, 『고려사』

---

41) 『高麗史』食貨志三, 祿俸조. 仁宗朝更定. ...(생략)... 一百二十石. 【司天·軍器少監, 閤門副使, 諸曹郎中, 起居舍人, 起居郎, 秘書·殿中丞, 諸中郎將, 試太醫監·司業少卿·將作·少府·秘書·殿中少監·閤門引進使·閤門使, 攝將軍.】

에도 녹과가 명시되어 있지 않다. 그러므로 "중랑장"이라는 관직에 해당하는 녹봉액을 기준으로 비교해 보았다.

다음으로 <자료6-2>와 <자료6-3>은 조선 개국초의 녹과에 따른 녹봉액을 서로 비교해 보아야 한다. 그러나 선행연구에 의하면 조선 초에도 녹과에 따른 액수가 규정되어 있었음은 확실하지만 그 구체적인 내용이 확인되지 않아 정확히 알 수 없다. 그러나 대략 1407년(태종 7)의 경정녹과更定祿科의 기준에서 크게 벗어나지 않았을 것으로 보고 있다.[42]

〈자료6-2〉 1394년(태조3) 도응 녹패 : 선절장군(종4품), 제9과 **170石**
〈자료6-3〉 1398년(태조7) 김운보 녹패 : 가정대부(종2품), 제9과 **170石**
『태종실록』 1407년(태종7) 경정 녹과 : 제9과(정5품), 祿米 49石, 紬布·正布 18匹[43] (세포·정포를 米로 환산하면 합 **56石**)[44]

1407년(태종 7)의 경정녹과 기준(56石)과 <자료6-2>, <자료6-3>에 기재된 제9과록의 수령액(170石) 사이의 액수차가 매우 큼을 알 수 있다. 다음의 <자료6-4>도 마찬가지다.

42) 최정환, 앞의 논문(1982), 36~38쪽.

43) 『太宗實錄』 7년(1407) 1월 16일 기사. 更定百官祿科. 左政丞河崙言: "各品祿科不同, 請增減詳定." 從之. **一科**在內大君·政丞已上, 祿米一百石·紬布正布共三十二匹. **二科**在內諸君·議政府贊成事已上, 祿米九十石·紬布正布共二十七匹. **三科**異姓諸君·開城留後已上, 祿米八十五石. **四科**異姓諸君·開城留後司副留後已上, 祿米八十石·紬布正布皆共二十六匹. **五科**異姓諸君·正三品成均大司成已上, 祿米七十石, 判典醫監事已上, 祿米六十八石, 紬布正布皆共二十三匹. **六科**從三品, 祿米六十五石·紬布正布共二十一匹. **七科**正四品, 祿米六十石·紬布正布共二十匹. **八科**從四品, 祿米五十五石·紬布正布共十九匹. **九科**正五品, 祿米四十九石·紬布正布共十八匹. **十科**從五品, 祿米四十七石·紬布正布共十七匹. **十一科**正六品, 祿米四十二石·紬布正布共十六匹. **十二科**從六品, 祿米四十石·紬布正布共十五匹. **十三科**正七品, 祿米三十石·正布十匹. **十四科**從七品, 祿米二十八石·正布九匹. **十五科**正八品, 祿米二十三石·正布七匹. **十六科**從八品, 祿米二十一石·正布六匹. **十七科**正九品, 祿米十六石·正布五匹. **十八科**從九品, 祿米十四石·正布四匹. 權務, 祿米九石·正布三匹.

44) 환산액의 산출은 德成外志子, 「朝鮮王朝の祿俸制と國家財政体制」(日本 『經濟史硏究』 11, 2007)를 참고하였다.

〈자료4〉 1414년(태종14) 류관 녹패 : 자헌대부(정2), 제3과 **290석**
『태종실록』 1407년(태종7) 경정 녹과 : 제3과 祿米 85石, 紬布・正布
26匹 (세포・정포를 米로 환산하면 합 **95石**)

다음으로 <자료6-5>~<자료6-7>은 1439년(세종 21)부터 시행된
사맹삭반록제에 따른 녹과와 녹봉액이 적용된다. 선행연구에 의하면
1439년(세종 21)에 새로 마련된 녹과와 녹봉액은 연간 총 수령액이
『경국대전』의 그것과 일치하는 것으로 밝혀졌으므로 여기서는 『경
국대전』의 기준과 비교하고자 한다.

〈자료6-5〉 1449년(세종31) 배임 녹패 : 진의부위(종9), 제18과, **20석**
『경국대전』: 제18과, 糙米 8石, 田米 1石, 黃豆 2石, 小麥 1石, 正布 2
匹, 楮貨 1張(환산 **11石**)
〈자료6-6〉 1452년(단종즉위) 배임 녹패 : 수의부위(종8), 제16과 **30석**
『경국대전』: 제16과, 中米 2石, 糙米 10石, 田米 1石, 黃豆 4石, 小麥 2
石, 正布 4匹, 楮貨 2張(환산 **17石**)
〈자료6-7〉 1463년(세조9) 정식 녹패 : 자헌대부(정2), 제3과, **290석**
『경국대전』: 제3과, 中米 12石, 糙米 40石, 田米 2石, 黃豆 18石, 小麥
9石, 細布 5, 正布 14匹, 楮貨 8張(환산 **78石**)

여기에서도 차이가 있음을 알 수 있다. 다음의 <자료6-8>, <자료
6-9>에는 녹과만 기재되고 수령액은 명시되지 않는 방식으로 녹패
양식이 바뀌었으므로 수령액을 비교할 수 없다.

〈자료6-8〉 1467년(세조13) 정식 녹패 : 정헌대부(정2), 제4과록
〈자료6-9〉 1491년(성종22) 김종직 녹패 : 자헌대부(정2), 제3과록

이상에서 살펴본 녹패에 기재된 녹과별 수령액과 문헌 자료를 통
해 파악된 규정 사이에 나타나는 차이를 어떻게 설명해야 할까? 현

재로서 필자는 이에 대한 해답을 찾지 못하였다. 이 문제는 후속 연구를 위한 문제점을 제기하는 선에서 그치고자 한다.

### 3.4 녹봉의 실수령지 : 경창

녹패 본문의 마지막 문구에 사용된 "給京倉者"에 등장하는 경창에 대하여 좀 더 구체적으로 알아보자.

<자료6-1>은 고려말에 발급된 녹패로서 여기에 기재되어 있는 경창은 개경에 있던 경창을 가리킨다. 고려의 개경에는 우창右倉과 좌창左倉이 있었는데, 녹패에 기재된 경창은 좌창을 가리킨다. 좌창은 후에 광흥창으로 개칭되었다.45)

그렇다면 조선 개국후의 녹패에 기재된 경창은 어디일까? 조선에 들어와서도 광흥창은 그 이름을 그대로 계승하였다. 그러나 장소는 개경 인근의 광흥창이 아니라 조선 개국에 따라 도읍을 한양으로 옮기면서 서강 연안에 설치한 광흥창이다. 따라서 조선시대 녹패에 등장하는 경창은 한양 인근의 광흥창을 가리킨다. 조선 개국과 더불어 광흥창은 백관의 녹봉 지급을 관장하는 것으로 관사의 업무가 규정되었다.46)

<자료6-9> 1491년(성종 22) 김종직 녹패에 첨부되어 있는 소편지는 바로 광흥창에서 녹봉을 수령할 때 받은 것으로서 감찰과 광흥창 관원이 함께 서명을 하였다.

---

45) 『고려사』 百官志 卷第三十一. 豊儲倉.
　　掌供上米廩. 文宗時, 京城有左·右倉, 以近侍爲別監. 忠烈王三十四年, 忠宣改右倉爲豊儲倉, 置使一人秩正五品, 副使一人正六品, 丞一人正七品. 恭愍王降使從五品, 副使從六品, 丞從七品, 增置注簿從八品. 廣興倉. 掌百官祿俸. 忠烈王三十四年, 忠宣改左倉爲廣興倉, 置使一人秩正五品, 副使一人正六品, 丞一人正七品. 恭愍王降使從五品, 副使從六品, 丞從七品, 增置注簿從八品.

46) 『태조실록』 1년(1392) 7월 28일 기사. 定文武百官之制: ...(생략)... 豊儲倉: 掌收支國用等事. 使一, 從五品; 副使二, 從六品; 丞二, 從七品; 注簿二, 從八品. 廣興倉: 掌收支百官祿俸事. 自使至注簿, 倣豊儲倉例.
　　『태조실록』 2년(1393) 1월 7일 기사. 命廣興倉, 賜百官祿.

## 4. 녹패 양식의 변화 추이

『경국대전』예전에 수록된 용문자식 이하의 제 문서식은 대부분 조선후기까지 해당 문서 작성에 그대로 적용되었다. 따라서 문서 양식의 변화를 살펴보기 위해서는『경국대전』체제 이전의 문서 실례를 참고하여 특정 시기별 문서 양식을 추정해 내는 작업이 요구된다. 문서 양식에 대한 연구는 단순히 문서 자체의 형태적 특징이나 변화만을 살피는 데만 의의가 있는 것은 아니다. 문서는 당대 제도의 산물이기 때문에 문서 양식에 대한 기초적인 연구는 타 연구 분야에서 미처 규명하지 못한 문서 작성 시기의 제도적 사실을 밝혀내는 중요한 단서를 제공할 수 있다.

여기서는 고려말 조선초 녹패의 문서식을 시기별로 나누어 몇 가지로 설정해 보고, 인장과 서명에 대해서는 별도로 그 변천 과정을 정리해 보고자 한다.

### 4.1 문서식

먼저 <자료6-1>에서 살펴본 유형이다. 1361년(공민왕 10) 김운보의 녹패를 기준으로 해당 문서식을 복원해 보면 다음과 같다.

1) 공민왕대 (1356년(공민왕 5) 이후) : "宣命"

```
宣命 某官(具銜) 某(姓名)
    今某年祿, 幾石内, 某物幾石, 某物幾石, 給京倉者.
    某年某月  日.
        [印]
            某官(具銜) 某(姓)[着押]
```

이 문서식은 실제 사용된 시기를 추정하는데 다소 어려움이 있다. 앞서 가와니시 유야의 견해와 같이 "宣命"이라는 용어를 사용한 것은 공민왕대의 반원정책과 연관이 있을 것으로 보이기 때문이다. 공민왕은 1356년(공민왕 5) 이후 반원정책을 본격화한 것으로 파악되고, 공민왕의 재위는 1374년(공민왕 23)까지 지속되었다.[47]

그리고 고려말에 발급된 홍패가 몇 점 확인되는데, 1290년(충렬왕 16) 우탁 홍패, 1305년(충렬왕 31) 장계 홍패, 1330년(충숙왕 17) 이자수 홍패, 1355년(공민왕 4) 양이시 홍패, 1376년(우왕 2) 양수생 홍패에는 모두 '왕명준사' 양식이 사용되었다.[48] 따라서 "선명"이라고 기재된 녹패가 실제로 사용되었다면 공민왕의 반원정책 시행 시기에 한정해서 사용되었을 것으로 추정된다. 1355년(공민왕 4) 양이시 홍패와 1376년(우왕 2) 양수생 홍패에 "왕명준사"가 사용된 사례가 확인되었기 때문에 어느 정도 "선명" 양식의 녹패 사용 기간을 좁혀 볼 수 있다.

2) 고려말~1432년(세종 14) : "王命准賜"

```
        准
王命   某官(具銜) 某(姓名),
        賜
    今某年祿, 第幾科, 幾石, 給京倉者.
    某年某月 日.
        [印]
                某官(具銜) 某(姓)[着押]
```

두 번째 유형에 속하는 녹패는 고려말로부터 1432년(세종 14) 녹패의 양식이 공식적으로 변경된 시기까지 사용되었다. "왕명준사"로

---

47) 민현구, 「高麗 恭愍王의 反元的 改革政治에 대한 一考察」, 『震檀學報』 68, 1987.
48) 박성호, 「여말선초 紅牌・白牌 양식의 변화와 의의」, 『고문서연구』 40, 2012.

시작하여 문서 수취자의 관직명과 성명이 기재되고, 이어서 녹과祿科와 수령액을 함께 기재하는 양식이다.

녹패 가운데 고려시대에 "왕명준사" 양식이 사용된 사례가 아직 발견되지는 않았지만, 같은 시기의 홍패 사례를 통해 고려말의 녹패도 공민왕대의 특정 기간을 제외하고는 "왕명준사" 양식이 사용되었을 것으로 추정된다. 조선에 들어와서는 <자료6-2>～<자료6-4>를 통해 이 유형의 녹패가 사용된 것을 확인하였고, 그 하한선은 실록 기사에 근거하여 1432년(세종 14)으로 추정된다.

주의할 점은 녹패 발급을 담당한 관사가 몇 차례 바뀌었다는 것이다. 그러나 문서식 설정에는 크게 문제가 없으므로 함께 다루었다.

3) 1432년(세종 14)~1466년(세조 12) : "奉教賜"

```
        奉
 教賜, 某官(具銜) 某(姓名),
        今某年祿, 第幾科, 幾石, 給京倉者.
        某年某月 日.
        [印]
                    某官(具銜) 某(姓)[着押]
```

이 양식이 적용되기 시작한 시점은 정확히 단정할 수는 없다. 단지 1432년(세종 14) 4월 25일의 실록 기사에 근거하여 시기를 설정하였으므로 실제 시행 시점은 이보다 조금 늦을 수도 있을 것이다.

이 유형의 주요 특징은 "王命准賜"라는 문구가 "奉教賜"로 바뀐 점이다. 나머지는 기존의 녹패식과 큰 차이가 없다. "왕명준사"를 "봉교사"로 바꾸게 된 것은 고려로부터 이어져온 문서 어법을 조선식으로 변화시키는 과정에서 나타난 것이다. 고려말 조선초의 조사문서朝謝文書에 대한 연구에서 이미 이 시기를 거치면서 고려시대로부터 사용되어 온 문서용어나 어법이 원元·명明에서 사용되고 있던 이문吏文의 영향을 받아 변화하였음을 확인한 바 있다.[49] "왕명준사"라는 표기도 그 뜻을 근거로 "준왕명사(왕명을 받들어 내려준다)"로 본 연구도 있지만, 이미 살펴본 실록 기사와 황윤석의 전사 기록에서 "왕명준사"로 읽혔던 것을 상기해 보면 이것은 "왕명王命을 받들어准 내려준다賜"라는 고려식 고유 어순에 따른 표기로 판단된다. 이런 표기 방식이 조선초기에 들어와서 왕명을 "敎"로 바꾸고, 어법도 이문의 방식을 차츰 적용하면서 "奉敎賜"로 바뀐 것이다. 또 "왕명준사"가 "봉교사"로 바뀐 것을 통해서 고려말과 조선초에 발급된 "왕명준사" 양식의 문서는 "王旨"나 "敎旨" 양식의 문서와 달리 국왕의 명을 특정 관사에서 봉교奉敎하여 발급한 문서였음을 알 수 있다.[50]

4) 1466년(세조 12) 이후 : "某曹奉敎賜", 『경국대전』 양식

```
      某曹奉
敎賜, 某官(具銜) 某(姓名),
      某年, 第幾科祿者.
      某年某月 日
        [印]
        某官(單銜)臣某(姓)[着押] …… 某官(單銜)臣某(姓)[着押]
```

1466년(세조 12)에 관원의 녹봉 업무를 이조와 병조에서 분장시키면서 이 유형의 녹패 양식이 등장하였다. 여기서는 몇 가지 변화가 눈에 띈다. 먼저 문서의 첫머리에 "吏曹" 또는 "兵曹"가 명시되고, 기존 양식에 기재되었던 수령액과 "給京倉者"라는 문구가 빠지

49) 심영환·박성호·노인환, 앞의 책, 74~75쪽.
50) 박성호, 앞의 논문, 30~31쪽.

고 과록科祿만 기재되었다. 그리고 문서의 말미에 해당 관사의 당상과 낭청 모두의 관직명(단함)을 적고, 당상관(주로 판서 또는 참판) 가운데 한 명과 낭청 가운데 한 명이 서명하였다. 서명한 관원의 경우는 관직명 아래에 "臣 姓"을 기재한 다음 서명을 하였다.

## 4.2 인장과 서명

문서에 사용된 인장과 서명은 문서의 진위를 확인하는데 있어 매우 중요한 요소이다. 조선 중·후기의 공문서는 대부분 인장제도가 확립된 이후이기 때문에 인문만 어느 정도 온전하게 보존이 되었다면 조선시대 법전의 규정이나 『인신등록印信謄錄』 등을 근거로 해당 인장을 파악할 수 있다. 그러나 고려말이나 조선초의 인장제도는 문헌자료에 산발적으로 남아 있는 단서와 원본 고문서의 인장을 직접 판독함으로써 당시의 제도를 파악할 수밖에 없다.

따라서 여기서는 앞서 살펴본 녹패에 사용된 인장과 실록 등의 문헌을 근거로 여말선초의 인장제도의 변화를 살펴보고자 한다.

먼저 고려말의 녹패에 사용된 인장은 현재로서는 알 수 없다. 다만 <자료6-1>에 의존할 수밖에 없는데, 해당 인장에 대해서 아무런 언급이 없다. 『고려사』 등의 문헌에서도 이 부분에 대한 단서는 찾을 수 없었다.

다음으로 조선초의 녹패에 사용된 인장은 앞서 살펴본 바와 같이 시기에 따라 "宣賜之印", "頒賜之印", "吏曹之印/兵曹之印"으로 변천하였다. 제일 먼저 사용된 "선사지인"은 조선에 들어와서 처음 사용된 것인지, 고려로부터 사용되던 제도를 이어받아 사용된 것인지는 정확히 알 수 없다. 그러나 고려로부터 전례를 이어받아 사용했을 가능성도 있다. "선사지인"의 사용이 제일 먼저 확인된 것은

<자료6-2>를 통해서이다. 1394년(태조 3) 도응 녹패에 또렷이 "선사지인"이라는 인문이 세 군데 답인되어 있다. 실록에서는 아래의 1403년(태종 3) 기사에서 조선초에 "선사지인"이 사용된 사실을 확인할 수 있다.

> 여러 관부의 인신印信의 제도를 정하였다. 예조에서 신청申請하기를,
> "예전 제도에 관부의 인장印章은 품품에 따라 등급이 있는데, 지금 사평부
> 司平府의 선사지인宣賜之印과 사섬서司贍署 제조지인提調之印은 국새보다
> 더 크니, 예전 제도에 어긋납니다. 원컨대 본조로 하여금 중외中外의 각 아
> 문의 인신을 조사하게 하여, 만일 제도에 어긋난 것이 있으면, 일체 모두 고
> 쳐 만들게 하소서. …(중략)… 경·외관과 출사원出使員의 인신이 이 제도
> 에 합하지 않는 것이 있거든 모두 고쳐 만들게 하소서."
> 하여, 그대로 윤허하였다.51)

이후 1432년(세종 14)에 "王命准賜"를 "奉敎賜"로 바꾸면서 인장도 "宣賜之印"을 "頒賜之印"으로 바꾸도록 하는 조치가 있었다.52) 이 조치가 일시적인 논의에 그친 것이 아님은 이미 "왕명준사" 양식에서 "봉교사" 양식으로 바뀐 녹패의 사례를 통해 확인하였다. 마찬가지로 "반사지인"도 <자료6-5>, <자료6-6>, <자료6-7>에서 사용 사례가 확인되었다. 따라서 1432년(세종 14)년 4월 25일이 지난 어느 시점부터 녹패에 "반사지인"이 사용되었다. "선사"를 "반사"로 바꾸게 된 구체적인 사유는 명확하지 않다. "宣"이라는 글자

---

51) 『태종실록』 3년(1403) 2월 11일 기사. 定諸官府印信之制. 禮曹申請: 古制, 官府印章, 隨品有等. 今
司平府宣賜之印及司贍署提調之印, 其大踰於國璽, 有違古制. 願令本曹考中外各衙門印信, 如有違制
者, 一皆改鑄. …(중략)… 京外官及出使員印信, 有不合此制者, 亦皆改鑄. 允之.
번역 가운데 일부는 필자가 수정하였다. (사평부에서 "선사한 인" → "선사지인", 사섬서 "제조의
인" → "제조지인")

52) 『세종실록』 14년(1432) 2월 6일 기사. 傳旨禮曹: 吏曹於東西各品祿課, 用宣賜之印, 官吏署于其末,
且藏其印于本曹, 未使. 依行信寶例, 用於闕內, 無乃可乎? 若必令吏曹成給, 則更鑄體小印信用之何
如? 其議以聞.
『세종실록』 14년(1432) 4월 25일 기사. 詳定所啓: "各品祿牌行使宣賜印文, 改以頒賜, 其體倣議政
府印改鑄, 令吏曹仍舊用之. 其祿牌內王命準賜, 改稱奉敎賜." 下禮曹.

를 사용하는 것에 대한 부담 때문일 수도 있으나, 1440년(세종 22)부터 왕명으로 반사한 서적에 "宣賜之記"를 사용한 것을 볼 때 설득력이 낮다.[53] 그렇다면 국가 제도에 의해 담당 관사에서 문무 관원에게 의례히 녹봉을 반급한다는 의미를 나타내기 위한 것일 수도 있을 것이다.

이렇듯 "반사지인"이 녹패에 사용되다가 또 어느 시점부터 '吏曹之印'과 '兵曹之印'이 사용되기 시작했다. 현재 <자료6-9> 1491년(성종 22) 김종직 녹패를 통해 '병조지인'이 사용된 사례가 확인되었을 뿐 그 이전의 사례는 명확하지 않다. 다만, 앞서 1466년(세조 12)부터 문관의 녹패는 이조에서, 무관의 녹패는 병조에서 각각 별도로 발급하게 된 사실을 근거로 그 당시부터 녹패에 사용된 인장도 각각 '이조지인'과 '병조지인'으로 바뀌었을 가능성이 있다고 추정하였다. 1467년(세조 13)에 발급된 <자료6-8>에 대한 실물 조사가 이루어진다면 이 부분은 보다 명확해 질 것이다.[54]

이상에서 살펴본 고려말 조선초의 인장 사용 변천을 간략히 표로 정리하면 아래와 같다.

〈표 6-3〉 고려말 조선초 녹패의 인장 변천

| 시기 | 인장 | 문서 | 비고 |
|---|---|---|---|
| (고려말) 조선초~ | 宣賜之印 | <자료6-2>, <자료6-3> | 『태종실록』 3년(1403) 2월 11일 기사 |
| 1432년(세종14) 이후 ~ | 頒賜之印 | <자료6-5>~<자료6-7> | 『세종실록』 14년(1432) 4월 25일 기사 |
| 1466년(세조12) 이후 ~ | 吏曹之印 /兵曹之印 | <자료6-9> | 『세조실록』 12년(1466) 11월 18일 기사 |

53) 『세종실록』 22년(1440) 8월 10일 기사. 傳旨承政院: 鑄字所模印書籍, 頒賜各品, 其受賜者不用心粧繡, 以致損毀. 自今令限以三月粧績呈本院, 受宣賜之記, 永以爲式.

54) 조선 중·후기의 녹패 가운데는 간혹 "某曹堂上之印"이 사용된 경우도 있다.

마지막으로 녹패에 사용된 관원의 서명에 대하여 살펴보자. <자료6-1>로부터 <자료6-9>에는 모두 녹패 발급을 관장한 관사의 관원이 명시되어 있다. "관직명+姓+[署名]" 형식을 갖추었고, 여기에 사용된 서명 행위를 필자는 착압着押으로 판단하였다.[55] 『이재난고』, 『하정선생문집』에서도 착압으로 지칭한 사실은 이미 확인하였다. 그러나 선행연구에서 녹패에 사용된 서명을 "서명署名", 곧 착명着名으로 보고 있어 이에 대한 재검토가 필요하다.[56]

착명은 서명한 당사자의 이름[名]을 개성에 따라 형상화 한 것이라 할 수 있고, 착압은 이름과는 별개로 몇몇 의미를 담은 글자를 변형하여 형상화 한 것이라 할 수 있다. 선행연구에서 언급된 착압의 예로 "一心"을 형상화한 것이 대표적이다. 이상은 외형적인 특징을 근거로 구분한 것이다. 문서 수수에 적용된 예禮의 기준으로 보면, 개인 또는 관사가 자신보다 상위의 위계에 있는 상대에게 문서를 제출할 경우에는 착명만 기재하고, 위계상 동등하거나 하위의 상대에게 문서를 발급할 경우에는 착압만을 기재하며, 최고의 예를 갖추어 문서를 제출할 경우에는 착명과 착압을 모두 하는 것으로 개념이 정리되어 있다.[57]

그렇다면 이상의 개념을 바탕으로 고려말 조선초의 녹패에 남아 있는 관원의 서명에 대하여 구체적으로 검토해 보자.

---

55) "着名"과 "着押"은 "名과 押을 각각 사용한 행위"를 지칭한다. 다시 말해, 서명은 개념상으로는 "名"과 "押"이 있고, 이 "명"과 "압"을 실제로 문서에 기재한 행위를 지칭할 때는 "착명"과 "착압"으로 일컫는 것이다.

56) 박준호, 「手決(花押)의 개념에 대한 연구 : 禮式으로서의 署名과 着押」, 『고문서연구』 20, 2002, 118쪽.

57) 박준호, 앞의 논문, 102~105쪽.

〈표 6-4〉 고려말 조선초 녹패의 서명

| 〈자료6-2〉 | 〈자료6-5〉 | 〈자료6-8〉 | 〈자료6-9〉 |
|---|---|---|---|
| 大夫三司右洛議朴 | 宣敎亦守吏曺佐郞李 | 叅判尹朴 | 判書李 正郞鄭 |

<자료6-2>, <자료6-5>, <자료6-8>은 서명의 형태를 볼 때 분명히 착명보다는 착압으로 보인다. 문서의 예법으로 봐도 왕명을 받은 관사의 관원이 관원 개인에게 발급해 주는 문서에 기재한 서명이므로 착압을 하는 것이 예법에도 부합할 것이다.

그러나 문제는 <자료6-9>이다. 앞서 검토를 하면서 당시 병조판서는 이극돈李克墩으로 추정된다고 밝혔다. 위의 도판을 볼 때 판서의 서명은 앞의 서명 형태보다는 좀 더 복잡한 형태를 보이고 있다. <자료6-9>에 보이는 판서와 정랑의 서명이 착명인지 착압인지를 정확히 판정할 필요가 있다.

녹패에 사용된 서명에 대한 선행연구에서 해당 서명을 착명으로 판단한 주요 근거는 『경국대전』과 『전률통보』의 내용이다.[58] 『경국대전』의 "判書臣某" 등에 보이는 "某"를 착명으로 보았고, 『전률통보』의 오품이하고신식을 참고하여 "只一堂署名, 而惟署名員稱臣姓

---

58) 서울대학교 규장각한국학연구원에 소장된 『전률통보』는 "영조37년본"과 "정조10년본"이 있는데, 영인본은 이 가운데 정조10년본이다.

(단, 당상 한 명만 서명을 하되, 서명을 한 관원은 '臣 姓'을 적는다.)"의 설명을 참고하여 당상 한 명의 서명, 즉 착명을 한 것으로 보았다. 그러나 『경국대전』의 문서식에서 "判書臣某"라고 기재한 부분의 "某"는 착명을 직접적으로 가리킨다고 보기 보다는 "아무개(사람)" 또는 "아무개의 성과 서명"을 아울러 지칭하는 것으로 보는 것이 맞을 것이다.

요컨대 <자료6-9>에 보이는 관원의 서명은 앞선 시기의 다른 녹패와 달리 '착명'이 사용되었다. 이는 세종대 이후 봉교문서에는 특별히 '착명'을 하게 한 결과였다.[59]


## 5. 맺음말

고려와 조선은 관료제를 기반으로 운영된 국가로서 녹봉제를 시행해 왔다. 지금까지 녹봉제에 대한 큰 틀은 각종 문헌자료를 통해 연구가 이루어졌으나, 실제 녹봉 지급을 위해 발급한 녹패라는 문서에 대해서는 아직까지 연구가 미진한 편이었다. 따라서 본 연구는 녹패 연구의 범주에서 고려말과 조선초라는 변화의 시기에 주목하였다. 이 연구를 통해 밝힌 주요 성과는 다음과 같다.

첫째, 고려말 조선초에 녹봉 및 녹패 발급을 관장한 관사를 시기별로 규명하였다. 고려말에는 상서성 우사에서 해당 업무를 담당하였고, 1362년(공민왕 11) 이후 삼사에서, 1401년(태종 1) 이후 사평부에서, 1405년(태종 5) 이후 이조에서, 1466년(세조 12) 이후 이조와 병조에서 해당 업무를 관장한 사실을 확인하였다.

---

59) 박성호, 「조선초 奉教文書의 着名 시행」, 『고문서연구』46, 2015. 『고문서연구』46.

둘째, 고려말 조선초 녹패의 문서 양식의 변천을 규명하였다. 고려말 조선초에는 기본적으로 "王命准賜" 양식의 녹패가 존재하였는데, 공민왕의 반원정책이 시행되던 짧은 기간동안 "宣命" 양식의 녹패가 일시적으로 존재하였을 것으로 추정하였다. "왕명준사" 양식의 녹패는 1432년(세종 14) 이후 "奉敎賜" 양식으로 변하였다. 이는 당시 조선의 공문서 양식이 원・명의 문서에 사용되었던 어법을 점차 수용하는 과정에서 타나난 것으로 보았다. 이후 1466년(세조 12)에 이조와 병조에서 업무를 분장하면서 문서 양식도 "某曹奉敎賜" 형태로 바뀌었고, 이 양식은 결과적으로 『경국대전』 녹패식으로 귀결되었다.

셋째, 당시 녹패에 사용된 인장과 서명에 대하여 검토하였다. 고려말의 녹패에 사용된 인장은 정확히 알 수 없다. 조선초에는 "宣賜之印"이 1432년(세종 14)까지 사용되다가 "왕명준사"를 "봉교사"로 바꾸는 조치와 더불어 인장도 "頒賜之印"으로 바뀌었다. 이후 1466년(세조 12)에 이조와 병조의 업무 분장에 맞춰 인장도 각각 "吏曹之印"과 "兵曹之印"인 사용되었을 것으로 추정하였다. 고려말 조선초의 녹패에 사용된 관원의 서명을 필자는 '착압'에서 '착명'으로 변해간 것으로 판단하였다.

마지막으로 본 연구에서 미진했던 점을 언급하며 글을 맺고자 한다. 본문에서 제기한 녹봉 반록시기와 녹패에 기재된 실제 시기 간의 차이에 대해서는 원인 분석이 불충분하였다. 또 녹과 규정과 실제 녹패에 기재된 수령액 사이의 격차에 대해서도 적절한 설명을 하지 못하였다. 이 부분은 녹봉제를 지속적으로 연구해 온 연구자들의 비평 또는 후속연구를 기대한다. 향후 고려말 조선초의 녹패 연구를 기반으로 조선 중・후기 녹패까지 아우르는 녹패에 대한 종합적인 연구도 진행되어야 할 것이다.

제7장

조선초 공신교서와 녹권

## 1. 머리말

조선시대 공신에게는 공신 녹훈 절차에 따라 최종적으로 교서敎書, 녹권錄券, 사패賜牌 등의 문서가 발급되었다. 이 가운데 교서와 녹권의 발급은 공신녹훈 절차의 공식적 완료를 뜻함과 동시에 해당 문서를 발급받은 당사자가 공신임을 명확히 확인시켜주는 대표적인 증표였다. 공신교서는 해당 공신의 공적을 치하하고 공신에게 베푸는 은전에 대한 국왕 명의의 상징적인 문서였고, 녹권은 공신녹훈 업무를 관장하는 관사에서 왕명에 의거하여 공신녹훈 과정의 업무 절차를 비롯하여 관계 관원의 명단까지 상세히 기재한 실무적인 문서였다.

조선시대 이전인 고려시대에도 공신에게 교서와 녹권이 발급된 사실은 족보와 문집 등에 전사된 자료들을 통해 확인할 수 있다. 그 가운데 일부는 고려말 고려의 국왕이 원 황제의 부마였던 시기에 작성된 특수 사례들도 포함되어 있다. 그러나 아직까지 당시에 발급된 실물 공신교서와 녹권은 한 점도 발견되지 않았다.

조선시대 공신교서와 녹권은 이미 일제강점기로부터 기관 및 여러 연구자들을 통해 자료의 발굴 및 기초적 연구가 상당히 진행되었다. 그리고 문서의 발급제도에 관해서도 "조선초기에 있어서는 개국·정사·좌명 삼공신의 정공신에 한하여 교서와 녹권을 아울러 주었으며, 원종공신에게는 녹권만 주었다. 그러나 정난공신 이후는 정공신에게는 교서만 주고 녹권은 원종공신에게만 주었다"는 정리가 이미 학계에 제시되었고, 현재까지 정설로 받아들여지고 있다.[1] 그러나 이 견해를 뒷받침할 만한 명확한 전거나 구체적인 검증은

---

1) 최승희, 증보판『한국고문서연구』, 지식산업사, 1989(1쇄), 107쪽; 정구복 외, 『조선전기고문서집성 -15세기편』, 국사편찬위원회, 1997, 85쪽.

제시된 바가 없다. 따라서 현시점에서라도 그동안 발굴된 원본 고문
서와 실록 등에 기재된 문헌 기록 등을 통해 검증해 볼 필요가 있
다. 이에 대한 필요성이 본 연구가 시작된 하나의 동기이다.

또한 공신교서와 녹권에 대한 지금까지의 연구 경향은 주로 공신
교서는 교서들만 별도로, 녹권은 녹권들만 별도로 구분되어 다루어
져 왔다. 따라서 공신교서와 녹권을 큰 틀에서 함께 검토한 경우는
드물었으므로 이 두 문서의 상관관계에 대해서 크게 주목하지 못하
였다. 따라서 본 논문에서는 이제까지 학계에서 거론된 조선초기 공
신교서와 녹권의 발급제도에 대한 견해를 현재까지 발견된 공신교
서와 녹권 원본을 함께 놓고 실증적으로 검증해보고자 한다. 그리고
공신교서와 녹권 발급 제도의 변경이 결과적으로 이들 문서에 어떠
한 형태 변화 내지 양식 변화를 이끌어내었는지를 아울러 살펴보고
자 한다.

검토 대상은 조선초기 공신교서와 녹권의 발급제도가 변경되어
정착되어갔던 조선 태조대의 개국공신으로부터 성종대의 좌리공신
까지로 한정한다.[2]

---

2) 본고에서 다루는 공신에 대한 이해를 돕기 위해 조선초기 공신의 녹훈 현황을 간략히 표로 제시한다.

| 연번 | 공신호 | 녹훈 시기 | 녹훈 배경 |
|---|---|---|---|
| 1 | 開國功臣 | 1392년(태조1) | 조선왕조 개창, 태조의 즉위 |
| 2 | 定社功臣 | 1398년(정종1) | 제1차 왕자의 난, 왕자 이방석·정도전·남은 등 제거 |
| 3 | 佐命功臣 | 1401년(태종1) | 제2차 왕자의 난, 태종의 즉위 |
| 4 | 靖難功臣 | 1453년(단종1) | 계유정난, 황보인·김종서·안평대군 등 제거 |
| 5 | 佐翼功臣 | 1455년(세조1) | 세조의 즉위 |
| 6 | 敵愾功臣 | 1467년(세조13) | 이시애의 난 평정 |
| 7 | 翊戴功臣 | 1468년(예종1) | 남이의 옥사 평정 |
| 8 | 佐理功臣 | 1471년(성종2) | 성종의 즉위 |

## 2. 공신교서와 녹권에 관한 연구 현황

우선 조선시대 공신교서와 녹권에 앞서 존재하였던 고려시대 공신교서와 녹권에 대해서는 여은영·남권희, 노명호에 의해 자료 소개와 해당 자료에 대한 상세한 연구가 진행되었다.[3] 이들의 연구에서는 ≪서산정씨가승瑞山鄭氏家乘≫에 수록되어 있는 정인경鄭仁卿의 공신교서와 녹권이 자세히 다루어졌다. 정인경의 공신교서와 녹권은 한 개인에게 발급된 공신교서와 녹권이 동시에 남아있는 드문 사례이기도 하고, 고려시대의 공신교서와 녹권이 조선시대의 공신교서와 녹권에 어떠한 영향을 미쳤는지를 확인할 수 있는 중요한 사례이기도 하다.

조선시대의 공신교서는 문화재청을 비롯한 공공기관의 문화재 조사·지정 사업을 통해 실물 자료들이 꾸준히 발굴되었고, 최근 들어 연구논문도 잇달아 발표되었다.[4] 이를 통해 전존하는 조선시대 공신교서를 토대로 교서의 연원, 현황, 관련 제도, 문서 양식 등에 관한 고문서학적 기초 연구가 이루어졌다. 그리고 2012년 한국학중앙연구원 장서각에서 개최한 ≪조선의 공신≫특별전 전시도록과 2013년에 발간된 『한국고문서정선3-교서·영서』는 현재까지 발견된 공신교서와 녹권을 개괄적으로 살펴볼 수 있게 해 주었다.[5]

공신녹권은 교서에 비해 상대적으로 일찍부터 주목받았고, 전존하는 녹권에 대한 조사 연구 및 문화재 지정 등의 작업도 활발히

---

3) 여은영·남권희, 「高麗 後期 鄭仁卿의 政案과 功臣錄券의 分析」, 『도서관학논집』, 1994, 516~524
쪽; 노명호, 「高麗後期의 功臣錄券과 功臣敎書」, 『고문서연구』13, 한국고문서학회, 1998.

4) 박성호, 「조선 초기 功臣敎書의 文書史的 의의 검토 -1392년 李濟 開國功臣敎書와 1401년 馬天牧
佐命功臣敎書」, 『전북사학』36, 전북사학회, 2010; 노인환, 「조선시대 功臣敎書 연구 : 문서식과 발
급 과정을 중심으로」, 『고문서연구』39, 한국고문서학회, 2011; 심영환·노인환, 「조선시대 敎書의
淵源과 分類」, 『한문학논집』34, 근역한문학회, 2012.

5) 『조선의 공신』특별전 전시도록, 한국학중앙연구원 장서각, 2012; 『韓國古文書精選3-敎書 令書』, 한
국학중앙연구원 장서각, 2013.

이루어졌다. 특히 녹권은 조선초기부터 목활자, 금속활자를 사용하여 인쇄된 경우가 많기 때문에 서지학계를 중심으로 활발한 연구성과들이 쏟아져 나왔다. 서지학계에서 이루어진 공신녹권에 대한 일련의 연구는 최근 진나영의 연이은 연구논문과 학위논문에서 종합적으로 검토되었다.[6] 또한 조선초기 녹권에는 이두吏讀가 많이 사용되어 있기 때문에 국어사 분야에서도 일찍이 주목하였고,[7] 이외에 공신녹권에 기재된 인물을 중심으로 한 정치사적 신분사적 문제에 관심을 둔 연구들도 있었다.[8] 2009년 남권희는 우리 학계에서 그동안 진행된 공신녹권에 대한 연구를 크게 다섯 영역으로 정리한 바 있다. 첫째 형태서지학적 연구, 둘째 역사적 연구, 셋째 국어사적 연구, 넷째 종합적 연구, 다섯째 원본 자료가 아닌 2차 자료에 대한 연구가 그것이다.[9]

이렇듯 공신교서와 녹권은 서로 분야를 달리하여 독자적으로 연구되어 왔다. 이는 기본적으로 공신교서와 녹권이 문서 자체의 성격으로 보나 형태적인 관점으로 보나 차별성을 가지고 있기 때문이었다. 그러나 해당 분야 연구자 일부를 제외하고는 여전히 공신교서와 녹권의 차이를 구분하지 못하는 경우도 빈번하다. 문화재 지정 과정에서도 공신교서와 녹권을 혼동하여 잘못 명명하는 오류가 계속 발생하고 있고, 심지어 논문에서도 녹권을 교서로 명명하는 오류들이 있다.

---

6) 진나영, 「朝鮮時代에 刊行된 『功臣錄券』에 관한 서지적 연구」, 중앙대학교 석사학위논문, 2008;「朝鮮 前期 功臣錄券의 書誌學的 研究」, 중앙대학교 박사학위논문, 2014; 이외 다수의 연구논문은 참고문헌 참조.

7) 남풍현, 「古文書의 吏讀 解讀-류경공신녹권을 중심으로」, 『정신문화연구』46, 1992; 박성종, 『朝鮮初期 古文書 吏讀文 譯註』, 서울대학교출판부, 2006.

8) 박천식, 「開國原從功臣의 研究」, 『군산대학교 논문집』10, 1976; 김상기, 「朝鮮前期 身分變動에 관한 一考察-納票.軍功事例와 原從功臣錄券 分析을 中心으로」, 충북대학교 석사학위논문, 1987; 최승희, 「朝鮮後期 原從功臣錄勳과 身分制 動搖」, 『한국문화』22, 1998.

9) 남권희, 「柳觀, 辛克敬, 鄭津 朝鮮 開國原從功臣錄券 연구」, 『영남학』15, 2009, 459~460쪽.

기본적으로 공신교서와 녹권은 기재방식에 있어 상당한 차이를 보인다. 공신교서는 "敎", "王若曰 云云 於戲 云云 故玆敎示 想宜知悉" 등의 문구를 사용하여 왕명을 직접적으로 반포한 문서 양식을 갖춘 반면, 공신녹권은 녹권 발급을 주관한 공신도감功臣都監이나 이조吏曹에서 왕명을 받들어 공신 녹훈 과정에 관한 실무적인 세부 절차를 비롯하여 문서 발급에 관여한 관원의 인적 정보까지 일일이 기재한 문서 양식을 보이고 있다. 내용상으로는 공신교서는 공신 개인에 대한 치하와 상전賞典 내역을 유려한 변려문체로 기재하였고, 공신녹권은 공신 전원의 명단을 등급별로 나누어 수록한 뒤 세부적인 상전 내역과 녹권 발급에 관계된 관원들에 대한 인적 사항까지 문서의 말미에 구체적으로 기재하였으며 이두를 사용하였다.

이렇듯 공신교서는 왕명을 직접적으로 문서화하여 공신 개인의 공로를 높이 치하하고 공신에게 베푸는 은전 등을 기재한 상징적인 문서라 할 수 있고, 공신녹권은 녹권의 발급을 관장한 관사에서 공신 녹훈에 따른 세부적인 행정절차와 관사에서 시행할 상전 등에 대한 구체적인 내역 등을 명증하게 기재한 실무적 증빙문서라 할 수 있다.


## 3. 공신교서의 전존현황과 양식 변화

앞에서도 밝혔듯이 본고에서 다루는 조선초기 공신교서는 태조대의 개국공신으로부터 성종대의 좌리공신까지이다. 이 기간에 발생한 공신교서와 녹권의 발급제도의 변화를 집중적으로 살펴보고자 하기 때문이다.

현재까지 각종 보고서, 전시, 연구 논문 등을 통해 학계에 알려진 조선초기 공신교서는 모두 14점이다. 이 가운데 1401년(태종 1) 마천목에게 발급된 공신교서와 1467년(세조 13) 허종에게 발급된 공신교서는 현재 실물의 소재는 확인되지 않지만, 일제강점기에 촬영해 둔 유리필름을 통해 해당 문서에 대한 사료적 판단이 가능하므로 전존 현황에 포함하였다.

주지하듯이 조선시대 공신은 크게 정훈공신正勳功臣(친공신親功臣)과 원종공신原從功臣으로 구분되었고, 공신교서는 정훈공신에게만 발급되었다. 전존하는 조선초기 공신교서로는 개국공신, 좌명공신, 적개공신, 좌리공신 녹훈시에 발급된 것들만 알려져 있고, 정사공신, 정난공신, 좌익공신, 익대공신에게 발급된 공신교서는 아직까지 한 점도 원본이 발견되지 않았다.

〈도 7-1〉 1401년 마천목 좌명공신교서[10]

공신교서는 기본적으로 권자卷子(두루마리) 형태로 제작되었다. 이러한 형태적 특징은 조선시대 전반에 거쳐 이어졌다. 김나형의 연구에 따르면 조선시대 공신교서는 장황 양식에 따라 다섯 시기로 구분된다. 그 가운데 조선초기 공신교서는 개국공신교서와 좌명공신교서를 제1기, 정난공신교서로부터 좌리공신교서까지를 제2기로 나눌 수 있고, 제1기 공신교서는 장황 형식 성립 이전의 특징을, 제2

10) 국사편찬위원회 한국사데이터베이스(http://db.history.go.kr)

기 공신교서는 장황 형식 성립시기의 특징을 가지고 있다고 한다.[11]

공신교서의 기재 양식도 조선초기 공신교서에서만 볼 수 있는 변화상이 있다. 가장 큰 특징은 개국공신교서와 좌명공신교서에서는 '教+수취자 具衛姓名+王若曰 云云 於戱 云云 故玆敎示 想宜知悉+발급 연월일' 양식이었는데, 적개공신교서에서는 공신 등급별 명단이 삽입되는 '教+수취자 具衛姓名+王若曰 云云 於戱 云云 故玆敎示 想宜知悉+등급별 공신 명단+발급 연월일' 양식으로 바뀐 점이다.

〈도 7-2〉 1467년 손소 적개공신교서[12]

조선초기 공신교서의 양식 변화 과정에서 등급별 공신명단이 삽입된 것은 공신교서와 녹권 발급제도의 변경과 관계가 있는 것으로 판단된다. 정훈공신에게 공신교서와 녹권을 함께 발급했을 때는 공신교서에 별도로 공신 전체의 명단을 기재하지 않더라도 녹권에 해당 사항이 자세히 상세히 기재되어 있었기 때문에 공신교서와 녹권이 상호 보완적인 역할을 하였다. 그러나 정훈공신에게 공신교서만 발급하게 되면서부터는 등급별 전체 공신의 명단을 교서의 말미에 포함시킴으로써 공신교서가 녹권의 기재 요소를 포함한 양식으로 변화되었을 것으로 추정된다.

11) 김나형, 「조선시대 공신교서 장황 연구」, 용인대학교 석사학위논문, 2012, 95~115쪽.
12) 장서각 디지털아카이브(http://yoksa.aks.ac.kr)

그렇다면 이렇게 공신교서의 양식이 변화된 정확한 시점을 확인하는 것이 중요하다. 이 시점을 정확히 지목할 수 있다면 조선초기에 정훈공신에게 공신교서만 발급하게 된 시점을 추정할 수 있는 하나의 근거가 될 수 있다. 그러나 안타깝게도 아직까지 그 시점을 명확히 가려낼 수 있는 시기의 공신인 단종대의 정난공신과 세조대의 좌익공신에게 발급된 공신교서의 원본이 한 점도 발견되지 않았다. 만약 정난공신교서나 좌익공신교서가 발견되어 해당 공신교서에 등급별 공신 명단이 수록되어 있는지의 여부가 확인된다면, 정훈공신에게 공신교서만 발급되기 시작한 시점이 정난공신부터인지, 좌익공신부터인지, 적개공신부터인지를 지금보다 좀 더 명확한 사료적 근거를 토대로 언급할 수 있을 것이다. 그렇지만 교서에 등급별 공신 명단이 삽입된 변화 하나만으로 정훈공신에게 녹권이 발급되지 않았을 것이라고 추정하는 것도 위험성이 있으므로 녹권의 발급 유무와 함께 검토해야 한다.


## 4. 녹권의 전존현황과 양식 변화

현재까지 조선초기 공신녹권의 원본은 모두 24점이 확인되었다. 개국원종공신녹권의 경우 전사본도 다수 확인되었지만,[13] 여기서는 원본만을 검토 대상으로 삼는다. 왜냐하면 공신녹권의 전사본들도 원본을 토대로 필사한 것은 맞지만, 원본 문서가 갖고 있는 유일성, 인장·서명 등의 문서 고유의 제도적인 특성 등에 대하여 검토하는 데 제한이 따르기 때문이다.

---

13) 龍泉寺, 文係宗, 朴淳, 柳觀, 辛克卿, 朴乙富, 權仲和 등에게 발급된 개국원종공신녹권이 대표적인 예이다.

조선초기의 공신녹권은 원종공신뿐만 아니라 정훈공신에게도 발급된 점이 특징이다. 현재까지 원본이 확인된 조선초기 공신녹권으로는 개국공신녹권, 개국원종공신녹권, 정사공신녹권, 좌명공신녹권, 좌명원종공신녹권, 좌익원종공신녹권, 좌리원종공신녹권이 있다. 그 현황을 표로 정리하면 다음과 같다.

〈표 7-1〉 조선초 공신녹권 현황

| 연번 | 구 분 | | 수취자 | 발급연월 | 크기 | 비 고 |
|---|---|---|---|---|---|---|
| 1 | | 정훈 | 李和 | 1392(태조1).9 | 35.3×604.9 | 필사본, 국보, 개인소장 |
| 2 | | | 張寬 | 1395(태조4).윤9 | 26.0×900.0 | 필사본, 보물, 개인소장 |
| 3 | | | 韓奴介 | 1395(태조4).(윤9) | 25.0×265.5 | 목활자+목판, 북한 |
| 4 | | | 陳忠貴 | 1395(태조4).윤9 | 30.8×634.0 | 필사본, 보물, 국립중앙박물관 |
| 5 | | | 鄭津 | 1395(태조4).윤9 | 31.0×620.0 | 필사본(유리필름) |
| 6 | 개국 공신 | 원종 | 李和尙 | 1395(태조4).윤9 | 29.0×627.5 | 필사본(유리필름) |
| 7 | | | 崔有漣 | 1395(태조4).(윤9) | 31.0×635.0 | 필사본, 보물, 개인소장 |
| 8 | | | 李原吉 | 1395(태조4).윤9 | 30.4×372.0 | 목활자+목판, 국보, 개인소장 |
| 9 | | | 金天理 | 1395(태조4).윤9 | 31.4×742.1 | 필사본, 성균관대학교 |
| 10 | | | 金懷鍊 | 1395(태조4).윤9 | 35.0×1,027.0 | 필사본, 보물, 개인소장 |
| 11 | | | 미상 | 1395(태조4).윤9 | 미상 | 목활자+목판, 성암고서박물관 |
| 12 | | | 沈之伯 | 1397(태조6).10 | 30.5×140.0 | 목활자본, 국보, 동아대학교 |
| 13 | 정사 공신 | 정훈 | 張哲 | 1398(태조7).11 | 43.5×372.4 | 필사본, 개인소장 |
| 14 | 좌명 공신 | 정훈 | 馬天牧 | 1401(태종1).2 | 39.5×570.0 | 필사본, 보물, 국립고궁박물관 |
| 15 | | | 미상 | 1401(태종1).2 | 미상 | 필사본, 화봉문고 |
| 16 | | 원종 | 李衡 | 1411(태종11).11 | 34.7×243 | 필사본, 보물, 국립고궁박물관 |
| 17 | | | 裵文郁 | 1458(세조4).10 | 33.9×22.1 | 활자본, 국립중앙도서관 |
| 18 | | | 崔涵 | 1458(세조4).10 | 34.8×21.0 | 활자본, 서울대학교 |
| 19 | 좌익 공신 | 원종 | 權徵 | 1458(세조4).10 | 34.3×20.8 | 활자본, 고려대학교 |
| 20 | | | 李尹孫 | 1458(세조4).10 | 35.0×21.2 | 활자본, 고려대학교 |
| 21 | | | 李禎 | 1458(세조4).10 | 33.0×20.5 | 활자본, 서울역사박물관 |
| 22 | | | 李堰 | 1458(세조4).10 | 35.5×21.5 | 활자본, 한국학중앙연구원 |
| 23 | 좌리 공신 | 원종 | 宋綸 | 1472(성종3).7 | 32.4×22.6 | 활자본, 성암고서박물관 |
| 24 | | | 金永銓 | 1472(성종3).7 | 32.4×22.6 | 활자본, 연세대학교 |

조선초기 공신녹권 가운데서 위의 녹권 현황에서 보이지 않는 녹권은 정사원종공신녹권, 정난원종공신녹권, 익대원종공신녹권, 적개원종공신녹권이다.[14] 따라서 현재까지 발견되지 않은 이상의 공신녹권들은 신규 발견에 관심이 집중되어 있기도 하다. 그러나 이 녹권들이 당시에 실제로 발급되었는지에 대해서 재검토해 볼 필요가 있다. 해당 녹권들이 실제로 발급되지 않았을 가능성도 따져보아야 한다. 이 부분은 다음 절에서 상세히 다루고자 한다.

조선초기의 공신녹권은 당시의 여러 제도적 변화의 흔적들을 잘 보여준다. 1392년(태조 1) 개국공신녹권으로부터 1401년(태종 1) 좌명공신녹권까지는 공신도감에서 공신 녹훈 및 녹권 발급에 관한 제반 업무를 관장하였음을 확인할 수 있고, 1411년(태종 11) 좌명원종공신녹권을 통해서는 당시부터 이조에서 공신 녹훈 업무를 비롯하여 녹권 발급 업무까지 관장하였음을 알 수 있다.[15] 그리고 1411년(태종 11) 좌명원종공신녹권까지는 왕명을 왕지王旨로 표기하다가 1458년(세조 4) 좌익원종공신녹권에서는 교지教旨로 표기하고 있음도 확인된다. 또 좌익원종공신녹권으로부터는 녹권의 본문에 이두 표기가 확연히 줄어드는 것도 주목할 만한 특징이다.[16]

녹권의 발급을 공신교서와의 연관성에서 살펴보면, 상대적으로 인원수가 적었던 정훈공신에게는 녹권의 기재 방식을 일부 수용한 양식의 공신교서가 요구되었고, 다수의 원종공신에게는 작성과 보관에 편리한 선장線裝 형태의 인쇄본 공신녹권의 출현이 요구되었던 것으로 보인다.[17] 따라서 녹권도 개국·정사·좌명공신 이후 어느

---

14) 진나영, 앞의 박사학위논문, 33쪽.

15) 『태종실록』11년(1411) 9월 30일 기사. 議政府啓: "功臣褒崇, 吏曹及功臣都監同議施行, 前規也, 今稱下元從三等功臣褒崇之典, 宜令吏曹專掌." 從之.

16) 1457년(세조 3)을 기점으로 공문서에서 이두의 사용이 제한된 다른 사례로는 朝謝文書와 賜牌가 있다. (박성호(공저), 『변화와 정착 : 여말선초의 조사문서』제1부 2장. 조사문서의 구조와 용어, 민속원, 2011, 74~75쪽; 「조선시대 賜牌의 발급과 문서양식」, 『고문서연구』41, 2012, 109쪽.

시점부터 형태적 변화가 생겼고, 그러한 변화 결과를 보여주는 것 중에 하나가 1458년(세조 4)에 발급된 좌익원종공신녹권이다.

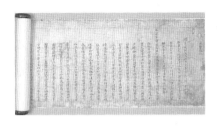

〈도 3〉 1411년(태종 11) 이형
좌명원종공신녹권[18]

〈도 4〉 1458년(세조 4) 이정
좌익원종공신녹권[19]


## 5. 공신교서와 녹권 발급 사실의 재검토

이상에서 공신교서와 녹권의 전존 현황을 살펴보면서 조선초기 공신교서와 녹권 가운데는 아직까지 그 존재가 실물로 확인되지 않은 것도 여전히 있음을 확인하였다. 정사공신교서, 정사원종공신녹권, 정난공신교서, (정난공신녹권), 정난원종공신녹권, 좌익공신교서, (좌익공신녹권), 익대공신교서, (익대공신녹권), 익대원종공신녹권 등이 바로 그것이다.

필자는 여기에 두 가지 의문을 제기해 보게 되었다. 첫째, 과연

---

17) 조선초기 개국공신 이후 원종공신의 수가 수백 명에서 수천 명을 넘어서면서 공신도감이 별도로 설치되어 활자로 녹권을 인쇄하였고, 반사의 신속성을 더하기 위해 권수 부분의 수취자 성명만 바꾸고 나머지는 동일하게 찍을 수 있는 방식을 사용하였다는 분석이 있다. (진나영, 앞의 석사학위 논문, 30쪽)

18) 문화재청 "문화재검색" (http://www.cha.go.kr)

19) 장서각 디지털아카이브 (http://yoksa.aks.ac.kr)

조선초기 개국·정사·좌명공신 이후 곧바로 정훈공신에게는 공신교서만 원종공신에게는 녹권만 발급하도록 제도가 변경되었는가. 둘째, 조선초기 공신 녹훈시 반드시 원종공신의 녹훈이 병행되었는가하는 점이다. 이 의문점들을 해소하기 위해서는 원본 문서가 추가로발견되는 것이 최선이겠지만, 차선책으로 여타 문헌 기록을 토대로단서를 찾아보고자 한다. 현재 조선초기 공신교서와 녹권의 제도적변화상을 통시적으로 살펴볼 만한 자료는 실록에 국한되므로 우선『태조실록』으로부터 『성종실록』에 수록된 공신교서와 녹권 반사에관한 기사들을 중점적으로 검토해 보고자 한다.

### 5.1 조선왕조실록

#### 1) 개국공신

■ 1392년(태조 1) 9월 21일 : 개국공신에게 공신교서와 녹권을 반사
편전에서 개국 공신들에게 연회를 베풀고 각기 기공교서 1통과녹권·금대·은대·옷감의 겉감과 안찝을 차등 있게 내려주고,시중 배극렴·조준에게는 고정립·옥정자·옥영구를 특별히 내려주었다.[20]

■ 1396년(태조 5) 1월 20일 : 원종공신에게 녹권을 반사
원종 공신들의 녹권을 하사하였다.[21]

위 기사에서 정훈공신에게는 공신교서와 녹권이 함께 반사되었다

---

20) 『태조실록』1년(1392) 9월 21일 기사. 宴開國功臣 于便殿, 各賜紀功敎書一通及錄券金銀帶·表裏有差. 特賜侍中裵克廉·趙浚高頂笠·玉頂子·玉纓具.
21) 『태조실록』5년(1396) 1月 20日 기사. 賜原從功臣錄券.

고 기록되어 있고, 원종공신에게는 녹권이 반사되었다고 기록되어 있다. 이 사실은 앞서 살펴본 개국공신교서, 개국공신녹권, 개국원종공신녹권의 존재와 부합한다. 다만, 정훈공신 가운데 동일인에게 내려진 공신교서와 녹권이 모두 남아있는 사례가 아직까지 확인되지 않은 점은 아쉽다. 개국공신 이제李濟의 경우는 공신교서만 남아 있고, 개국공신 이화李和의 경우는 녹권만 남아 있다.

## 2) 정사공신

■ 1398년(태조 7) 11월 18일 : 정사공신에게 공신교서와 녹권을 반사
정사공신을 근정전에 모아 잔치를 베풀고서 각기 교서와 녹권을 내려 주고, 한껏 즐기고 나서 헤어졌다.[22]

앞서 살펴본 장철張哲 정사공신녹권이 바로 1398년(태조 7) 11월에 반사된 녹권이다. 당시 함께 내려졌던 공신교서는 현재까지 확인되지 않았지만, 정사공신 녹훈 때까지도 정훈공신에게 교서와 녹권이 함께 반사되었음을 알 수 있다. 그런데 여기서 한 가지 주목할 점은 원종공신에 대한 녹훈 기사가 없다는 점이다. 정사공신 녹훈에서 원종공신 녹훈이 실제로 없었는지, 녹훈은 있었으나 실록에 누락되었는지를 따져보아야 할 것이다. 만약 개국공신 녹훈 때와 달리 정사공신 녹훈에서 별도의 원종공신 녹훈이 없었다면 당연히 정사원종공신녹권도 존재하지 않았을 것이다.

---

22) 『태조실록』7년(1398) 11월 18일 기사. 宴定社功臣 于勤政殿, 各賜敎書錄券, 極懽乃罷

## 3) 좌명공신

■ 1401년(태종 1) 2월 25일 : 정훈공신에게 교서, 녹권, 사패를 반사
북정(北亭)에서 좌명공신에게 잔치를 베풀고, 의안대군 이화 등 47인을 불러 손수 교서·녹권과 사패를 주었다.[23]

■ 1411년(태종 11) 12월 26일 : 원종공신에게 녹권을 반사
순녕군 이지 등 83인에게 원종공신녹권을 주었다.[24]

위의 기사는 1401년(태종 1) 2월에 발급된 마천목馬天牧의 공신 교서와 녹권, 1411년(태종 11) 11월에 발급된 이형李衡의 원종공신 녹권과 부합한다. 정훈공신에게 교서와 녹권이 함께 반사되었고, 원종공신에게 녹권이 반사된 사실을 실록의 기사와 더불어 전존하는 고문서를 통해서도 확인하였다. 특히 마천목의 사례는 조선초기 정훈공신 가운데 동일인에게 내려진 원본 공신교서와 녹권이 함께 확인된 유일한 사례라는 점에서 의의가 있다.[25]

## 4) 정난공신

■ 1453년(단종 1) 11월 8일 : 정난공신에게 포상함
정난공신 일등인 정인지 이하 11인에게 각각 안장 갖춘 내구마 1 필과 백은 50냥, 채단의 안팎 옷감 2벌씩을 하사하고, 2등인 11

---

23) 『태종실록』1년(1401) 2월 25일 기사. 宴佐命功臣于北亭. 召義安大君和等四十七人, 手授教書錄券及賜牌.

24) 『태종실록』11년(1411) 12월 26일 기사. 賜順寧君李枝等八十三人原從功臣祿券.

25) 2013년 (주)화봉문고에서 전반부가 결실된 좌명공신녹권을 추가로 공개함으로써 원본 좌명공신녹권이 1점 더 발굴되었다. 추후 전문적인 학술조사가 뒤따라야 할 것이다.

인에게 내구마 1필, 백은 25냥, 채단의 안팎 옷감 1벌, 3등인 20인에게 내구마 1필, 백은 10냥, 채단의 안팎 옷감 1벌씩 하사하였다.26)

■ 1455년(단종 3) 1월 24일 : 정훈공신에게 교서와 맹족 반사
정난공신을 사정전에서 잔치하고, 교서와 맹족을 나누어 주었다. 종친 영해군 이상과 승지 등이 또한 시연하였다.27)

단종 즉위초 수양대군이 주축이 된 계유정난에 동참하여 공을 세운 이들이 정난공신에 녹훈되었다. 실록에 따르면 정난공신은 단종 즉위초에 이미 그 등위가 정해져 포상도 이루어졌으나 실제 교서가 반사된 것은 단종 3년에 이르러서였다. 정훈공신에게 반사된 교서는 수양대군을 비롯하여 정인지, 한확 등 42인에게 내려졌고, 42인에게 내려진 교서의 내용도 모두 실록에 수록되어 있다. 정난공신의 경우 아직까지 공신교서와 녹권 모두 발견되지 않았다. 일부 소장기관에서 정난원종공신녹권이라고 소개된 것도 모두 좌익원종공신녹권으로 확인되었다.28) 정난공신도 앞의 정사공신과 같이 실록에서 원종공신에 관한 아무런 언급이 없다.

---

26) 『단종실록』1년(1453) 11월 8일 기사. 賜靖難功臣一等鄭麟趾以下十一人, 各內廐馬鞍子具一匹、白銀五十兩、綵段二表裏; 二等十一人, 內廐馬一匹、白銀二十五兩、綵段一表裏; 三等二十人, 內廐馬一匹、白銀一十兩、綵段一表裏.

27) 『단종실록』3년(1455) 1월 24일 기사. 宴靖難功臣于思政殿, 分賜敎書及盟簇. 宗親寧海君以上及承旨等亦侍宴.

28) 하나는 서울대학교 규장각한국학연구원 소장본(古貴920.051-W49)이고, 다른 하나는 한국학중앙연구원 장서각 수집본(흥양이씨 이언 원종공신녹권)이다.

5) 좌익공신

■ 1455년(세조 1) 9월 5일 : 좌익공신의 등위가 정해짐[29]

■ 1455년(세조 1) 10월 22일 : 좌익공신 동맹(회맹제)
임금이 면복을 갖추어 입고 좌익공신 등을 거느리고 함께 맹세하
였다. 그 맹세한 글에 이르기를, "조선국왕 아무는 삼가 좌익공신
아무 아무 등을 거느리고 감히 천지·산천·종묘·사직 백신의
영령께 명백히 고합니다. …(이하 생략)…"[30]

■ 1455년(세조 1) 12월 27일 : 원종공신 녹훈
의정부에 전지하기를, "연창위 안맹담 …(생략)… 학생 황량은 원
종공신 1등에 녹한다. …(이하생략)…[31]

■ 1457년(세조 3) 8월 27일 : 좌익공신 정창손 등에게 녹권을
반사
사정전에 나아가서 좌익공신 좌의정 정창손 등에게 녹권을 내려
주고, 이어서 잔치를 베풀었다.[32]

좌익공신은 세조의 즉위에 기여한 공신으로서 정난공신과 더불어

---

29) 『세조실록』1년(1455) 9월 5일 기사. 上上定佐翼功. 以桂陽君璔·翼峴君璭·韓確·尹師路·權擥·
申叔舟·韓明澮爲一等, 號輸忠衛社同德佐翼功臣, 鄭麟趾·李思哲·尹巖·李季曔·李季甸·姜孟卿·
尹炯·崔恒·田畇·洪達孫·楊汀·權攀爲二等, 輸忠勁節佐翼功臣, 權恭·李澄石·鄭昌孫·黃守身·
朴薑·權自愼·朴元亨·具致寬·尹士昀·成三問·曹錫文·李譽長·元孝然·韓終孫·李徽·黃孝源·
尹子雲·李克培·李克堪·權愷·崔濡·曺孝門·韓繼美·鄭守忠·趙得琳爲三等, 推忠佐翼功臣.

30) 『세조실록』1년(1455) 10월 22일 기사. 上具冕服, 率佐翼功臣等同盟. 其誓文曰: 朝鮮國王某, 謹率佐
翼功臣某某等, 敢昭告于天地·山川·宗廟·社稷百神之靈.

31) 『세조실록』1년(1455) 12월 27일 기사. 傳旨議政府曰: "延昌尉安孟聘 …(중략)… 學生黃良錄原從功
臣一等.

32) 『세조실록』3년(1457) 8월 27일 기사. 御思政殿, 賜佐翼功臣左議政鄭昌孫等錄券, 仍設宴.

세조의 핵심공신이라 할 수 있다. 좌익공신은 정훈공신과 원종공신에 대한 녹훈이 모두 이루어졌다. 그러나 실록의 기사에서 공신교서를 반사한 내용은 별도로 기록되어 있지 않다. 다만 1455년(세조 1)에 공신의 등위가 정해졌고, 이후 1457년(세조 3) 8월 27일에 정창손 등에게 녹권을 반사하였다는 기사가 보인다. 그리고 현재 확인된 좌익공신 관련 문서는 1458년(세조 4) 10월에 발급된 좌익원종공신녹권 6점이 있다.

위 실록 기사 가운데 주목할 부분은 1457년(세조 3) 8월 27일 기사이다. 좌의정 정창손 등에게 녹권을 반사한 기사인데, 정창손을 비롯한 인물들은 정훈공신으로서 녹권이 아니라 교서를 받아야 할 대상들이다. 그렇다면 이 기사에 대해서는 두 가지 추정이 가능하다. 실록에서 비록 '녹권'이라고 적혀 있으나 '교서'로 이해해야 하거나, 실제로 당시에 정훈공신에게 녹권을 반사했을 수도 있다고 보는 것이다. 만약 실제로 정창손 등의 정훈공신에게 녹권이 반사되었다면 기왕의 학설은 수정되어야 한다.

앞의 정난공신의 경우 아직까지 실물이 발견되지 않았고, 좌익공신도 좌익원종공신녹권만 확인되었기 때문에 이에 대한 명쾌한 답은 현재로서 내놓기 어렵다. 다만 현재까지 확인된 좌익원종공신녹권이 앞서 발급된 녹권과는 달리 형태적으로 권자卷子가 아닌 선장線裝의 책자 형태로 바뀐 점으로 미루어보아 이 시기를 지나면서 녹권 발급에 변화가 있었을 것으로 추정된다.

## 6) 적개공신

■ 1467년(세조 13) 11월 2일 : 적개공신에게 교서를 반사

인정전에 나아가서 공신연을 베푸니, 세자가 술을 올렸다. 적개공신 귀성군 이준 등이 치사하기를, "…(생략)…" 하였다. 읽기를 끝마치자, 교서를 반사하였다.

정충출기포의적개공신 현록대부 귀성군 겸 오위도총부도총관 이준에게 하교하기를, …(생략)… 공신들이 꿇어앉아 교서를 받았다. …(이하 생략)…33)

적개공신은 이시애의 난으로 표출된 세조의 반대세력들을 제거한 유공자로서 현재까지 남아있는 조선초기 공신교서 가운데서 가장 많은 수가 확인되었다. 적개공신도 정훈공신 45인에게 발급한 교서의 내용이 모두 실록에 기재되어 있고, 이때 반사된 적개공신교서 가운데 허종, 김교, 이종생, 장말손, 손소, 이부, 정종에게 내려진 7점이 실물로 확인되었다. 적개공신교서는 좌명공신교서 이후 실물로 확인된 가장 이른 시기의 교서로서 문서 양식에 약간의 변화가 있었다. 바로 공신교서의 본문에 등급별 공신들의 전체 명단이 삽입된 것이다. 이러한 변화는 정훈공신에게 녹권이 발급되지 않으면서 생긴 현상으로 보인다. 적개공신 녹훈에 관한 기사에서도 원종공신에 대한 별도의 언급은 보이지 않는다.

---

33) 『세조실록』13년(1467) 11월 2일 기사. 御仁政殿, 設功臣宴, 世子進酒. 敵愾功臣龜城君 浚等, 致詞曰: "…(생략)…" 讀訖, 頒教書. 教精忠出氣布義敵愾功臣顯祿大夫龜城君兼五衛都摠府都摠管浚: …(생략)… 功臣等跪受教書.

## 7) 익대공신

■ 1469년(예종 1) 5월 20일 : 정훈공신에게 교서를 반사

임금이 경회루에 나아가서 익대공신에게 교서를 내리고, 이어서 술을 내려 주었다. …(생략)… 수충보사병기정난익대공신 자헌대부 무령군 유자광에게 하교하기를, …(이하 생략)…34)

예종의 즉위초에 녹훈된 익대공신에게 공신교서를 반사한 사실이 명확히 기재되어 있고, 유자광 등 37인에게 발급된 교서의 내용도 모두 수록되어 있다. 다만 익대공신에게 반사된 교서는 아직까지 한 점도 발견되지 않았다. 그리고 실록에서 익대원종공신 녹훈에 대한 내용도 찾아볼 수 없다.

## 8) 좌리공신

■ 1471년(성종 2) 3월 28일 : 좌리공신의 칭호 확정

좌리공신의 칭호를 내려 주었는데, 1등 공신에게는 '순성명량경제홍화좌리공신'이라 하고, 2등 공신에게는 '순성명량경제좌리공신'이라 하고, 3등 공신에게는 '순성명량좌리공신'이라 하고 4등 공신에게는 '순성좌리공신'이라 하였다.35)

■ 1471년(성종 2) 8월 25일 : 1059인의 원종공신을 정함

이조에 전지하기를, "노고에 보답하고 공로에 상을 주는 것은 나라의 상전이다. …(중략)… 그 오산군 이주 등 1천 59인을 원종공

---

34) 『예종실록』 1년(1469) 5월 20일 기사. 上御慶會樓下, 頒敎于翊戴功臣, 仍賜酒. …(생략)… 敎輸忠保社炳幾定難翊戴功臣資憲大夫武靈君柳子光曰: …(생략)…

35) 『성종실록』 2년(1471) 3월 28일 기사. 賜佐理功臣號: 一等曰, "純誠明亮經濟弘化佐理." 二等曰, "純誠明亮經濟佐理." 三等曰, "純誠明亮佐理." 四等曰, "純誠佐理."

신으로 삼되, 3등급으로 나누어 칭하게 한다." 하였다.[36]

■ 1472년(성종 3) 7월 3일 : 좌리공신에게 녹권을 반사

임금이 인정전에 나아가 음복연을 베풀고, 인하여 좌리공신의 녹권을 주었다. 모든 향관 및 종재로서 효령대군 이보 등과 하동부원군 정인지 등이 입시하고, 왜인 가와로 등도 또한 참여하였다.[37]

예종이 즉위한 후 1년이 지나 홍서하자 성종이 다음 왕으로 즉위하였다. 성종의 즉위에 공로가 있었던 신숙주, 한명회 등 73인이 좌리공신에 녹훈되었다. 위 기사에서 확인한 바와 같이 좌리공신에는 정훈공신과 원종공신이 모두 녹훈되었고, 좌리공신교서와 좌리원종공신녹권도 현재까지 전하고 있다. 그러나 실록에는 공신교서 반사에 대한 기사는 없고, 녹권 반사에 대한 내용만 한군데 있다. 그런데 1472년(성종 3) 7월 3일 기사에 적혀 있는 '좌리공신녹권'이 무엇을 가리키는지를 규명할 필요가 있다. 전존하는 좌리공신교서 4점은 모두 '1472년(성종 3) 6월 일'로 기재되어 있어 실록에 기재된 '좌리공신녹권'이 바로 좌리공신교서일수도 있기 때문이다. 그러나 해당 기사에 효령대군 이보와 정인지 등이 입시한 것으로 나와 있으므로 이 기사의 '좌리공신녹권'은 좌리원종공신녹권으로 보는 것이 타당할 것으로 보이고, 그 실물이 바로 성암고서박물관 소장 송윤 좌리원종공신녹권과 연세대학교 소장 김영전 좌리원종공신녹권으로 판단된다.

---

36) 『성종실록』2년(1471) 8월 25일 기사. 傳旨吏曹曰: "酬勞賞功, 有國常典. ...(생략)... 其以烏山君澍
等一千五十九人, 爲原從功臣, 分三等稱下."

37) 『성종실록』3년(1472) 7월 3일 기사. 上御仁政殿, 設飮福宴, 仍賜佐理功臣錄券. 諸享官及宗辛孝寧
大君補等·河東府院君鄭麟趾等入侍, 倭人可臥老等亦與焉.

## 5.2 기타 문헌자료

앞서 실록에서 원종공신 녹훈에 대하여 별도의 언급이 없었던 정사·정난·적개·익대공신에 대하여 여타 문헌자료를 토대로 보강 검토를 해보고자 한다. 이에 대해서는 이미 진나영의 선행연구가 있다.[38] 선행연구에 따르면 정사원종공신은 개국공신과 좌명공신의 예처럼 정훈공신 녹훈과 더불어 원종공신 녹훈도 있었을 것으로 추정하였고, 정난원종공신은 강진이씨 이로李擄의 사례를 들어 원종공신의 녹훈이 있었다고 하였다. 근거는 <뿌리를 찾아서>에 수록된 강진이씨 항목의 기사에 "조선시대에 4세손 이로李擄는 1453년(단종 1년) 계유정란에 공을 세워 세조 때에 정난원종공신에 책록되었고, 버슬은 길주목사에 이르렀다"라는 내용이다.[39] 적개원종공신의 경우는 『남평문씨세계』에 수록된 공신록을 근거로 하고 있다. 해당 자료에는 "世祖十三年 敵愾原從功臣 …… 九月師還策曺錫文等靖忠出氣布義敵愾功臣 又策原從功臣 (月日未詳)"이라 적혀 있다.[40] 익대원종공신에 대한 근거는 확인되지 않았다.

요컨대, 정사원종공신과 익대원종공신에 대한 근거는 실록을 비롯한 여타 문헌자료에서도 확인되지 않았고, 정난원종공신과 적개원종공신의 경우는 특정 가문에 전래된 기록에서 단편적으로 확인되었다. 그러나 강진이씨 이로가 원종공신에 녹훈된 사실은 일종의 전승일 뿐 이를 뒷받침하는 녹권이나 전거는 불분명하다. 또한 『남평문씨세계』에 수록된 적개원종공신에 대한 기록도 확인한 바와 같이 적개공신 책록과 더불어 원종공신 책록이 있었다고만 기술할 뿐 해

---

38) 진나영, 앞의 석사학위논문, 37~38쪽.

39) 뿌리를 찾아서 (http://www.rootsinfo.co.kr)

40) 『南平文氏世系』, 국립중앙도서관(古2517-375) 소장본, 1881.

당 월일은 미상으로 밝히고 있다. 이 부분도 후대의 추정으로 판단된다.

정사공신은 정종 재위시에 녹훈되었지만, 실제로는 훗날 왕으로 즉위하는 이방원에게 기여한 이들이었다. 태조대의 개국원종공신은 개국초 다양한 세력 기반을 바탕으로 정치적 안정을 꾀했던 배경이 있었지만, 태종의 공신인 정사공신과 좌명공신은 왕위계승의 정당성을 지지해주고 실질적인 도움을 줄 수 있는 정훈공신 중심의 녹훈이었다는 사실이 지적된 바 있다.[41] 따라서 정사공신 녹훈에서는 개국공신과는 달리 원종공신의 녹훈이 없었을 가능성이 있다. 그리고 개국, 좌명, 좌익, 좌리공신은 태조, 태종, 세조, 성종이 각각 왕위에 오르는데 기여한 공신들로서 이때는 정훈공신과 원종공신을 순차적으로 녹훈함으로써 정치적 지지기반을 확장시키는 목적이 있었을 것이다. 그러나 원종공신의 존재 여부가 불명확한 정사, 정난, 적개, 익대공신의 경우는 각각 제1차 왕자의 난, 계유정난, 이시애의 난, 남이의 옥사 등 당대 왕의 재위 기간 중에 일시적으로 발생한 사건에 대한 공신녹훈으로서 단발적으로 정훈공신만 녹훈하였을 가능성이 있다. 이상의 검토를 토대로 필자는 조선초기 공신교서와 녹권의 현황을 다음과 같이 정리한다.

---

41) 김윤주, 「조선 초 공신 책봉과 개국·정사·좌명공신의 정치적 동향」, 『한국사학보』35, 2009, 163~164쪽.

| 공신 구분 | | | 현재까지 원본의 존재가 확인된 공신교서와 녹권 |
|---|---|---|---|
| 개국공신 | 정훈 | 교서 | 李濟 |
| | | 녹권 | 李和 |
| | 원종 | 녹권 | 張寬, 韓奴介, 陳忠貴, 鄭津, 李和尙, 崔有漣, 李原吉, 金天理, 金懷鍊, 미상, 沈之伯 |
| 정사공신 | 정훈 | 교서 | 현재까지 미발견 |
| | | 녹권 | 張哲 |
| | 원종 | 녹권 | 원종공신 존재유무 확인 필요 |
| 좌명공신 | 정훈 | 교서 | 徐愈, 馬天牧(유리필름) |
| | | 녹권 | 馬天牧, 미상 |
| | 원종 | 녹권 | 李衡 |
| 정난공신 | 정훈 | 교서 | 현재까지 미발견 |
| | | 녹권 | 존재 여부 불확실 |
| | 원종 | 녹권 | 원종공신 존재유무 확인 필요 |
| 좌익공신 | 정훈 | 교서 | 현재까지 미발견 |
| | | 녹권 | 존재 여부 불확실 |
| | 원종 | 녹권 | 裵文郁, 崔涵, 權徵, 李尹孫, 李禎, 李堰 |
| 적개공신 | 정훈 | 교서 | 許琮(유리필름), 金嶠, 李從生, 張末孫, 孫昭, 李溥, 鄭種 |
| | 원종 | 녹권 | 원종공신 존재유무 확인 필요 |
| 익대공신 | 정훈 | 교서 | 현재까지 미발견 |
| | 원종 | 녹권 | 원종공신 존재유무 확인 필요 |
| 좌리공신 | 정훈 | 교서 | 洪允成, 李崇元, 金吉通, 李淑琦 |
| | 원종 | 녹권 | 宋綸, 金永銓 |

위 표의 특징은 정사공신, 정난공신, 적개공신, 익대공신의 원종
공신이 실제로 존재했는지에 대한 사실 관계 확인이 필요함을 명시
한 것이다. 또한 정난공신과 좌익공신의 경우 정훈공신에게도 녹권
이 반사되었을 가능성을 열어두었다. 앞서 좌익공신에 관한 실록 기
사 분석에서 살펴본 바와 같이 현재까지 확인된 공신교서와 녹권을
근거로 할 때 현재로서는 정난공신 때부터 정훈공신에게는 교서만,
원종공신에게는 녹권만 발급하였다는 확언을 하기에는 불명확한 부
분이 있다. 만약 향후 정난공신교서나 좌익공신교서가 발견되어 그

본문에 등급별 전체 공신 명단 항목이 추가되어 있지 않다면 당시까지도 여전히 정훈공신에게 교서와 더불어 녹권이 함께 반사되었을 가능성을 제기할 수도 있고, 정난공신이나 좌익공신의 정훈공신에게 발급된 녹권이 추가로 발견될 수도 있을 것이다.

## 6. 맺음말

조선초기 개국·정사·좌명공신 녹훈 이후 공신교서와 녹권을 발급하는 제도에 변화가 생겼다는 것은 선행 연구와 원본 고문서를 통해서 확인할 수 있다. 그러나 정훈공신에게 녹권 없이 공신교서만 발급해준 제도 변경의 정확한 시점에 대해서는 아직까지 단정할 수 없음을 이상에서 지적하였다. 실록의 기사에서도 정난공신으로부터 명확히 정훈공신에게 교서만 발급하였다는 근거는 확인할 수 없었고, 아직까지 좌익원종공신녹권을 제외하고 정난공신과 좌익공신에게 발급된 원본 고문서는 한 점도 확인되지 않았기 때문에 제도 변화의 정확한 시점에 대한 판단은 유보해 두는 것이 옳다고 판단된다.

그러나 전존하는 공신교서와 녹권의 원본을 함께 검토해 본 결과 1458년(세조 4) 좌익원종공신녹권의 형태가 권자본(두루마리)에서 선장본(책자) 형태로 바뀐 점, 1467년(세조 13) 적개공신교서의 본문에 개국공신교서와 좌명공신교서에는 포함되지 않았던 등급별 공신 명단이 삽입된 점을 근거로 개국·정사·좌명공신 이후인 정난 또는 좌익공신 녹훈시 공신교서와 녹권의 양식에 변화가 생겼고, 이로 미루어 보아 공신교서와 녹권의 발급제도도 이 시기를 지나면서 변경되었을 것이라고 추정하였다.

결론적으로 조선초기 공신교서와 녹권의 발급제도 변경 시기에 관한 기존 학설은 일정 부분 타당하지만, 이에 대한 보다 정확한 판단은 정난공신과 좌익공신에게 발급된 공신교서와 녹권의 신규 발견을 통해 보강될 수 있을 것이다. 만약 정난공신이나 좌익공신의 정훈공신에게 공신교서와 녹권이 함께 발급되었음을 보여주는 원본 고문서가 발견된다면 조선초기 공신교서와 녹권의 발급제도가 변경된 시점은 수정되어야 할 것이다. 그리고 조선초기 공신 가운데는 정훈공신의 녹훈 외에 원종공신의 녹훈이 별도로 없었던 경우도 있었다는 점을 다시 한번 면밀히 검증해 보아야 한다.

제8장

조선초 봉교문서의 서명

## 1. 머리말

공·사문서에 사용된 서명署名은 해당 문서의 진정성을 담보해주는 필수적인 요소이다. 따라서 서명의 유무, 당시 서명 제도와의 부합성, 서명의 진위 여부 등에 대한 판정은 곧바로 고문서의 진위 내지 사료적 가치와 직결된다. 즉 서명이 마땅히 있어야 할 문서에 서명이 없다면 해당 문서는 공식적인 실효성이 없었던 문서로 볼 수 있고, 동일 인물이 서명한 문서 가운데 서명의 외적 형태나 필획의 특징 등이 현격히 차이나는 경우에는 문서의 위변조를 의심해 볼 수 있다.

고문서 연구에 있어서 서명에 관한 연구주제는 문서의 진위 판정, 서명 자체의 자료적 가치 등으로 인해 일찍부터 주목 받았다. 연구사적인 측면에서 일본에서는 일찍부터 '화압花押'이라는 주제를 놓고 여러 연구자들이 연구 논문과 화압 자료집을 발간해 왔고, 한국에서도 '수결手決', '화압花押', '서압署押' 등의 용어를 빌어 조복연, 정병완, 김응현, 박병호 등에 의해 한국 전통시대의 서명에 관한 선구적인 연구들이 진행되었다.[1] 한국 고문서의 서명에 관한 종합적인 연구는 박준호에 의해 수행되었는데, 그는 서명의 기원으로부터 개념 정립, 시기별·문서별 용례 고찰 등 종합적인 연구를 수행하였고, 한국 고문서에는 제도적으로 '착명着名'과 '착압着押'이라는 서로 구분된 서명 방식이 존재하였음을 밝혔다.[2]

그러나 한국 고문서의 서명에 대한 고찰은 박준호의 연구 이후

---

1) 서명에 대한 일본과 한국에서의 선행 연구사 정리는 박준호, 「韓國 古文書의 署名 形式에 관한 研究」, 한국학중앙연구원 한국학대학원 박사학위논문, 2004, 2~7쪽 참고.

2) 박준호, 앞의 학위논문 및 『예의 패턴:조선시대 문서행정의 역사』, 소와당, 2009, 181-186쪽. 박준호는 학위논문(2004)에서 서명의 형식을 크게 "着名"과 "署押"으로 나누어 설명하였으나, 이후의 연구에서는 "着名"과 "着押"으로 용어를 정정하였다. 필자도 이를 따른다.

큰 진전을 보이지 못하고 있다. 학계에 발표되는 논문이나 연구기관에서 발간되는 자료집에서는 여전히 서명 요소를 간과하거나 '착명', '착압'의 개념을 제대로 이해하지 못하여 잘못 표기하고 있기도 하다. 예컨대, 조선시대 공문서에서 낮은 위계의 기관(또는 인물)이 상대적으로 높은 위계의 기관(또는 인물)에 문서를 올릴 때는 반드시 '착명'만 하거나 '착명'과 '착압'을 함께 하도록 제도화되어 있었다는 사실이 이미 밝혀졌음에도 불구하고, '착압'이 되어 있다고 명시하는 등의 사례가 많다.

필자 또한 '착명', '착압'의 구분에 대한 스스로의 오류를 극복해 가는 과정에서 조선초기 봉교奉敎 양식으로 작성된 문서(이하 '봉교문서')의 서명에 주목하게 되었고, 이를 통해 봉교문서에 사용된 서명은 단순히 문서 발급자와 수취자 간의 위계 문제만으로는 명쾌하게 설명되지 않음을 알게 되어 이 문제를 보다 명확히 규명하고자 선행연구와 관련 자료들을 검토하게 되었다.

이에 대해서도 이미 박준호는 조선시대 문무관 오품이하 고신告身에 '착압'이 아닌 '착명'이 사용된 사실을 지적하면서 그 이유를 크게 두 가지 측면으로 나누어 추정하였다. "먼저 관원의 인사 발령에 대한 예우 차원에서 이루어진 예외 규정으로 볼 수 있다"는 측면과 "다음으로 오품이하 고신은 이조나 병조의 관원이 왕명을 받들어 대행하는 체제이기 때문에 실질적으로는 왕명에 대한 확인 절차로서 착명을 하였을 경우도 있다"는 측면으로 그 이유를 설명하였다.3) 이러한 추정이 필요한 이유는 여타 공문서에 사용된 서명의 원칙을 적용하면, 이조나 병조라는 중앙관사에서 문무관 오품이하의 개별 관원에게 발급하는 문서는 높은 위계에서 낮은 위계로 발급하는 경우이기 때문에 '착압'을 사용하는 것이 원칙에 부합하기 때문

---

3) 박준호, 앞의 책, 207쪽.

이다. 그러나 현재까지 확인된 조선시대의 오품이하 고신에는 한결같이 '착명'이 되어 있으므로 이에 대한 합리적인 설명을 위해 그 배경 추정이 필요했던 것이다.

본고에서는 문무관 오품이하 고신 등 이른바 봉교문서에 '착명'이 사용된 배경을 보다 명확히 밝히기 위하여 고려말 조선초의 원본 고문서와 실록기사 등을 근거로 검토하고자 한다. 따라서 연구 대상의 범위를 문무관 오품이하 고신에서 봉교문서 전반으로 확장하고, 원본 고문서에 기재된 서명을 구체적으로 살펴봄으로써 봉교문서에 사용된 서명의 특수성과 그 의미를 규명해보고자 한다.

## 2. 봉교문서의 개념

국왕 명의로 발급된 조선시대 문서에는 일반적으로 문서의 첫머리에 '왕지王旨', '교지敎旨', '교서敎書', '유서諭書' 등과 같이 왕명임을 나타내는 문구가 기재되었고, '시명지보施命之寶', '유서지보諭書之寶' 등 왕의 인장인 보인寶印이 찍혔다. 구체적인 예로는 문무관 사품이상 고신, 홍패紅牌, 백패白牌, 사패賜牌, 교서敎書, 유서諭書 등이 여기에 해당하고, 이러한 문서들을 통칭하여 '왕명문서'라 지칭할 수 있다. 왕명문서는 이렇게 왕명임을 직접적으로 드러내면서 문서화한 경우도 있지만, 좀 더 확장된 범주에서는 왕명을 받든 관사에서 왕명에 근거하여 시행하는 일임을 명시하여 해당 관사의 명의로 관인을 찍어 발급한 경우도 그 성격상 '준왕명문서'라는 측면으로 접근할 수도 있다. 이런 경우의 실제 사례를 살펴보면 문서의 본문에 "王命准", "奉敎" 등의 문구가 사용되었으므로 이를 약칭하여 '봉교문서' 또는 '봉명문서'라고 부를 수 있다. 예를 들면,

공신녹권, 문무관 오품이하 고신, 녹패 등이 여기에 해당한다. 공신녹권은 공신도감이나 이조에서 왕명을 받들어 문서를 발급하였고, 문무관 오품이하 고신과 녹패는 문관의 경우 이조에서, 무관의 경우 병조에서 왕명을 받들어 이조나 병조의 명의로 문서를 발급하였다.

실록에서도 이러한 봉교문서를 지칭한 표현이 보인다. 그 대표적인 사례가 바로 "奉教行移(文書)"이다. "봉교"는 왕의 교지를 받든다는 뜻이고, "행이"는 관사에서 문서를 주고받는 행위 내지 해당문서를 지칭한다.

① 1412년(태종 12) 7월 25일
의흥부를 혁파하고, 다시 병조로 하여금 군정을 관장하게 했다. 의정부에서 아뢰었다. "…(생략)… 모든 군령은 병조에서 교지를 받들어 각 군에 행이行移하고, 각군은 십사十司에 행이하여 각각 그 사司의 상호군과 호군이 함께 의논하여 시행하되, 사중司中의 공사公事는 그 군에 전보하면 그 군은 병조에 보고할 것 …(생략)…"4)

② 1418년(태종 18) 1월 13일
유사눌이 또 보고하였다. "병조에서 봉교奉教하여 행이行移한 것 안에 이번 봄에 도절제사로 하여금 경원慶源에 들어가서 동정성자東井城子의 터를 수리하게 할 일을 신이 삼가 편의한 일의 조건을 갖추어 아룁니다. …(생략)…"5)

③ 1425년(세종 7) 8월 25일
승정원에서 계하기를,
"교지를 받들어 행이行移하는 문서는 모두 신臣이라 칭하고 착명著名을 하는데, 유독 구전口傳에만 종전 잘못을 그대로 따라서 착서著署하는 것은 미편하니, 이제부터는 신臣이라 칭하고 착명著名하게 하소서." 하니, 그대로 따랐다.6)

---

4) 『태종실록』12년(1412) 7월 25일 기사. 罷義興府, 復令兵曹掌軍政. 議政府啓曰: "…(생략)… 凡軍令, 兵曹**奉教行移**各軍, 各軍行移十司, 各其司上護軍·護軍, 同議施行. 司中公事, 傳報其軍, 其軍報兵曹.

5) 『태종실록』18년(1418) 1월 13일 기사. 思訥又報曰: "兵曹**奉教行移**內, 今春令都節制使, 慶源入去, 東井城子修基事, 臣謹具便宜事件以聞 …(생략)…"

6) 『세종실록』7년(1425) 8월 25일 기사. 承政院啓: "凡**奉教行移文書**, 皆稱臣著名, 獨於口傳, 因循前弊著署未便, 自今稱臣著名." 從之. (실록 번역본에 오역이 있어 이 기사는 필자가 재번역)

위에 제시한 실록의 용례를 통해 확인된 "봉교행이(문서)"는 바로 왕명을 수명한 관사에서 왕명을 받들어 시행하는 문서를 발급할 때 사용된 표현이다. 이 가운데 ③의 용례가 특히 주목된다. 1425년(세종 7) 8월 25일에 구전문서에 '착서着署', 즉 '착압'을 하는 것에 대한 문제를 제기하여 이를 고치도록 한 내용이다. 당시 봉교행이문서에는 이미 '착명'이 사용되고 있었는데, 유독 구전문서는 '착압'을 사용하는 것에 대한 문제점을 거론한 것이다. 이는 구전문서도 봉교행이문서로 보아야 한다는 견해라고 볼 수 있다.

실록에 기재된 위의 용례 외에 고문서에 기재된 용례 가운데 봉교에 해당하는 표현들을 살펴보면 해당 용어의 변화 양상을 짐작할 수 있다. 여말선초에 발급된 홍패와 녹패에는 "王命准(賜)"이라는 표현이 사용되었는데, 이 표현은 조선에 들어와 "奉敎(賜)"로 바뀌었다.[7] 즉 "왕명준"이라는 표현은 조선에 들어와 "봉교"로 귀결되기 전까지 사용된 고려식 표현인 것이다. 조선초기 공신녹권에는 "伏奉王旨", "敬奉王旨", "敬奉敎旨" 등의 표현이 보이고, 조선초에 발급된 <1399년 조온 사패>와 <1401년 조흡 사패>에서도 "伏奉王旨"라는 표현이 사용되었다.

봉교문서는 엄밀히 말해 보인寶印을 찍어 발급한 왕명문서는 아니었지만, 왕명에 의거하여 시행되었다는 점에서는 여타 관문서와 차이가 있는 문서였다. 이러한 차이를 살펴보는데 있어 봉교문서에 사용된 서명에 대한 정밀한 고찰이 요구된다.

---

7) 『세종실록』14년(1432) 4월 25일 기사. 詳定所啓: "各品祿牌行使宣賜印文, 改以頒賜, 其體倣議政府印改鑄, 令吏曹仍舊用之. 其祿牌內**王命準賜, 改稱奉敎賜.**" 下禮曹.

## 3. 고려말 조선초 공문서의 서명 검토

본격적으로 고려말 조선초의 공문서에 사용된 서명의 용례를 검토하기에 앞서 서명에 대한 이해를 돕기 위해 선행연구 성과와 고문서에 직접 사용된 용어 등을 근거로 서명과 관련된 용어와 개념을 정리해 보고자 한다.

본고에서 사용하는 "착명"과 "착압"이라는 표현은 전거를 토대로 이미 학술적으로 사용되고 있는 용어이다. 실제 문헌이나 고문서에서는 다양한 표현들이 발견된다. 착명着名, 초압草押, 서명署名, 착함着銜, 착압着押, 서압署押, 화압花押, 착명서着名署 등이 그 예이다.[8] 조선시대 관원에 한정해서 서명을 구분해 보면 서명은 크게 "명名"과 "압押"으로 나눌 수 있다.[9] 이 "명"과 "압"을 문서에 실제로 기재한 행위에 대해 앞에 술어인 "착着"을 결합시켜 "착명"과 "착압"이라는 용어를 사용하는 것이다. 자료에 따라 "착명"을 "착함着銜", "서명署名" 등으로, "착압"을 "초압草押, 서압署押" 등으로 지칭하였다.

이렇듯이 경우에 따라 용어 사용의 차이는 있었지만, 결과적으로 조선시대 관원의 서명은 크게 두 가지 방식이 존재했었다는 사실로 귀결된다. 바로 자신의 이름을 형태적으로 변형시켜 만든 "착명"과 이름과는 관계없는 상징적인 뜻을 담고 있는 글자를 변형시켜 만든 "착압"이 그것이다. 이 "착명"과 "착압"은 사용상 엄연한 용도 구분이 있었다. 박준호는 이것을 '예禮'라는 기준으로 설명한 바 있다. 위계상 하위에서 상위로 문서를 올릴 때는 반드시 '착명'만 하거나 '착명+착압'을 해야 했고, 위계상 상위에서 하위로 문서를 보낼 때

---

8) 박준호, 앞의 학위논문, 43쪽.
9) 서명을 관원 이외로 확장할 경우 수촌手寸, 수장手掌, 부인 도서圖書 등이 포함될 수 있다.

는 '착압'만 해야 했다.10) 예를 들어, 소지所志를 제출하는 사람은 문서에 '착명'을 하는 것이 원칙이었고, 첩정牒呈을 올리는 하위 관원은 '착명'과 '착압'을 함께 하는 것이 원칙이었으며, 소지의 제사 題辭를 내어주는 지방관이나 패자牌子를 내어주는 상전은 문서에 '착압'을 하는 것이 원칙이었다.

〈표 8-1〉 조선전기 착명 착압의 실례11)

| 金孝盧 (1454-1534) | 金緣 (1487-1544) | 金富弼 (1516-1577) | 金富儀 (1525-1582) | 金垓 (1555-1593) |
|---|---|---|---|---|
| | | | | |

위 <표8-1>은 한 개인의 착명과 착압을 동시에 볼 수 있는 좋은 사례이다. 조선시대 예안현에 세거했던 광산김씨 가문에 전래된 분재기에서 "김효로 - 김연 - 김부필, 김부의 - 김해"에 이르는 4대의 서명을 확인할 수 있다. 상하로 기재한 서명 가운데 윗부분은 모두 각자의 이름인 "孝盧", "緣", "富弼", "富儀", "垓"를 개성 있게 변형시킨 "착명"이고, 아랫부분은 차례대로 "一正(불확실)", "一依", "一無私", "一純", "(미상)"과 같이 상징적인 글자의 형태를 변형시켜 신표로 삼은 "착압"이다.

---

10) 박준호, 앞의 책, 221-225쪽.

11) 한국고문서자료관(http://archive.kostma.net); 『고문서집성』1-예안 광산김씨 고문서. 한국학중앙연구원, 2011.

이제 이상에서 간략히 정리해 본 착명과 착압에 대한 이해를 바탕으로 고려말 조선초의 공문서에 실제로 사용된 착명과 착압의 사례를 분석해보고자 한다.

## 3.1 착명의 사례

### 1) 송광사 고려문서

전남 순천의 송광사에는 고려시대 고문서가 여러 점 소장되어 있다. 그 가운데 "至元拾捌年閏捌月 日"로 시작하여 "左承旨 興威衛 上將軍 判司宰寺 典理司事 趙 (署名)"으로 끝맺은 문서 1점이 포함되어 있다. 이 문서는 1281년(충렬왕 7) 수선사修禪社의 사주社主 내노乃老가 생부生父로부터 받은 노비와 후소생을 사찰에 소속시켜 달라고 올린 소지에 대하여 해당 요청을 승인해 준 문서이다.[12] 해당 사안을 맡아 이 문서의 발급에 관여한 좌승지는 바로 조인규趙仁規(1237-1308)였다.

---

12) 이 문서는 종래에 "송광사 고려문서", "노비문서", "노비첩" 등으로 지칭되었으나 2000년 서울대학교 연구팀에서는 "修禪社乃老 宣傳消息"으로 명명하고 상세히 분석하였다. 다만, 필자는 선전소식인지 여부는 아직 단정할 수 없다고 판단하고 있으므로 여기서는 일단 "송광사 고려문서"로 칭한다.
『韓國古代中世古文書研究』(上), 서울대학교출판부, 2000, 18~21쪽.

〈자료 8-1〉 1281년 송광사 고려문서의 서명

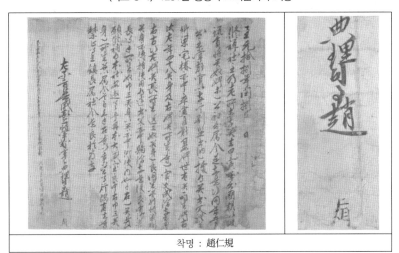

착명 : 趙仁規

　문서의 말미에 적힌 "左承旨 … 趙" 아래에 기재된 서명은 명확히 "仁規"로 식별되는 착명이다. 이 문서는 고려말 충렬왕 재위 시기에 수선사의 사주 내노가 조정에 소지로 올린 사안에 대해 좌승지 조인규가 해당 사안에 대한 출납을 맡았으므로 자신의 착명을 기재한 것으로 판단된다.

　2) 사패

　사패는 왕명으로 노비와 토지를 하사하거나 향리의 역을 면제시켜 줄 때 발급되었다.[13] 현재까지 고려시대의 원본 사패는 알려진 바 없고, 조선시대의 사패는 초기로부터 후기까지 고르게 확인되었다. 조선초에는 "王旨" 또는 "賜" 양식으로 작성되다가 『경국대전』 반포를 전후하여 "敎旨" 양식으로 문서식이 정착되었다. 『경국대전』

---

13) 『經國大典』禮典, 奴婢土田賜牌式 및 鄕吏免役賜牌式 참조.

사패식에는 원칙적으로 관원의 서명이 기재되지 않는 것으로 되어 있으나, 원본 고문서를 검토해 본 결과 1400년대 초반과 1700년대 중반 이후에 발급된 사패에는 문서의 마지막 행에 사패 발급을 관장한 승지의 "관직명+臣+姓(署名)"이 기재되어 있음이 확인되었다.14) 사패에 사용된 보인은 '朝鮮王寶 → 朝鮮國王之印 → 國王行寶 → 昭信之寶 → 施命之寶'로 변화되었다. 문서에 보인이 사용된 점은 사패가 왕명문서임을 보여주는 근거이다.

〈표 8-2〉 조선초 사패의 서명

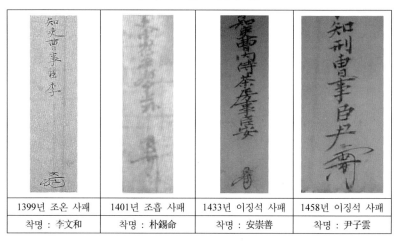

| 1399년 조온 사패 | 1401년 조흡 사패 | 1433년 이징석 사패 | 1458년 이징석 사패 |
|---|---|---|---|
| 착명 : 李文和 | 착명 : 朴錫命 | 착명 : 安崇善 | 착명 : 尹子雲 |

위에 보이는 바와 같이 사패 발급을 관장한 승지는 왕명을 받든 담당승지로서 문서에 착명만 하였다. 이문화(1358-1414), 박석명(1370-1406), 안숭선(1392-1452), 윤자운(1416-1478)이 각각 자신의 이름자를 변형시킨 착명을 하였음을 알 수 있다.

---

14) 박성호, 「조선시대 賜牌의 발급과 문서양식」, 『고문서연구』41, 2012, 103-107쪽.

## 3) 공신녹권

고려와 조선에서는 공신들에게 공신교서와 공신녹권을 발급하였다. 고려시대의 공신교서와 녹권의 원본은 아직까지 확인된 바 없지만, 문집과 족보 등에 전사본은 몇 건 확인된 바 있다.[15] 조선 개국초에는 정훈공신에게는 공신교서와 녹권이 함께 발급되었고, 원종공신에게는 녹권만 발급되다가 후에 정훈공신에게는 교서만 발급되고 원종공신에게는 녹권만 발급되었다. 이 두 공신문서는 공신에 대하여 그 공로를 치하하고 상전의 내역을 명시하였다는 점에서 유사점도 있으나, 공신교서는 "王若曰 云云" 양식으로 보인을 찍어 해당 공신에게 내리는 형식을 취한 반면 녹권은 공신녹훈 업무를 담당한 관사에서 공신녹훈의 절차를 상세히 기술하고 담당 관원들의 명단도 모두 기재하여 관인을 찍어 발급한 형식을 취하였다. 즉 공신교서는 왕명문서의 양식을 취하였고, 공신녹권은 관문서의 양식을 취하였다.

〈표 8-3〉 조선초 공신녹권의 서명

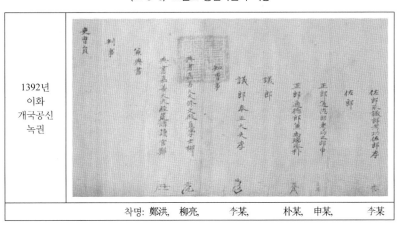

| 1392년 이화 개국공신 녹권 | |
|---|---|
| 착명: 鄭洪, 柳亮, 李某, 朴某, 申某, 李某 | |

---

15) 고려말의 공신문서로는 정인경 공신교서와 녹권, 김여우 공신교서, 홍규 공신교서 등이 알려져 있다. (노명호 외, 앞의 책, 22-34쪽.)

현재 원본이 남아있는 개국공신녹권, 개국원종공신녹권, 좌명공신녹권에는 공신도감의 관원, 이조의 관원, 별감들의 명단과 함께 그들의 서명이 남아 있고, 1411년(태종 11) 좌명원종공신녹권 이후의 각종 원종공신녹권에는 이조의 관원만 기재되어 있다. 이 때 해당 관원들은 자신의 착명을 기재하였고, 조선전기의 녹권에는 '이조지인'이 찍혔다.16) 공신녹권 또한 관사의 명의로 관인을 찍어 발급한 관문서였으나, 왕명을 받들어 시행된 공신녹훈에 관한 일을 다루고 있으므로 담당 관원들은 착명을 한 것으로 판단된다.

4) 문무관 오품이하 고신

조선시대 문무관의 임명문서인 고신은 『경국대전』체제가 확립되어 가면서 사품이상의 관원은 교지敎旨 양식으로, 오품이하의 관원은 이조와 병조에서 발급하는 봉교 양식으로 확립되었다. 오품이하 고신에 사용된 인장은 각각 '이조지인' 과 '병조지인'이었다.

---

16) 1591년(선조 24) 광국원종공신녹권부터는 '시명지보'가 사용되었다. 이는 당시 광국공신도감에서 녹권발급에 따른 부정을 방지하고자 御寶를 사용하도록 계문하였기 때문이다. (『선조실록』 24년 (1591) 윤3월 30일)

〈자료 8-4〉 조선초 오품이하 고신의 서명

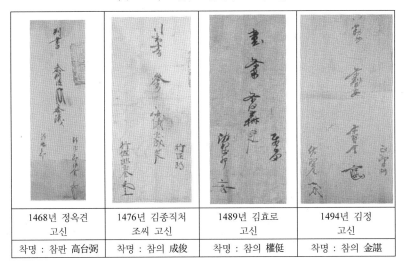

| 1468년 정옥견<br>고신 | 1476년 김종직처<br>조씨 고신 | 1489년 김효로<br>고신 | 1494년 김정<br>고신 |
|---|---|---|---|
| 착명 : 참판 高台弼 | 착명 : 참의 成俊 | 착명 : 참의 權侹 | 착명 : 참의 金諶 |

현재 남아 있는 문무관 오품이하 고신 가운데 발급시기가 가장 빠른 문서는 1468년(세조 14) 정옥견 고신이다. 위에 제시한 사례를 보면 차례대로 고대필高台弼의 이름자 "弼"자를 변형시킨 착명,17) 성준成俊의 "俊"자를 변형시킨 착명, 권정權侹의 "侹"자를 변형시킨 착명, 김심金諶의 "諶"자를 변형시킨 착명이 확인된다. 이 문서들을 포함한 조선시대 오품이하 고신에는 모두 이조 또는 병조 관원의 착명이 기재되었다. 오품이하 고신은 그 제도가 시행되던 처음부터 착명이 사용된 것으로 보인다. 다만, 오품이하 고신의 전신으로 볼 수 있는 조사문서에서는 착압이 사용되었다가 오품이하 고신에서는 착명이 사용된 배경이 규명되어야 할 것이다.

---

17) 1468년(세조 14) 정옥견 고신에 기재된 "參判 臣 (署名)" 부분은 여타 오품이하 고신과는 달리 "臣" 아래에 姓이 기재되지 않았기 때문에 서명의 원리로 볼 때 '착명'이 아니라 '착압'일 수 있다는 견해가 있다. 조선초 여타 문서에서도 '착명'을 하는 경우는 반드시 姓을 적었고, '착압'의 경우는 姓을 적지 않았다. 필자는 일단 본고에서 '착명'이라는 견해를 유지하지만, 이 부분은 검토의 여지가 있다.

## 3.2 착압의 사례

### 1) 고려말 홍패

<1290년 우탁 홍패> 등 지금까지 확인된 고려말의 '왕명준사' 양식의 홍패들은 모두 "王命准賜"라는 문구로 시작되고, 해당 과거科擧의 지공거知貢擧, 동지공거同知貢擧가 기재되어 있다. 고려말 홍패에 적힌 "왕명준사"라는 문구는 조선에 들어와 "奉教賜"로 바뀌었다.[18] 이러한 표현이 들어간 문서는 왕명을 직접 반포한 것이 아니라 관사에서 왕명에 의거하여 시행한 것이다.

〈표 8-5〉 고려말 홍패의 서명

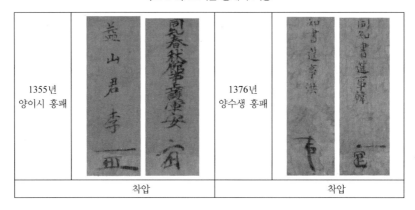

| 1355년<br>양이시 홍패 | | | 1376년<br>양수생 홍패 | | |
| --- | --- | --- | --- | --- | --- |
| 착압 | | | 착압 | | |

위의 양이시, 양수생 홍패에 각각 남아있는 서명은 모두 당시 지공거와 동지공거의 착압이다. 착압이 사용되었다는 것은 바로 이 문서의 성격과 직결된다. 즉 왕명을 받들어 시행한 문서이지만, 착압이 사용되었다. 주목할 점은 "왕명준사"라는 표현을 기재하여 왕명

---

18) 박성호, 「여말선초 紅牌·白牌 양식의 변화와 의의」, 『고문서연구』40, 2012, 5-10쪽.

을 받들어 시행하는 일임을 명시했으면서도 착압을 함으로써 관문서임을 명확히 나타낸 점이다.

## 2) 조사문서

고려말과 조선초의 조사문서는 현재까지 47점이 확인되었고, 이 가운데 원본은 조선초에 발급된 38점이 알려져 있다. 조사문서는 관원을 특정 관직에 임명하는 과정에서 서경署經 절차가 문제없이 완료되었음을 알림과 동시에 해당 관직에 보임하는 임명문서였다.[19] 조선초에는 고신(왕지 또는 교지)와 조사문서가 관원 임명문서로서 기능을 유지하다가 세조대를 지나면서 조사문서의 역할을 문무관 오품이하 고신이 대체한 것으로 판단된다. 문서의 발급은 이조와 병조에서 담당하였고, 인장은 '이조지인' 또는 '병조지인'이 사용되었다.

조사문서의 서명에 대해서는 『홍무예제洪武禮制』의 서압체식署押體式과 연계하여 고첩식故牒式, 하첩식下帖式, 평관식平關式의 원칙에 견주어 조사문서에 사용된 서명은 고첩식, 하첩식, 평관식에 준하여 '압押'이 사용되었음을 밝힌 연구가 있다.[20] 『홍무예제』는 조선초기 예제禮制에 큰 영향을 주었으므로 『경국대전』이 완성되기 이전 시기에 작성된 공문서의 서명을 분석하는데 있어 좋은 근거가 된다. 『홍무예제』에 수록된 고첩식, 하첩식, 평관식에서는 모두 해당 관사의 관원들이 관직명을 적고 아래에 '압'을 하도록 되어 있었다.

---

19) '조사문서'라는 명칭은 그동안 학계에서 '조사첩朝謝帖', '사첩謝帖' 등으로 지칭된 여말선초의 관원 임명 관련 문서를 지칭한다. (심영환·박성호·노인환, 『변화와 정착 : 여말선초의 조사문서』, 민속원, 2011)

20) 박준호, 앞의 책, 187-196쪽.

〈표 8-6〉 조선초 조사문서의 서명

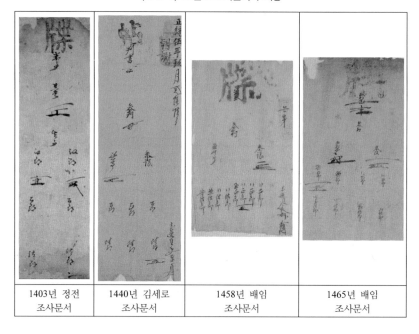

| 1403년 정전<br>조사문서 | 1440년 김세로<br>조사문서 | 1458년 배임<br>조사문서 | 1465년 배임<br>조사문서 |
|---|---|---|---|

위의 조사문서에 보이는 이조와 병조의 관원들이 기재한 서명은
모두 착압이다.21) 다만, 문서를 직접 서사한 영사令史는 이·병조
의 당상관이나 낭청들과는 달리 착명을 하였다. 서사를 담당한 영사
는 단지 문서를 작성한 입장에서 자신을 낮추어 '착명'을 한 것으로
보인다. 결과적으로 조사문서는 관인이 사용되고, 관원들의 착압이
기재된 전형적인 관문서였다.

---

21) 38점의 조선초기 원본 조사문서 가운데 1413년(태종 13) 정전鄭悛 조사문서는 다른 조사문서와
차이점이 있다. 박준호는 이 문서에 사용된 서명 가운데 판서와 우참의는 '서압'을 하였고, 나머지
정랑과 좌랑들은 '착명'을 한 것으로 판단하였다. (박준호, 앞의 책, 194-195쪽) 이 문서에 대해서
심영환은 당시 관제와의 상이점, 관직명 아래 성姓을 기재한 점 등을 들어 사료로서의 신빙성에
의문을 제기한 바도 있다. (심영환·박성호·노인환, 앞의 책, 47~48쪽)

## 3) 구전차첩

관원의 임명 가운데는 이조와 병조에서 삼망三望을 제출하여 왕의 낙점을 받아 관직에 제수하는 방식 외에도 특정 관직에는 단망單望을 승정원에 올려 승지가 임금의 구전口傳을 받아 해당 관사에서 시행하는 방식이 있었다. 주로 이조, 병조, 충훈부, 충익부에서 사용하였고, 이 때 발급된 문서가 이른바 구전차첩口傳差帖이다.[22]

<표 8-7> 조선초 구전차첩의 서명

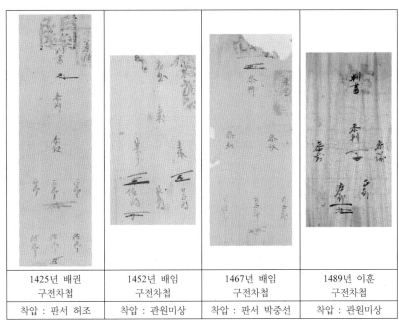

| 1425년 배권<br>구전차첩 | 1452년 배임<br>구전차첩 | 1467년 배임<br>구전차첩 | 1489년 이훈<br>구전차첩 |
|---|---|---|---|
| 착압 : 판서 허조 | 착압 : 관원미상 | 착압 : 판서 박중선 | 착압 : 관원미상 |

조선초에 발급된 구전차첩은 1425년(세종 7) 배권에게 발급된 사례와 같이 평관平關 양식으로 발급되기도 하였으나 주로 첩帖 양식

---

22) 송철호,「조선 시대 差帖에 관한 연구 : 17세기 이후의 口傳에 관한 差帖을 중심으로」,『고문서연구』35, 2009.

으로 발급되었고, '이조지인' 또는 '병조지인'이 찍혔다. 그리고 구전차첩에 사용된 이조 또는 병조 관원들의 서명은 '착압'이었다. 그러나 앞서 『세종실록』의 1425년(세종 7) 8월 25일자 기사를 통해 살펴보았듯이 "구전口傳에 착서着署하는 것이 미편未便"하다는 지적이 있었다. 다시 말해, 당시 여타 "봉교행이문서"에는 관직명 다음에 "신臣"이라 쓰고 "착명"을 기재하도록 하였는데, 구전문서에만 "착서", 즉 착압이 이루어졌던 것이다. 그리하여 구전에도 착명을 시행하도록 승전원에서 왕에게 아뢰어 윤허 받았으나, 현재 남아 있는 구전차첩에서는 착압의 사례만 보일 뿐이다. 또 조선후기에 편찬된 『전률통보典律通輔』의 별편別編에 수록된 구전차첩의 문서식에는 "당상관 1인만 착압을 한다(只一堂押)"고 기재되어 있다.23) 결과적으로 구전차첩은 봉교문서와 달리 관문서로서의 성격을 지속적으로 유지했던 것으로 보인다.

### 3.3 착압에서 착명으로 변경된 사례

#### 1) 녹패

녹패는 국가로부터 녹을 지급받는 관료들에게 발급된 문서로서 고려말로부터 조선초에는 시기에 따라 삼사三司, 사평부司平府, 이조吏曹에서 문서의 발급을 담당하였고, 1466년(세조 12) 이후부터는 문관은 이조, 무관은 병조에서 발급하였다. 문서 양식도 고려말부터 1432년(세종 14)까지는 "王命准賜" 양식이, 1432년(세종 14)부터 1466년(세조 12)까지는 "奉敎賜" 양식이, 1466년(세조 12) 이

---

23) 송철호, 앞의 논문, 88~90쪽.

후부터는 일관되게 "某曹奉教賜" 양식이 적용되었다. 녹패에 사용된 인장은 시기에 따라 '宣賜之印 → 頒賜之印 → 吏曹之印/兵曹之印'으로 변화되었다.[24] 녹패는 왕명을 받들어 담당 관사에서 발급한 관문서로 규정할 수 있다.

<표 8-8> 조선초 녹패의 서명

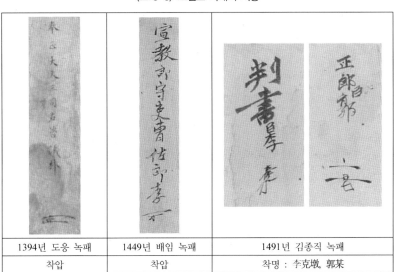

| 1394년 도응 녹패 | 1449년 배임 녹패 | 1491년 김종직 녹패 |
|---|---|---|
| 착압 | 착압 | 착명 : 李克墩, 郭某 |

위의 사진에 보이는 사례 가운데 1394년(태조 3) 도응 녹패와 1449년(세종 31) 배임 녹패에는 각각 "三司 右咨議 朴某"와 "吏曹 佐郎 李某"의 착압이 기재되었고, 1491년(성종 22) 김종직 녹패에는 판서와 정랑의 착명이 기재되었다. 현재 원본으로 남아있는 조선시대 녹패는 1491년(성종 22) 김종직 녹패로부터 모두 이조나 병조 관원의 착명이 사용되었다.[25] 그렇다면 동일한 녹패에서 서명 방식

---

24) 박성호,「麗末鮮初 祿牌의 제도와 양식」,『고문서연구』43, 2013, 89-92쪽.
25) 박성호의 2013년 연구에서는 <1491년 김종직 녹패> 이후의 조선시대 녹패에 기재된 관원들의 서명도 모두 착압으로 보았으나 이는 잘못된 분석이었다.

이 바뀌게 된 배경을 규명해 보아야 한다. 이 부분에 대한 검토는 다음 장에서 구체적으로 다루고자 한다.

결과적으로 고려말 조선초의 공문서 가운데 관문서 작성의 종래의 원칙상 '착압'을 기재하는 것이 원칙에 부합하지만 봉교문서이기 때문에 '착명'이 기재된 경우는 공신녹권, 오품이하 고신, 녹패로 볼 수 있다. 이 문서들은 여타 관문서와는 달리 문서의 본문에 명시적으로 "伏奉王旨", "奉敎"라는 문구가 사용되었다.

## 4. 봉교문서의 착명 시행과 그 의미

전통시대 공문서는 크게 왕명문서와 관문서로 구분해 볼 수 있다. 엄밀히 말해 왕명문서는 양식상 왕명임을 직접적으로 나타내는 왕지, 교지, 교서 등의 제목이 사용되거나 왕의 인장인 보인寶印이 안 보되었다. 반면 관문서는 문서를 발급한 관사의 명칭을 명시하고, 소속 관원의 서명과 더불어 관인을 사용하였다. 그러나 왕명문서와 관문서 사이에 왕명을 받들어 관사에서 시행하는 이른바 봉교문서도 존재하였다. 본고에서 주목한 부분 가운데 하나도 바로 이 봉교문서의 존재를 어떻게 봐야할 것인가이다.

앞서 여말선초 공문서의 서명을 살펴보았듯이 송광사의 고려문서와 조선초의 사패는 왕명문서로서 왕명의 출납을 맡은 승지가 '착명'을 하였다. 그러나 이를 제외한 고려말의 홍패, 공신녹권, 녹패, 조사문서, 오품이하 고신, 구전차첩은 문서 양식상 문서 발급을 관장한 관사에서 해당 관사의 명의로, 관인을 찍어서 발급한 관문서였다. 그러나 이들 문서에 사용된 서명의 방식은 일관되지 않음을 확인하였다. 고려말의 홍패, 조선초의 조사문서, 구전차첩에는 '착압'이 사용되었고, 공신녹권과 오품이하 고신에는 '착명'이 사용되었으며, 녹패는 처음에는 '착압'이 사용되었다가 후에 '착명'으로 바뀌었다.

　이러한 현상을 토대로 서명의 차이에 따른 문서의 특성을 살펴볼 수 있다. '착압'이 사용된 고려말의 홍패, 조사문서, 구전차첩은 관문서로서 관에서 개인에게 발급한 여타 관문서와 마찬가지로 위계상 상위에서 하위로 보내는 문서의 특성을 드러내고 있다. '착명'이 사용된 공신녹권과 오품이하 고신은 관사의 명의로 관인을 찍어 발급한 관문서였지만 왕명을 받들어 시행한다는 문구를 포함한 문서였으므로 관원들은 문서 수취자에 대한 위계가 아니라 왕에 대하여 자신을 낮추는 의미인 '착명'을 사용함으로써 봉교문서의 특성을 드러내었다. 녹패의 경우는 관문서로서 처음에는 종래의 관행대로 관인을 찍고 '착압'을 하여 발급하다가 문서의 양식상 왕명을 받들어 시행하는 봉교문서였으므로 특정 시기를 지나면서 서명 방식도 기존의 '착압'에서 '착명'으로 바뀐 것이다.

　다시 말해 관문서이지만 문서의 성격상 왕명을 받들어 시행하는 봉교문서는 일관되게 '착명'을 사용하도록 한 결정적인 계기가 있었던 것으로 보인다. 그러한 배경을 짐작해 볼 수 있는 근거 중에 하나가 바로 1425년(세종 7)에 거론된 구전口傳 문서의 서명에 대한 논의이다. 그러나 앞서 검토했듯이 녹패나 구전차첩의 서명 방식이 1425년(세종 7) 이후 '착압'에서 '착명'으로 곧바로 바뀌지는 않았다. 녹패의 경우는 오품이하 고신과 마찬가지로 세조 말기를 지나면서 '착명'으로 바뀌었을 것으로 추정되고, 구전차첩은 종전대로 지속적으로 '착압'을 유지하였다.

　요컨대 봉교문서의 서명이 '착명'으로 바뀐 것은 단순한 서명의 변화만을 뜻하는 것이 아니라 문서의 성격 내지 위상의 변화를 뜻한다. 위계상 상위의 관사에서 하위의 관사 또는 개인에게 발급하는 관문서의 권위를 '착압'이라는 서명 행위를 통해서 나타내었다고 볼 때, 그런 관문서에 '착명'을 사용함으로써 왕명을 받들어 시행하는 문서라는 한층 높은 권위를 드러낸 것이다. 따라서 이러한 봉교문서는 문서 양식상으로는 관문서이지만, 문서의 성격상으로는 넓은 의미의 왕명문서에 준하는 문서라 할 수 있다. 이는 조선시대 양반가에 전래된 고문서 가운데 각종 교지류 문서들과 더불어 오품이하고신과 녹패가 타 문서에 비해 귀하게 다루어진 것과도 무관하지 않을 것이다.

현재 고려시대 공문서의 원본이 소수만 확인되었고, 고려시대 공문서에 대한 연구 또한 충분히 이루어지지 않은 상황에서 단정할 수는 없지만, 고려시대와 조선 개국초기에는 왕명문서와 관문서의 양식 및 그 운용이 명확히 구분되었던 것으로 보인다. 왕명문서는 명확히 왕명을 직접적으로 나타낸 문서로서 그에 맞는 문구가 사용되고 보인을 찍었으며 해당 문서의 출납을 맡은 관원이 기재될 경우에는 '착명'을 하는 것이 원칙이었던 것으로 판단된다. 이에 반해 관문서는 왕명에 의하여 시행하건 관사의 사안에 따라 시행하건 관사의 명의가 명시되고 관인을 찍었으며 상하 위계에 따라 '착압'과 '착명'을 예제에 맞게 사용하였다. 그러나 조선 개국후 관문서이지만 봉교임을 명시한 공신녹권, 오품이하 고신, 녹패 같은 문서는 관사와 문서 수취자와의 위계에 관계없이 왕명을 받든 문서로서의 상징성에 부합하도록 '착명'을 한 새로운 성격의 문서가 출현한 것으로 보인다.

## 5. 맺음말

한국의 전통시대 공문서에 나타난 서명 방식은 크게 '착명'과 '착압'으로 구분되어 사용되었다. 기본적으로 '착명'과 '착압'은 상하위계를 전제로 예禮의 원리에 따라 사용되었다. 조선시대 공문서에 적용된 서명의 원리는 위계상 하위에서 상위로 보내는 문서에는 '착명'만 하거나 '착명'과 '착압'을 함께 기재하고, 상위에서 하위로 보내는 문서에는 '착압'만 하는 것이었다. 따라서 관문서 가운데 상위의 관사에서 하위의 관사로 문서를 보내거나 관사에서 개인에게 발급하는 문서에는 '착압'만 기재되는 것이 일반적이었다. 그러나 관에서 왕명을 받들어 개인에게 발급한 봉교문서에는 '착압'이 아니라 '착명'이 적용되기 시작하였다. 그 대표적인 예가 바로 조선시대 공신녹권, 문무관 오품이하 고신, 녹패이다.

문무관 오품이하 고신도 그 연원을 따져보면 전신인 조사문서에는 '착압'이 사용되다가 오품이하 고신 제도가 성립되면서 '착명'으로 바뀐 것이다. 녹패도 기존에는 '착압'이 사용되다가 오품이하 고신 제도의 성립 무렵에 '착명'으로 바뀐 것으로 추정된다. 이러한 현상은 관문서 가운데서도 봉교문서를 여타 관문서와 차별시킴으로써 문서의 위상을 높이는 결과를 가져왔을 것으로 보인다.

문서의 위상에 변화가 주어진 것은 결과적으로 기대하는 바가 있었을 것이다. 고려말 관문서였던 홍패가 조선 개국후 왕지 또는 교지 양식의 왕명문서로 격상된 것은 다분히 왕권이 미치는 범위를 관료 선발에까지 확장시킨 것과 관련이 있었다. 이렇듯이 관문서 가운데서도 봉교문서의 서명을 차별화함으로써 왕권이 미치는 범위를 확장시키는 효과가 있었을 것이라 생각한다. 이것이 바로 조선초에 들어와 나타난 봉교문서에 사용된 '착명'의 의의 가운데 하나일 것이다.

# 참고문헌

## 1. 원전 자료

『高麗史』, 『朝鮮王朝實錄』, 『承政院日記』,

『經國大典』, 『舊唐書』, 『宋史』, 『明史』,

『唐六典』, 『唐律疏議』, 『東人之文四六』, 『東文選』,

『利川徐氏良景公派世譜』, 『良景公實記』, 『曹溪山松廣寺史庫』

## 2. 전자 자료

국가기록유산, 문화재청(http://www.memorykorea.go.kr)

국립중앙도서관(http://www.nl.go.kr)

규장각 한국학연구원(http://e-kyujanggak.snu.ac.kr)

유교넷(http://www.ugyo.net)

장서각 왕실도서관 디지털아카이브(http://yoksa.aks.ac.kr)

승정원일기(http://sjw.history.go.kr)

조선왕조실록(http://sillok.history.go.kr)

한국고문서자료관(http://archive.kostma.net)

한국고전종합DB(http://db.itkc.or.kr)

한국역사통합정보시스템(http://www.koreanhistory.or.kr)

한국향토문화전자대전(http://www.grandculture.net)

## 3. 도록 및 자료집

『古文書集成』, 한국학중앙연구원.

『고문서해제』Ⅲ-敎令類, 국립중앙도서관, 2006.

『公州의 名家』전시도록, 국립공주박물관, 2009.

『朝鮮史料集眞』, 朝鮮史編修會, 1993.

『朝鮮時代古文書』전시도록, 국립전주박물관, 1993.

『조선시대고문서』전시도록, 국립중앙박물관, 1997.

『朝鮮前期古文書集成-15세기편』, 국사편찬위원회, 1998.

『韓國古文書精選』1~6, 한국학중앙연구원출판부, 2012~2015.

『조선의 공신』전시도록, 한국학중앙연구원 장서각, 2012.

## 4. 논문 및 저서

권이선, 「조선시대 決訟立案 연구」, 한국학대학원 석사학위논문, 2017.

김건우, 「韓國 近代 公文書의 形成과 變化에 관한 研究」, 한국학대학원 박사학위논문, 2006.

김나형, 「조선시대 공신교서 장황 연구」, 용인대학교 석사학위논문, 2012.

김동석, 「朝鮮時代 試券 研究」, 한국학대학원 박사학위논문, 2013.

김명화, 「南原 朔寧崔氏 宗稧 문서 연구」, 한국학대학원 석사학위논문, 2015.

김상기, 「朝鮮前期 身分變動에 관한 一考察-納票.軍功事例와 原從功臣錄券 分析을 中心으로」, 충북대학교 석사학위논문, 1987.

김성갑, 「朝鮮時代 明文에 관한 文書學的 研究」, 한국학대학원 박사학위논문, 2013.

김용천 역·平田茂樹 저, 『과거와 관료제』, 동과서, 2007.

김윤주, 「조선 초 공신 책봉과 개국·정사·좌명공신의 정치적 동향」, 『한국사학보』35, 2009.

김은미, 「朝鮮時代 文書 僞造에 관한 研究」, 한국학대학원 박사학위논문, 2008.

김은미, 「조선후기 교지위조의 일연구」, 『고문서연구』30, 한국고문서학회, 2007.

김창현, 「조선초기 승지에 관한 일연구」, 『한국학논집』9, 1986.

김한아름, 「朝鮮後期 尺文 研究」, 한국학대학원 석사학위논문, 2013.

김혁, 「朝鮮時代 祿牌 研究」, 『고문서연구』20, 2002.

김혁, 「조선시대에 完文에 관한 研究」, 한국학대학원 박사학위논문, 2004.

김형수, 「고려후기 李子修의 官職任用資料 4점」, 『국학연구』12, 2008.

김효경, 「朝鮮時代 簡札 書式 研究」, 한국학대학원 박사학위논문,

2005.

남권희, 『고려시대 기록문화 연구』, 청주고인쇄박물관, 2002, 497쪽, 566쪽.

남권희, 「柳觀, 辛克敬, 鄭津 朝鮮開國原從工臣錄券 연구」, 『영남학』 15, 2009.

南愛子, 『高麗・朝鮮朝 科擧合格者의 紅・白牌에 관한 書誌學的 研究』, 이화여자대학교 석사학위논문, 1990.

남풍현, 「十三世紀 奴婢文書의 吏讀」, 단국대 『논문집』8, 1974.

남풍현, 「古文書의 吏讀 解讀-류경공신녹권을 중심으로」, 『정신문화 연구』46, 1992.

노명호 외, 『韓國古代中世古文書研究』(上)(下), 서울대학교출판부, 2000.

노명호, 「高麗時代의 功臣錄券과 功臣教書」, 『韓國古代中世古文書 研究(下)』, 서울대학교출판부, 2000.

노명호, 「高麗後期의 功臣錄券과 功臣教書」, 『고문서연구』13, 1998.

노인환, 「조선시대 諭書 연구」, 한국학대학원 석사학위논문, 2009.

노인환, 「朝鮮時代 教書 研究」, 한국학대학원 박사학위논문, 2014.

명경일, 「조선시대 啓目 연구」, 한국학대학원 석사학위논문, 2010.

문보미, 「조선시대 關에 대한 연구」, 한국학대학원 석사학위논문, 2010.

문현주, 「조선시대 戶口單子의 작성에 관한 硏究」, 한국학대학원 석사학위논문, 2009.

민현구, 「高麗 恭愍王의 反元的 改革政治에 대한 一考察」, 『震檀學報』 68, 1987.

박경수, 「조선시대 傳令 문서 연구」, 한국학대학원 석사학위논문, 2016.

박병호, 「고문서연구의 현황과 과제」, 『영남학』10호, 2006.

朴秉濠, 『韓國法制史攷』, 法文社, 1974.

박병호, 『韓國法制史特殊研究』, 한국연구도서관, 1960.

박성종, 『朝鮮初期 古文書 吏讀文 譯註』, 서울대학교출판부, 2006.

박성호, 「조선초기 功臣教書의 文書史的 의의 검토」, 『전북사학』36, 2010.

박성호, 「현재 전하고 있는 왕지의 진위 고찰」, 『정신문화연구』120, 한국학중앙연구원, 2010.

박성호, 「여말선초 紅牌·白牌 양식의 변화와 의의」, 『고문서연구』40, 2012.

박성호, 「조선시대 賜牌의 발급과 문서양식」, 『고문서연구』41, 2012.

박성호, 「麗末鮮初 祿牌의 제도와 양식」, 『고문서연구』43, 2013.

박성호, 「조선초기 공신교서와 녹권의 발급제도 변경 시기에 대한 재론」, 『고문서연구』45, 2014.

박성호, 「조선초 奉敎文書의 着名 시행」, 『고문서연구』46, 2015.

박성호, 「새로 발견된 고려말 홍패의 고문서학적 고찰과 사료로서의 의의」, 『고문서연구』48, 2016.

朴龍雲, 「高麗時代의 紅牌에 관한 一考察」, 『高麗時代 蔭敍制와 科擧制 硏究』, 일지사, 1990.

박재우, 「15세기 인사문서의 양식 변화와 성격」, 『역사와 현실』59, 2005.

박재우, 「고려시대 紅牌의 양식과 특징」, 『古文書硏究』38, 2010.

박재우, 『고려 국정운영의 체계와 왕권』, 신구문화사, 2005.

박준호, 「手決(花押)의 개념에 대한 연구 : 禮式으로서의 署名과 着押」, 『고문서연구』 20, 2002.

박준호, 「『洪武禮制』와 朝鮮 初期 公文書 制度」, 『古文書硏究』22, 2003.

박준호, 「韓國 古文書의 署名 形式에 관한 硏究」, 한국학대학원 박사학위논문, 2004.

박준호, 「고려후기와 조선초기의 인사 문서 연구」, 『古文書硏究』31, 2007.

박준호, 『예의 패턴:조선시대 문서행정의 역사』, 소와당, 2009.

박천식, 「開國原從功臣의 硏究」, 『군산대학교 논문집』10, 1976.

박형우, 「朝鮮後期 玉泉寺의 御覽紙 製紙 硏究」, 한국학대학원 석사학위논문, 2012.

성인근, 「조선시대 印章 연구」, 한국학대학원 박사학위논문, 2008.

손계영, 「朝鮮時代 文書紙 硏究」, 한국학대학원 박사학위논문, 2004.

송철호, 「조선시대 帖 연구」, 한국학대학원 석사학위논문, 2008.

송철호, 「조선 시대 差帖에 관한 연구 : 17세기 이후의 口傳에 관한 差帖을 중심으로」, 『고문서연구』35, 2009.

송철호, 「조선시대 공무여행문서 연구」, 한국학대학원 박사학위논문, 2016.

신명호, 『조선의 공신들』, 가람기획, 2003.

심영환, 「高麗 景宗元年(975) 金傅告身 分析」, 『서지학보』, 한국서지학회, 2007.

심영환, 「高麗後期 獎諭敎書 樣式」, 『장서각』18, 2007.

심영환, 「朝鮮時代 古文書의 草書體 硏究」, 한국학대학원 박사학위논문, 2006.

심영환, 「조선초기 초서 고신 연구」, 『古文書硏究』24, 2004.

심영환, 『고려시대 중서문하교첩』, 소와당, 2010.

심영환·박성호·노인환, 『변화와정착: 여말선초의 조사문서』, 민속원, 2011.

심영환·노인환, 「조선시대 敎書의 淵源과 分類」, 『한문학논집』34, 근역한문학회, 2012.

여은영·남권희, 「高麗 後期 鄭仁卿의 政案과 功臣錄券의 分析」, 『도서관학논집』, 1994.

염효원, 「조선시대 고문서 非文字情報의 분석 및 전자정보화 방법 연구」, 한국학대학원 석사학위논문, 2016.

유지영, 「조선시대 임명관련 교지의 문서 형식」, 『古文書硏究』30, 2007.

윤인수, 「朝鮮時代 甘結 硏究」, 한국학대학원 석사학위논문, 2008.

尹薰杓, 「朝鮮初期 武科制度 硏究」, 『學林』9, 1987.

李啓命, 「中國 過擧制의 成立」, 『全南史學』, 1991.

이기백, 『韓國上代古文書資料集成』, 일지사, 1987.

이상현, 「佔畢齋 金宗直 宗家古文書 硏究」, 한국학대학원 석사학위논문, 2013.

이선홍, 「朝鮮時代 對中國 外交文書 硏究」, 한국학대학원 박사학위논문, 2005.

李成茂, 『韓國의 科擧制度』, 한국학술정보, 2004.

이수건, 「朝鮮初期 戶口 硏究」, 영남대 『논문집』5, 1971.

이숙경, 『고려말 조선초 사패전 연구』, 2007, 일조각.

이영훈, 「太祖賜給芳雨土地文書」, 『古文書硏究』1, 1991.

이은진, 「朝鮮後期 宮房 手本 硏究」, 한국학대학원 석사학위논문, 2017.

임영현, 「조선시대 祿牌 연구」, 한국학대학원 석사학위논문, 2014.

장동익, 「金傅의 冊上父誥에 대한 一檢討」, 『歷史敎育論集』3, 경북대학교사범대학역사교육과, 1982.

장동익, 「惠諶의 大禪師告身에 대한 檢討」, 『韓國史硏究』34, 1981.

장을연, 「朝鮮時代 王世子 冊封文書 硏究」-竹冊의 作成節次를 中心으로-, 한국학대학원 석사학위논문, 2008.

장을연, 「朝鮮時代 冊文 硏究」, 한국학대학원 박사학위논문, 2016

전경목, 「16세기 관문서의 서식 연구」, 『16세기 한국고문서 연구』, 아카넷, 2004.

전경목, 「고문서학 연구방법론과 활성화 방안」, 『정신문화연구』99호, 2005.

전민영, 「巨濟 舊助羅里 古文書를 통한 마을의 運營 硏究」, 한국학대학원 석사학위논문, 2015.

전영근, 「朝鮮時代 寺刹文書 硏究」, 한국학대학원 박사학위논문, 2011.

전형택, 「雪齋書院 소장의 조선초기 羅州鄭氏 고문서 자료」, 『고문서연구』 26, 2005.

정구복, 고문서 용어풀이 : 고신(고신첩, 직첩, 관교, 교첩, 첩지, 첩지, 공명고신첩, 공명첩, 교지, 왕지, 교명, 고첩), 『古文書硏究』22, 2003.

정구복, 「조선조의 고신(告身) (사령장(辭令狀)) 검토」, 『古文書硏究』 9, 1996.

정현진, 「대한제국기 地方官衙의 문서행정실태와 내용」, 한국학대학원 석사학위논문, 2016.

조광현, 「朝鮮後期 襃貶文書 硏究」, 한국학대학원 석사학위논문,

2016.

조미은, 「朝鮮時代 王世子文書 研究」, 한국학대학원 박사학위논문, 2014.

曺佐鎬, 『韓國科擧制度史研究』, 범우사, 1996.

조정곤, 「고문서를 통해 본 海南 老松亭 金海金氏 문중 연구」, 한국 학대학원 석사학위논문, 2013.

조창은, 「고문서를 통해서 본 윤선도의 경제활동」, 한국학대학원 석사 학위논문, 2011.

진나영, 「朝鮮時代에 刊行된 『功臣錄券』에 관한 서지적 연구」, 중앙 대학교 석사학위논문, 2008.

진나영, 「朝鮮 前期 功臣錄券의 書誌學的 研究」, 중앙대학교 박사학 위논문, 2014

최승희, 增補版 『韓國古文書研究』, 지식산업사, 1989(1쇄).

최승희, 「朝鮮後期 原從功臣錄勳과 身分制 動요」, 『한국문화』22, 1998.

최연숙, 「朝鮮時代 立案에 관한 研究」, 한국학대학원 박사학위논문, 2004.

최재석, 「고려후기 가족의 유형과 구성-국보131호 고려후기 호적문서 분석에 의한 접근」, 『한국학보』2, 1976.

최정환, 「朝鮮初期 祿俸制의 整備와 그 變動」, 『慶北史學』5, 1982.

최정환, 『高麗 朝鮮時代 祿俸制 研究』, 경북대학교출판부, 1991

崔珍玉, 『朝鮮時代 生員進士 研究』, 집문당, 1998.

한상준·장동익, 「安東地方에 전래된 高麗 古文書 七例 檢討」, 『慶 大論文集』33, 1982.

한충희, 『조선초기 관아 연구』제6장 승정원, 국학자료원, 2007.

한희진, 「조선후기 箋文 연구」, 한국학대학원 석사학위논문, 2012.

허흥식, 「國寶戶籍으로 본 高麗末의 社會構造」, 『韓國史研究』16, 1977.

허흥식, 『한국의 古文書』, 민음사, 1988.


小田省吾, 「李朝太祖の親製親筆と稱せらる古文書に就いて」, 『靑丘

　　學叢』第十七號, 1934.

仁井田陞, 『唐令拾遺』, 東方文化院東京研究所, 1933.

仁井田陞, 『唐宋法律文書の研究』, 東方文化學院東京研究所, 1937

旗田巍, 「新羅・高麗の田畓」, 『朝鮮中世社會史の研究』, 1972

木下禮仁, 「『三國遺事』金傅大王條にみえる 「冊上父誥」についての
　　一考察」, 『朝鮮學報』93, 1979.

中村裕一, 『唐代官文書研究』, 1991.

中村裕一, 『唐代制勅研究』, 汲古書院, 1991.

中村裕一, 『唐代公文書研究』, 1996.

川西裕也, 「朝鮮初期における官敎文書樣式の變遷 - 頭辭と印章を中
　　心として」, 『朝鮮學報』205, 2007.

川西裕也, 「고려말기 元 任命箚付의 체식 수용」, 『고문서연구』35,
　　2009.

川西裕也, 「『頤齋亂藁』辛丑日曆 소재 麗末鮮初 고문서에 대하여」,
　　『고문서연구』 36, 2010.

川西裕也, 「高麗末・朝鮮初における任命文書体系の再檢討」, 『朝鮮
　　學報』220, 2011.

川西裕也, 『朝鮮中近世の公文書と國家 - 変革期の任命文書をめ
　　ぐって』, 九州大學出版會, 2014.

# 부록

## 부록 1. 교서教書 목록

| 연번 | 발급연도 | 발급월일 | 수취자 | 크기(cm) | 비고 |
|---|---|---|---|---|---|
| 1 | 1392년(태조1) | 10월 일 | 李濟 | 32.5×94.5 | 개국공신교서 |
| 2 | 1401년(태종1) | 2월 일 | 馬天牧 | 33.5×90.0 | 좌명공신교서 |
| 3 | 1401년(태종1) | 2월 일 | 徐愈 | 34.8×189.0 | 좌명공신교서 |
| 4 | 1433년(세종15) | 3월22일 | 李澄石 | 71.5×86.0 | 교서 |
| 5 | 1467년(세조13) | 11월 일 | 許琮 | 30.0×150.0 | 적개공신교서 |
| 6 | 1467년(세조13) | 11월 일 | 金嶠 | 39.9×123.5 | 적개공신교서 |
| 7 | 1467년(세조13) | 11월 일 | 李從生 | 29.7×157.0 | 적개공신교서 |
| 8 | 1467년(세조13) | 11월 일 | 張末孫 | 30.0×150.0 | 적개공신교서 |
| 9 | 1467년(세조13) | 11월 일 | 孫昭 | 30.8×119.0 | 적개공신교서 |
| 10 | 1467년(세조13) | 11월 일 | 李溥 | 29.5×100.0 | 적개공신교서 |
| 11 | 1467년(세조13) | 11월 일 | 鄭種 | 29.0×120.0 | 적개공신교서 |
| 12 | 1472년(성종3) | 6월 일 | 洪允成 | 28.0×150.0 | 좌리공신교서 |
| 13 | 1472년(성종3) | 6월 일 | 李崇元 | 28.0×153.0 | 좌리공신교서 |
| 14 | 1472년(성종3) | 6월 일 | 金吉通 | 26.5×145.0 | 좌리공신교서 |
| 15 | 1472년(성종3) | 6월 일 | 李淑琦 | 27.0×139.0 | 좌리공신교서 |
| 16 | 1497년(연산군3) | 8월8일 | 權柱 | 84.0×158.2 | 교서 |

## 부록 2. 고신告身(왕지王旨, 교지敎旨) 목록

| 연번 | 발급연도 | 발급월일 | 수취자 | 크기(cm) | 비고 |
|---|---|---|---|---|---|
| 1 | 1344년(충목왕즉위) | 4월29일 | 申祐 | 미상 | 왕지 |
| 2 | 1393년(태조2) | 10월일 | 都膺 | 36.0×26.5 | 왕지 |
| 3 | 1393년(태조2) | 10월일 | 朴剛生 | 미상 | 왕지 |
| 4 | 1394년(태조3) | 3월27일 | 陳忠貴 | 68.0×43.0 | 왕지 |
| 5 | 1394년(태조3) | 9월일 | 徐愈 | 미상 | 왕지 |
| 6 | 1394년(태조3) | 9월일 | 都膺 | 37.5×26.5 | 왕지 |
| 7 | 1395년(태조4) | 2월2일 | 都膺 | 36.3×25.2 | 왕지 |
| 8 | 1395년(태조4) | 2월13일 | 金懷鍊 | 69.5×70.0 | 왕지 |
| 9 | 1395년(태조4) | 12월22일 | 康舜龍 | 70.0×51.5 | 왕지 |
| 10 | 1396년(태조5) | 3월7일 | 趙崇 | 68.0×76.2 | 왕지 |
| 11 | 1397년(태조6) | 1월27일 | 金懷鍊 | 72.0×74.0 | 왕지 |
| 12 | 1397년(태조6) | 12월10일 | 都膺 | 34.5×25.4 | 왕지 |
| 13 | 1398년(태조7) | 9월일 | 李全生 | 78.0×53.0 | 왕지 |
| 14 | 1399년(정종1) | 1월26일 | 沈之伯 | 36.5×69.5 | 왕지,유리필름 |
| 15 | 1399년(정종1) | 1월26일 | 李從周 | 73.4×67.0 | 왕지 |
| 16 | 1399년(정종1) | 1월일 | 沈之伯 | 37.5×63.5 | 왕지,유리필름 |
| 17 | 1402년(태종2) | 4월16일 | 尹臨 | 33.1×44.2 | 왕지 |
| 18 | 1402년(태종2) | 11월18일 | 成石璘 | 32.0×61.0 | 왕지 |
| 19 | 1402년(태종2) | 12월27일 | 徐愈 | 미상 | 왕지 |
| 20 | 1402년(태종2) | 12월27일 | 鄭有 | 40.0×70.0 | 왕지 |
| 21 | 1404년(태종4) | 7월26일 | 吳湜 | 미상 | 왕지 |
| 22 | 1404년(태종4) | 7월26일 | 李殷 | 미상 | 왕지 |
| 23 | 1406년(태종6) | 윤7월13일 | 曺恰 | 40.0×73.0 | 왕지 |
| 24 | 1407년(추정) | 12월 | 鄭俊 | 44.0×77.0 | 왕지 |
| 25 | 1409년(태종9) | 2월25일 | 尹臨 | 33.1×44.2 | 왕지 |
| 26 | 1409년(태종9) | 7월9일 | 鄭俊 | 38.0×65.1 | 왕지 |
| 27 | 1409년(추정) | ■월6일 | 鄭俊 | 43.0×78.0 | 왕지 |

| 연번 | 발급연도 | 발급월일 | 수취자 | 크기(cm) | 비고 |
|---|---|---|---|---|---|
| 28 | 1409년(태종9) | 8월10일 | 曺恰 | 40.3×80.0 | 왕지 |
| 29 | 1410년(태종10) | 4월10일 | 金摯 | 42.3×34.0 | 왕지, 유리필름 |
| 30 | 1410년(태종10) | 9월12일 | 金摯 | 41.8×61.8 | 왕지, 유리필름 |
| 31 | 1414년(태종14) | 4월22일 | 安省 | 31.9×21.0 | 왕지 |
| 32 | 1416년(태종16) | 6월2일 | 李之帶 | 38.0×65.2 | 왕지 |
| 33 | 1416년(태종16) | 6월2일 | 石汝明 | 미상 | 왕지 |
| 34 | 1416년(태종16) | 8월17일 | 李澄石 | 45.6×63.0 | 왕지 |
| 35 | 1416년(태종16) | 12월7일 | 田興 | 36.2×31.2 | 왕지 |
| 36 | 1417년(태종17) | 10월15일 | 田興 | 30.0×28.0 | 왕지 |
| 37 | 1418년(태종18) | 5월9일 | 柳濕 | 40.7×74.0 | 왕지 |
| 38 | 1425년(세종7) | 6월6일 | 曺恰 | 43.0×77.0 | 왕지 |
| 39 | 1427년(세종9) | 12월6일 | 襄湛 | 42.0×69.0 | 왕지 |
| 40 | 1428년(세종10) | 5월22일 | 襄湛 | 44.7×78.6 | 왕지 |
| 41 | 1429년(세종11) | 2월■일 | 馬天牧 | 43.0×65.0 | 왕지, 유리필름 |
| 42 | 1429년(세종11) | 5월13일 | 河謹 | 49.8×39.2 | 왕지 |
| 43 | 1433년(세종15) | 3월24일 | 李澄石 | 45.6×63.0 | 왕지 |
| 44 | 1434년(세종16) | 2월22일 | 李澄石 | 44.6×82.5 | 왕지 |
| 45 | 1434년(세종16) | 4월23일 | 李禎 | 49.0×71.0 | 왕지 |
| 46 | 1434년(세종16) | 4월23일 | 金孝貞 | 미상 | 왕지 |
| 47 | 1434년(세종16) | 9월19일 | 田興 | 39.2×48.0 | 왕지 |
| 48 | 1435년(세종17) | 6월29일 | 鄭自新 | 66.0×42.0 | 왕지 |
| 49 | 1436년(세종18) | 6월3일 | 李禎 | 48.0×73.0 | 교지 |
| 50 | 1438년(세종20) | 10월6일 | 李禎 | 45.0×73.0 | 교지 |
| 51 | 1439년(세종21) | 2월12일 | 李禎 | 46.0×44.0 | 교지 |
| 52 | 1439년(세종21) | 9월2일 | 李禎 | 50.0×70.0 | 교지 |
| 53 | 1441년(세종23) | 2월3일 | 李禎 | 42.0×73.0 | 교지 |
| 54 | 1443년(세종25) | 12월6일 | 李澄石 | 49.5×73.4 | 교지 |
| 55 | 1449년(세종31) | 12월26일 | 鄭軾 | 미상 | 휘지 |
| 56 | 1450년(세종32) | 7월6일 | 鄭軾 | 미상 | 교지 |

| 연번 | 발급연도 | 발급월일 | 수취자 | 크기(cm) | 비고 |
|---|---|---|---|---|---|
| 57 | 1453년(단종1) | 4월2일 | 鄭軾 | 미상 | 교지 |
| 58 | 1453년(단종1) | 9월13일 | 鄭軾 | 미상 | 교지 |
| 59 | 1454년(단종2) | 2월6일 | 田稼生 | 45.2×48.9 | 교지 |
| 60 | 1454년(단종2) | 8월5일 | 鄭軾 | 미상 | 교지 |
| 61 | 1455년(세조1) | 윤6월23일 | 鄭軾 | 47.5×52.0 | 교지 |
| 62 | 1455년(세조1) | 12월4일 | 鄭軾 | 46.0×80.0 | 교지 |
| 63 | 1455년(세조1) | 12월22일 | 金有讓妻閔氏 | 미상 | 교지 |
| 64 | 1457년(세조3) | 8월14일 | 鄭軾 | 미상 | 교지 |
| 65 | 1457년(세조3) | 9월19일 | 權景老 | 57.0×93.0 | 교지 |
| 66 | 1458년(세조4) | 윤2월9일 | 李八仝 | 47.5×64.2 | 교지 |
| 67 | 1458년(세조4) | 10월4일 | 鄭軾 | 50.0×72.0 | 교지 |
| 68 | 1459년(세조5) | 2월25일 | 鄭軾 | 44.0×73.0 | 교지 |
| 69 | 1460년(세조6) | 5월10일 | 李堰 | 미상 | 교지 |
| 70 | 1461년(세조7) | 5월20일 | 鄭軾 | 미상 | 교지 |
| 71 | 1461년(세조7) | 7월19일 | 鄭軾 | 43.0×66.0 | 교지 |
| 72 | 1462년(세조8) | 12월일 | 鄭從雅 | 41.0×75.0 | 교지 |
| 73 | 1463년(세조9) | 3월25일 | 鄭從雅 | 42.0×80.0 | 교지 |
| 74 | 1463년(세조9) | 7월6일 | 鄭從雅 | 44.0×79.0 | 교지 |
| 75 | 1463년(세조9) | 윤7월6일 | 李堰 | 미상 | 교지 |
| 76 | 1463년(세조9) | 윤7월6일 | 田稼生 | 41.7×54.8 | 교지 |
| 77 | 1464년(세조10) | 6월25일 | 李崇元 | 52.3×79.0 | 교지 |
| 78 | 1464년(세조10) | 10월8일 | 李崇元 | 46.5×77.5 | 교지 |
| 79 | 1464년(세조10) | 10월8일 | 金世老 | 41.8×74.0 | 교지 |
| 80 | 1465년(세조11) | 4월21일 | 金世老 | 42.5×74.4 | 교지 |
| 81 | 1465년(세조11) | 7월27일 | 鄭軾 | 43.0×43.0 | 교지 |
| 82 | 1466년(세조12) | 1월일 | 吳凝 | 43.0×54.0 | 교지 |
| 83 | 1466년(세조12) | 2월21일 | 吳凝 | 43.0×54.0 | 교지 |
| 84 | 1466년(세조12) | 7월5일 | 鄭軾 | 미상 | 교지 |
| 85 | 1467년(세조13) | 5월20일 | 金世老 | 41.5×67.2 | 교지 |

| 연번 | 발급연도 | 발급월일 | 수취자 | 크기(cm) | 비고 |
|---|---|---|---|---|---|
| 86 | 1468년(예종즉위) | 11월일 | 裹袇 | 36.8×58.2 | 교지 |
| 87 | 1469년(예종1) | 10월26일 | 裹袇 | 33.5×35.0 | 교지 |
| 88 | 1469년(예종1) | 12월20일 | 裹袇 | 38.0×66.0 | 교지 |
| 89 | 1470년(성종1) | 6월3일 | 金宗直 | 77.8×114.0 | 교지 |
| 90 | 1470년(성종1) | 12월일 | 金宗直 | 38.0×58.5 | 교지 |
| 91 | 1471년(성종2) | 2월1일 | 金宗直 | 44.0×72.0 | 교지 |
| 92 | 1471년(성종2) | 2월1일 | 金宗直 | 47.0×73.5 | 교지 |
| 93 | 1471년(성종2) | 9월6일 | 金宗直 | 74.0×89.0 | 교지 |
| 94 | 1471년(성종2) | 12월27일 | 金宗直 | 44.0×57.0 | 교지 |
| 95 | 1472년(성종3) | 12월9일 | 李崇元 | 48.0×78.4 | 교지 |
| 96 | 1473년(성종4) | 11월5일 | 金宗直 | 42.0×71.0 | 교지 |
| 97 | 1474년(성종5) | 8월6일 | 李崇元 | 55.0×82.2 | 교지 |
| 98 | 1475년(성종6) | 2월일 | 金宗直 | 47.5×69.5 | 교지 |
| 99 | 1475년(성종6) | 12월28일 | 金宗直 | 44.0×76.5 | 교지 |
| 100 | 1476년(성종7) | 7월1일 | 金宗直 | 48.0×62.0 | 교지 |
| 101 | 1476년(성종7) | 7월1일 | 金宗直 | 46.5×67.0 | 교지 |
| 102 | 1477년(성종8) | 8월29일 | 李崇元 | 53.8×80.0 | 교지 |
| 103 | 1479년(성종10) | 7월4일 | 鄭從雅 | 41.0×62.0 | 교지 |
| 104 | 1479년(성종10) | 9월24일 | 李亨林 | 46.0×74.0 | 교지 |
| 105 | 1482년(성종13) | 3월11일 | 金宗直 | 46.0×80.0 | 교지 |
| 106 | 1482년(성종13) | 3월일 | 皮古三甫羅 | 미상 | 교지,유리필름 |
| 107 | 1482년(성종13) | 4월2일 | 李崇元 | 56.4×80.7 | 교지 |
| 108 | 1483년(성종14) | 10월4일 | 金宗直 | 46.0×82.0 | 교지 |
| 109 | 1483년(성종14) | 11월1일 | 金宗直 | 47.5×79.5 | 교지 |
| 110 | 1484년(성종15) | 6월1일 | 金宗直 | 45.0×80.0 | 교지 |
| 111 | 1484년(성종15) | 8월6일 | 金宗直 | 46.0×77.0 | 교지 |
| 112 | 1484년(성종15) | 10월26일 | 金宗直 | 45.5×80.0 | 교지 |
| 113 | 1485년(성종16) | 1월27일 | 金宗直 | 50.0×85.0 | 교지 |
| 114 | 1485년(성종16) | 5월18일 | 金永銓 | 44.0×69.0 | 교지 |

| 연번 | 발급연도 | 발급월일 | 수취자 | 크기(cm) | 비고 |
|---|---|---|---|---|---|
| 115 | 1485년(성종16) | 9월29일 | 金宗直 | 45.5×82.0 | 교지 |
| 116 | 1486년(성종17) | 1월8일 | 金宗直妻文氏 | 37.5×62.0 | 교지 |
| 117 | 1486년(성종17) | 3월2일 | 金宗直 | 44.0×60.0 | 교지 |
| 118 | 1486년(성종17) | 11월30일 | 李崇元 | 62.3×89.8 | 교지 |
| 119 | 1486년(성종17) | 12월3일 | 金宗直 | 46.9×87.0 | 교지 |
| 120 | 1487년(성종18) | 5월23일 | 金宗直 | 59.0×94.0 | 교지 |
| 121 | 1487년(성종18) | 5월23일 | 金宗直 | 71.6×106.7 | 교지 |
| 122 | 1487년(성종18) | 5월27일 | 金宗直 | 46.0×79.0 | 교지 |
| 123 | 1487년(성종18) | 6월8일 | 金宗直 | 47.0×81.5 | 교지 |
| 124 | 1487년(성종18) | 8월12일 | 李崇元 | 56.0×81.5 | 교지 |
| 125 | 1488년(성종19) | 10월16일 | 金宗直 | 45.0×80.0 | 교지 |
| 126 | 1488년(성종19) | 11월일 | 金從漢 | 47.3×83.2 | 교지 |
| 127 | 1488년(성종19) | 12월15일 | 金宗直 | 46.5×74 | 교지 |
| 128 | 1489년(성종20) | 1월21일 | 金宗直 | 46.0×78.0 | 교지 |
| 129 | 1489년(성종20) | 2월3일 | 金直孫 | 45.0×55.0 | 교지 |
| 130 | 1490년(성종21) | 12월27일 | 張伯孫 | 미상 | 교지 |
| 131 | 1490년(성종21) | 7월21일 | 金係行 | 47.0×80.0 | 교지 |
| 132 | 1494년(성종25) | 2월27일 | 金從漢 | 47.6×75.0 | 교지 |
| 133 | 1495년(연산군1) | 11월일 | 金從漢 | 49.8×74.7 | 교지 |
| 134 | 1496년(연산군2) | 2월27일 | 金從漢 | 48.8×80.3 | 교지 |
| 135 | 1496년(연산군2) | 8월4일 | 金從漢 | 47.6×74.9 | 교지 |
| 136 | 1498년(연산군4) | 7월25일 | 金係行 | 48.0×78.0 | 교지 |
| 137 | 1499년(연산군5) | 1월23일 | 金係行 | 53.0×73.0 | 교지 |
| 138 | 1499년(연산군5) | 8월13일 | 金係行 | 50.0×72.0 | 교지 |

## 부록 3. 홍패 백패紅牌白牌 목록

| 연번 | 발급연도 | 발급월일 | 수취자 | 크기(cm) | 비고 |
|---|---|---|---|---|---|
| 1 | 1205년(희종1) | 4월 일 | 張良守 | 44.3×88.0 | 문과 |
| 2 | 1290년(충렬왕16) | 5월 일 | 禹倬 | 58.0×33.0 | 문과 |
| 3 | 1305년(충렬왕31) | 5월 일 | 張桂 | 61.0×38.0 | 문과 |
| 4 | 1330년(충혜왕즉위) | 11월 일 | 李子脩 | 미상 | 명서업 |
| 5 | 1355년(공민왕4) | 2월 일 | 楊以時 | 63.0×34.0 | 문과 |
| 6 | 1376년(우왕2) | 6월 일 | 楊首生 | 78.0×49.2 | 문과 |
| 7 | 1389년(창왕1) | 9월 일 | 崔匡之 | 64.0×64.0 | 문과 |
| 8 | 1401년(태종1) | 4월 일 | 蘆革 | 76.5×60.5 | 문과 |
| 9 | 1411년(태종11) | 4월 일 | 朴然 | 미상 | 문과 |
| 10 | 1414년(태종14) | 4월 일 | 裵湛 | 미상 | 무과 |
| 11 | 1420년(세종2) | 3월22일 | 李補丁 | 75.0×69.0 | 문과 |
| 12 | 1420년(세종2) | 3월22일 | 南薈 | 미상 | 무과 |
| 13 | 1435년(세종17) | 4월20일 | 李臨 | 73.4×67.0 | 무과 |
| 14 | 1435년(세종17) | 4월20일 | 趙瑞卿 | 76.6×70.0 | 무과 |
| 15 | 1438년(세종20) | 4월17일 | 朴中信 | 78.0×64.0 | 문과 |
| 16 | 1441년(세종23) | 5월18일 | 權恒 | 78.0×69.3 | 문과 |
| 17 | 1444년(세종26) | 8월일 | 鄭種 | 97.0×67.0 | 무과 |
| 18 | 1447년(세종29) | 2월18일 | 權徵 | 미상 | 생원 |
| 19 | 1447년(세종29) | 6월27일 | 金淡 | 미상 | 문과 |
| 20 | 1450년(세종32) | 9월5일 | 李崇元 | 93.5×43.0 | 생원 |
| 21 | 1450년(세종32) | 10월12일 | 權徵 | 미상 | 문과 |
| 22 | 1451년(문종1) | 2월<일> | 吳克昌 | 93.0×39.8 | 생원 |
| 23 | 1453년(단종1) | 2월12일 | 張末孫 | 95.5×46.5 | 진사 |
| 24 | 1453년(단종1) | 2월12일 | 孫昭 | 59.5×35.0 | 생원 |
| 25 | 1453년(단종1) | 4월21일 | 李崇元 | 102.0×81.0 | 문과 |
| 26 | 1457년(세조3) | 5월21일 | 金湘 | 미상 | 문과 |
| 27 | 1459년(세조5) | 4월4일 | 張末孫 | 95.5×46.5 | 문과 |

| 연번 | 발급연도 | 발급월일 | 수취자 | 크기(cm) | 비고 |
|---|---|---|---|---|---|
| 28 | 1468년(세조14) | 4월4일 | 李淑璜 | 미상 | 문과 |
| 29 | 1481년(성종12) | 10월11일 | 權柱 | 85.7×78.4 | 문과 |
| 30 | 1483년(성종14) | <2월>25일 | 孫仲暾 | 90.7×39.0 | 생원 |
| 31 | 1487년(성종18) | 3월 일 | 張伯孫 | 91.5×65.0 | 무과 |
| 32 | 1489년(성종20) | 4월10일 | 孫仲暾 | 70.0×79.0 | 문과 |
| 33 | 1492년(성종23) | 4월 일 | 金召奭 | 88.7×41.3 | 생원 |
| 34 | 1492년(성종23) | 9월 일 | 南秠 | 70.7×77.0 | 무과 |
| 35 | 1494년(성종25) | 4월 일 | 李宗仁 | 85.5×59.0 | 무과 |
| 36 | 1498년(연산군4) | 3월 일 | 南右文 | 89.0×37.0 | 진사 |
| 37 | 1498년(연산군4) | 4월 일 | 李賢補 | 96.5×75.5 | 문과 |

## 부록 4. 사패賜牌 목록

| 연번 | 발급연도 | 발급월일 | 수취자 | 사여물 | 크기(cm) | 비고 |
|---|---|---|---|---|---|---|
| 1 | 1392년(태조1) | 8월 일 | 李芳雨 | 토전 | 63.9×101.4 | |
| 2 | 1399년(정종1) | 2월8일 | 趙溫 | 토전 | 82.4×80.7 | 정사공신 |
| 3 | 1401년(태종1) | 3월 일 | 曹恰 | 토전 | 80.0×71.7 | |
| 4 | 1433년(세종15) | 6월27일 | 李澄石 | 노비 | 80.4×85.7 | |
| 5 | 1458년(세조4) | 4월20일 | 李澄石 | 노비 | 73.0×83.2 | 좌익공신 |
| 6 | 미상 | 미상 | 李澄石 | 노비 | 24.5×60.0 | 좌익공신 |

## 부록 5. 녹패祿牌 목록

| 연번 | 발급연도 | 수취자 | 크기(cm) | 비고 |
|---|---|---|---|---|
| 1 | 1361년(공민왕10) | 金云寶 | 미상 | 전사본, 『이재난고』 |
| 2 | 1394년(태조3) | 都膺 | 45.3×31.2 | 성주도씨(논산) |
| 3 | 1398년(태조7) | 金云寶 | 미상 | 전사본, 『이재난고』 |
| 4 | 1414년(태종14) | 柳觀 | 미상 | 전사본, 『하정선생유고』 |
| 5 | 1449년(세종31) | 裵袉 | 미상 | 흥해배씨(소장처미상) |
| 6 | 1452년(단종즉위) | 裵袉 | 미상 | 흥해배씨(소장처미상) |
| 7 | 1463년(세조9) | 鄭軾 | 60.0×80.0 | 설재서원(도난) |
| 8 | 1467년(세조13) | 鄭軾 | 미상 | 나주정씨종친회(소장처미상) |
| 9 | 1491년(성종22) | 金宗直 | 89.0×74.0 | 선산김씨(고령) |

## 부록 6. 공신녹권功臣錄券 목록

| 연번 | 구분 | 발급연월 | 수취자 | 크기(cm) | 비고 |
|---|---|---|---|---|---|
| 1 | 개국(정훈) | 1392년(태조1).9 | 李和 | 35.3×604.9 | 필사본,국보,개인소장 |
| 2 | 개국(원종) | 1395년(태조4).윤9 | 張寬 | 26.0×900.0 | 필사본,보물,개인소장 |
| 3 | 개국(원종) | 1395년(태조4).(윤9) | 韓奴介 | 25.0×265.5 | 목활자+목판,북한 |
| 4 | 개국(원종) | 1395년(태조4).윤9 | 陳忠貴 | 30.8×634.0 | 필사본,보물,국립중앙박물관 |
| 5 | 개국(원종) | 1395년(태조4).윤9 | 鄭津 | 31.0×620.0 | 필사본(유리필름) |
| 6 | 개국(원종) | 1395년(태조4).윤9 | 李和尙 | 29.0×627.5 | 필사본(유리필름) |
| 7 | 개국(원종) | 1395년(태조4).(윤9) | 崔有漣 | 31.0×635.0 | 필사본,보물,개인소장 |
| 8 | 개국(원종) | 1395년(태조4).윤9 | 李原吉 | 30.4×372.0 | 목활자+목판,국보,개인소장 |
| 9 | 개국(원종) | 1395년(태조4).윤9 | 金天理 | 31.4×742.1 | 필사본,성균관대학교 |
| 10 | 개국(원종) | 1395년(태조4).윤9 | 金懷鍊 | 35.0×1,027.0 | 필사본,보물,개인소장 |
| 11 | 개국(원종) | 1395년(태조4).윤9 | 미상 | 미상 | 목활자+목판,성암고서박물관 |
| 12 | 개국(원종) | 1397년(태조6).10 | 沈之伯 | 30.5×140.0 | 목활자본,국보,동아대학교 |
| 13 | 정사(정훈) | 1398년(태조7).11 | 張哲 | 43.5×372.4 | 필사본,개인소장 |
| 14 | 좌명(정훈) | 1401년(태종1).2 | 馬天牧 | 39.5×570.0 | 필사본,보물,국립고궁박물관 |
| 15 | 좌명(정훈) | 1401년(태종1).2 | 미상 | 미상 | 필사본,화봉문고 |
| 16 | 좌명(원종) | 1411년(태종11).11 | 李衡 | 34.7×243 | 필사본,보물,국립고궁박물관 |
| 17 | 좌익(원종) | 1458년(세조4).10 | 裴文郁 | 33.9×22.1 | 활자본,국립중앙도서관 |
| 18 | 좌익(원종) | 1458년(세조4).10 | 崔涵 | 34.8×21.0 | 활자본,서울대학교 |
| 19 | 좌익(원종) | 1458년(세조4).10 | 權徵 | 34.3×20.8 | 활자본,고려대학교 |
| 20 | 좌익(원종) | 1458년(세조4).10 | 李尹孫 | 35.0×21.2 | 활자본,고려대학교 |
| 21 | 좌익(원종) | 1458년(세조4).10 | 李禎 | 33.0×20.5 | 활자본,서울역사박물관 |
| 22 | 좌익(원종) | 1458년(세조4).10 | 李堰 | 35.5×21.5 | 활자본,한국학중앙연구원 |
| 23 | 좌리(원종) | 1472년(성종3).7 | 宋綸 | 32.4×22.6 | 활자본,성암고서박물관 |
| 24 | 좌리(원종) | 1472년(성종3).7 | 金永銓 | 32.4×22.6 | 활자본,연세대학교 |

## 부록 7. 감역 교지減役敎旨 목록

| 연번 | 발급연도 | 발급월일 | 수취자 | 크기(cm) | 비고 |
|---|---|---|---|---|---|
| 1 | 1457년(세조3) | 8월10일 | 광덕사 | 47.5×27.7 | 보물, (첩장) |
| 2 | 1457년(세조3) | 8월10일 | 개천사 | 47.5×27.7 | 보물, (첩장) |
| 3 | 1457년(세조3) | 8월10일 | 쌍봉사 | 46.5×104.5 | 보물, 동국대 |
| 4 | 1457년(세조3) | 8월14일 | 용문사 | 44.8×66.5 | 보물 |

## 부록 8. 유서諭書 목록

| 연번 | 발급연도 | 발급월일 | 수취자 | 크기(cm) | 비고 |
|---|---|---|---|---|---|
| 1 | 1444년(세종26) | 3월18일 | 鄭軾 | 37.5×65.0 | |
| 2 | 1450년(문종즉위) | 9월2일 | 鄭軾 | 46.0×54.0 | |
| 3 | 1457년(세조3) | 3월12일 | 李允孫 | 40.5×76.5 | |
| 4 | 1459년(세조5) | 9월28일 | 鄭軾 | 50.0×82.0 | |

**박성호**

경북 안동에서 태어나고 자랐다. 한동대학교 국제어문학부를 졸업한 뒤 한국방송통신대학교 중어중문학과에 편입하였다. 군복무를 마친 후 한국학중앙연구원 한국학대학원에서 고문헌관리학 전공 석박사통합과정을 수료하였고,「조선초기 왕명문서 연구」를 주제로 박사학위를 취득하였다. 주로 고려말과 조선초에 작성된 고문서를 집중적으로 연구하고 있다. 현재 한국학중앙연구원에 재직 중이다.

|고려말 조선초|

# 왕명문서 연구

초판발행  2017년 3월 31일
초판 2쇄  2020년 2월 10일

지은이  박성호
펴낸이  채종준
펴낸곳  한국학술정보(주)
주  소  경기도 파주시 회동길 230(문발동)
전  화  031-908-3181(대표)
팩  스  031-908-3189
홈페이지  http://ebook.kstudy.com
E-mail  출판사업부 publish@kstudy.com
등  록  제일산-115호(2000. 6. 19)

ISBN  978-89-268-7906-1  93910